Diane Hamer/Belinda Budge (Hg.)

Von Madonna bis Martina

Die Romanze der Massenkultur mit den Lesben

Aus dem Englischen von
Margarete Längsfeld
Christine Frick-Gerke und Bruni Röhm

Orlanda Frauenverlag

Originaltitel: The Good, The Bad and The Gorgeous
Pandora, London 1994

Die deutsche Übersetzung wurde um einen Beitrag
von Diane Hamer und Penny Ashbrook gekürzt

Die Deutsche Bibliothek – CIP-Einheitsaufnahme
Von Madonna bis Martina : die Romanze der Massenkultur mit den Lesben / Diane Hamer und Belinda Budge (Hg.). Aus dem Engl. von Margarete Längsfeld... Mit einem Nachw. von Viola Roggenkamp. – Berlin : Orlanda-Frauenverl., 1996
Einheitssacht.: The good, the bad, the gorgeous [dt.]
ISBN 3-929823-30-6
NE: Hamer, Diane (Hg.); EST

1. Auflage 1996

Umschlaggestaltung und Computergrafik: Susanne P. Radtke
Lektorat: Claudia Koppert
Fotosatz: Steinhardt, Berlin
Druck: Fuldaer Verlagsanstalt

Inhalt

Danksagung

Wir danken allen Autorinnen, die mit ihren Gedanken und ihrer Zeit zu dieser Essaysammlung beigetragen haben. Außerdem danken wir Vicky Wilson für ihren Einsatz bei den Vorbereitungen zu diesem Buch und Sara Dunn für ihren Rat und Beistand während der Schlußphase. Ganz besonders gedankt sei Allegra Madgwick, Susan Ardill, Louise Anderson, Kay Ransome und Claire Relf, die »von Madonna bis Martina« fast alles, was in diesem Buch vorkommt, gelesen, erwogen und diskutiert haben.

Einführung

Innerhalb weniger Wochen nach Erscheinen der *Vanity-Fair*-Ausgabe vom August 1993 ist das Titelbild, auf dem zu sehen ist, wie sich »cross-dressing« k.d. lang von dem Top-Model Cindy Crawford rasieren läßt, zu einem internationalen Symbol für das Phänomen geworden: Es gilt als schick, lesbisch zu sein. Besagte Titelseite war zugleich Symptom und Höhepunkt einer Entwicklung, die seit einigen Jahren in Gang gekommen war. Denn in letzter Zeit tauchten ganz überraschend Anspielungen auf Lesbischsein in der Mainstream-Kultur auf. Madonna hat mit dem Lesbischsein geliebäugelt, Martina Navratilova und k.d. lang bekennen sich offen dazu, und der BBC sendet Kostümdramen zu diesem Thema. Gemessen an der Aufmerksamkeit, die die Medien neuerdings den Lesben widmen, hat es fast den Anschein, als sei heutzutage jede Frau »eine von uns« – oder wolle es werden ... Dieses Phänomen möchten die Autorinnen dieser Aufsatzsammlung untersuchen.

Wir haben Ende 1991 mit der Arbeit an *Von Madonna bis Martina* begonnen. Obwohl es damals schon erste Anzeichen für eine allgemeine Revision des überkommenen Lesbenstatus gab, konnten wir unmöglich ahnen, daß Vanity Fair achtzehn Monate später ein solches Titelbild bringen würde. Ebensowenig vorauszusehen war das Auftauchen einer Fülle von anderen Werken in Literatur, Film, Fernsehen und Musik, durch die Lesben Eingang in den Mainstream fanden. Das Phänomen hat sich so rapide entwickelt, daß es keine leichte Aufgabe war, diese Essaysammlung auf dem aktuellen Stand zu halten.

Anhand einer Reihe kultureller »Momente« untersuchen unsere Autorinnen – einige sind Schriftstellerinnen, andere Akademikerinnen und alle miteinander Konsumentinnen von Populär- oder Unterhaltungskultur – die Bedeutung von Erzeugnissen der Populärkultur aus lesbischer Sicht und erforschen aus diversen Perspektiven das Verhältnis von Lesbischsein und Populärkultur.

Alle Beiträge erkunden – und zwar auf unterschiedliche Weise –, warum die Populärkultur sich den Möglichkeiten lesbischer Präsentation geöffnet hat, und befassen sich zudem mit den Grenzen, innerhalb derer Lesbischsein im Mainstream akzeptiert wird.

Verstörendes Vergnügen

Die Populärkultur ist ein immer wichtigeres Feld für lesbische und feministische Politik geworden. Da politische Veränderungen in hohem Maße eine Auseinandersetzung um Bedeutungen einschließen, kann Populärkultur nicht einfach als Handlangerin des »dualen Systems« von Patriarchat und Kapitalismus abgetan werden. Wie Margaret Marshment und Julia Hallam in ihrer Lesart der Fernsehfassung von Jeanette Wintersons *Orangen sind nicht die einzige Frucht* zeigen, ist die Populärkultur vielmehr ein Feld, wo um Bedeutungen gestritten werden kann und dominante Ideologien durcheinander gebracht werden können. Hier, nämlich in Fernsehen, Illustrierten, Kino, Büchern und Musik, wird uns gezeigt, wie die dominante Kultur uns definiert. Wir können der Populärkultur nicht entgehen, indem wir unseren Standort stets außerhalb von ihr einnehmen. Wir Lesben haben begonnen, uns umzusehen, wie wir im Mainstream mitmischen können, indem wir herrschende Bedeutungen unterwandern und uns selbst an ihre Stelle setzen.

Die Populärkultur bereitet einzelnen Lesben, die gelernt haben, das in dieser Kultur vorherrschende Hetero-Image in Frage zu stellen, von jeher großen Spaß. Wie Clare Whatling in »Schön wär's: Coming-out mit Jodie Foster« ausführt, haben Lesben immer Mittel und Wege gefunden, »zwischen den Zeilen zu lesen«, indem sie ihre Phantasien von Begierde und Identifikation auf heterosexuelle Handlungsabläufe und weibliche Stars projizierten. Whatling untersucht, wie eine Handvoll Filme ohne offenkundigen lesbischen Bezug als Ausdruck lesbischer Lust aufgenommen wurde, und zwar, wie sie formuliert, indem »außertextliche Informationen« über die Filmstars verfügbar gemacht werden. Ob aufgrund von Gerüchten oder von Klatsch, der Glaube, daß bestimmte Schauspielerinnen lesbisch sind, verschafft ihren Filmen Anerkennung, unabhängig von ihrer Aussage. Whatling zeigt dies am Beispiel des langjährigen Lesbenlieblings Jodie Foster.

Auf ähnliche Weise untersucht Yvonne Tasker in »Pussy Galore«, wie es kommt, daß sogar offenkundig heterosexuelle Filme vom lesbischen Publikum goutiert werden. Sie erforscht, was so verschiedene Filme wie *Thelma and Louise, Schwarze Witwe, Das Schweigen der Lämmer* und *Basic Instinct* Lesben zu bieten haben, und vermutet, daß Lesben nicht unbedingt mit »positiven Aussagen« gefüttert werden wollen. Vielmehr, erklärt sie, seien lesbische Zuschauerinnen in der Lage, sich um ihres kinematographischem Vergnügens willen mit heterosexuellen Frauen, Schwulen und sogar »Heteromännern« zu identifizieren.

Diese Essays sind gemeinsam mit einigen anderen in dieser Sammlung eine Herausforderung an die zeitgenössische feministische Filmkritik, die, wie die Autorinnen feststellen, nicht mit den Sehgewohnheiten und Strategien des lesbischen Publikums Schritt hält. Feministische Filmtheoretikerinnen wie Laura Mulvey und Mary Doane behaupten, eine lesbische Betrachtungsweise sei nur möglich, wenn die Zuschauerin eine subjektiv maskuline Position einnehme. Mandy Merck erklärt in ihrem Buch *Perversions: Deviant Readings*, der maskulinisierte Blick sei eine der maßgeblichsten – und meist bekämpften – Prämissen des Feminismus. »Vor allem... spukt er in Schilderungen von erotischen Blicken von und zwischen Frauen herum« (S. 78).*

In »Lesbisch sehen, lesbisch aussehen: Amazonen und Aliens in Science-fiction-Filmen« problematisiert Paula Graham diesen Gedanken, daß das lesbische Publikum sich nur dann vergnügen könnte, wenn es eine subjektiv maskuline Position einnähme.

Musik ist eine ungeheuer wichtige Form der Populärkultur, und Popstars wie Dusty Springfield, Joan Armatrading und Tracy Chapman wurden vom lesbischen Publikum angenommen, während Gerüchte über Homosexualität ihrer Karriere »schadeten«. In »Crossover-Träume« nimmt Arlene Stein die Popmusik seit den siebziger Jahren unter die Lupe und stellt fest, daß es nur wenige »Crossover-Künstlerinnen« gibt, die bekennende Lesben und trotzdem beim Mainstream-Publikum erfolgreich sind. Aber die heterosexuellen Vorstellungen, die die Unterhaltungsmusik beherrschen, sind nicht unangefochten. Arlene Stein erklärt, daß Frauen immer

* Die Seitenangaben in Klammern beziehen sich auf die Originalausgaben.

Mittel und Wege gefunden haben, Popmusik »umzudeuten«, indem sie insgeheim die Pronomen in den Songs auswechselten und anscheinend unnahbare weibliche Stars begehrten. Ausgehend von Tracy Chapman, k.d. lang, Michelle Shocked, Phranc und den Indigo Girls betrachtet Stein den Spaß an der Popkultur sowie lesbische Bemühungen, die Popmusikproduktion zu beeinflussen.

Krimis sind bei Frauen eines der beliebtesten Literaturgenres und werden besonders von Lesben geschätzt. Es gibt unterdessen eine ganze Anzahl von selbständigen Privatdetektivinnen, von Sarah Paretskys V.I. Warshawski und Sue Graftons Kinsey Millhone bis zu Katherine V. Forrests Polizistin Kate Delafield. In »Die sanfte Tour« untersucht Gillian Whitlock, wie Lesben in dem Genre repräsentiert sind, und zeigt, daß der Kriminalroman Lesben auf nie dagewesene Weise in die Populärkultur einführt. Im Hinblick auf das Mißtrauen, das einige lesbische Feministinnen den lesbischen Detektivinnen entgegenbringen, gibt sie zu bedenken, daß diese vielgelesenen Romane einen Wandel bewerkstelligen, da sie negative Lesbendarstellungen durch positivere ersetzen und dabei die dominante Kultur verändern.

Lesbischsein en vogue

In den Unterhaltungsgenres, von denen bislang die Rede war, durften lesbische Freuden nur unterschwellig, heimlich, still und leise genossen werden. Doch seit es als schick gilt, lesbisch zu sein, ist mehr Öffentlichkeit möglich. Wir, die wir selbst Konsumentinnen der Populärkultur sind, genießen und feiern unsere neue Position in der Modewelt. Doch die tiefgreifende Umkehrung des traditionellen Lesbenstatus als verunglimpfte und verachtete Identität und die Überfülle an neueren Verweisen auf unsere Sexualität innerhalb des Mainstream geben zu denken.

Das Maß an allgemeiner Akzeptanz darf auf keinen Fall überbewertet werden, und über die langfristigen Auswirkungen der gegenwärtigen allgemeinen Faszination vom Lesbischsein können wir lediglich Vermutungen anstellen. Wir finden jedoch, daß das Thema eine eingehendere Untersuchung lohnt. Einige Autorinnen betrachten in ihren Beiträgen zu dieser Sammlung mögliche Erklärungen für den sich wandelnden Lesbenstatus, während sich andere mit den Bedingungen unserer Einbeziehung in den Mainstream befassen.

In »Der Unterschied als Drama« nimmt Jenny Harding die BBC 2 Produktion *Porträt einer Ehe*, eine der ersten populären Serien, in denen das Fernsehen lesbische Protagonistinnen zeigt, kritisch unter die Lupe. Harding zitiert eine Besprechung von Elizabeth Wilson, in der sie Betrachtungen darüber anstellt, weshalb Lesben plötzlich in Mode kamen. Wilson wollte wissen, ob Homosexualität als Metapher für Mißhelligkeiten der Heterosexualität diente, und fragte:

> Könnte es sein, daß gleichgeschlechtliche Liebe die Linse ist, durch die die heterosexuelle Gesellschaft verzweifelt ihre eigenen problematischen Praktiken betrachtet? ... Lesbische und schwule Liebe, die nach wie vor gegen Diskriminierung kämpft, agiert als absonderliche, verbotene Utopie erneuerter Begierde, im Gegensatz zur kaputten Welt der Heterosexualität.

Harding greift diese Gedanken auf, indem sie fragt, ob in *Porträt einer Ehe* die Normen der heterosexuellen Ehe außer Kraft gesetzt zu werden drohten oder sie vielmehr letztendlich gefestigt würden. Handelte die Serie im Grunde doch mehr von Heterosexualität als von Homosexualität?

Wilsons frühe Beobachtungen beziehen sich besonders auf das Fernsehen, das die profiliertesten Lesbendarstellungen bringt. In »Die Prachtlesbe in *LA Law* – nie zu sehen, dennoch immer da?« schreibt Rosanne Kennedy über die unterdessen berühmte »Lesbenkuß«-Episode. Sie fragt, warum *LA Law* bei Lesben einen solchen Kultstatus errungen hat, obwohl es in der Serie fast überhaupt keine lesbischen Andeutungen gibt. Sie vermutet, daß durch die Figur der C.J. Lamb, gespielt von Amanda Donohoe, Lesbischsein als »präsente Abwesenheit« Bestand hat, selbst wenn C.J. sich weder als Lesbe noch als Hetera identifiziert. Ist sie wirklich »queer«? Oder dient sie nur dazu, Themen anzudeuten, und nicht, sie zu verkörpern?

In »Von der Knotenschnur zur Apfelsinenkiste: Lesbianismus zur Hauptsendezeit« untersuchen Margaret Marshment und Julia Hallam *Orangen sind nicht die einzige Frucht* und deuten dieses realistische Fernsehspiel, durch welches Lesbischsein zum Natürlichen erklärt wird, als ein radikales Werk. Diane Hamer spricht mit der

Produzentin Penny Ashbrook über den Einfluß der Lesben- und Schwulenserie *Out on Tuesday* auf das Mainstream-Fernsehen. Es gibt natürlich noch viele andere Fernsehsendungen mit lesbischem Einschlag: Sandra Bernhard in der amerikanischen Serie *Roseanne*, die lesbischen Handlungsstränge in den englischen Seifenopern *Emmerdale* und *Brookside*, die flüchtigen Anklänge ans Lesbischsein in Seifenopern wie *Melrose Place* und *Golden Girls* und die englische Fernsehserie nach Armistead Maupins Buch *Stadtgeschichten*. Sie alle würden eine ausführliche Diskussion lohnen, aber das würde den Rahmen dieser Essaysammlung sprengen.

Wilsons Erkenntnis, Homosexualität diene als Linse für Heterosexualität, beschränkt sich nicht nur auf Fernsehproduktionen, sondern gilt auch ganz allgemein. Wilson verweist auf zwei miteinander verknüpfte potentielle Gründe, weshalb die dominante Kultur, die sich immer vorzugsweise mit Heterosexualität befaßt hat, auf einmal von Homosexualität besessen ist. (Freilich war die dominante Kultur immer von Homosexualität besessen; geändert hat sich jedoch, daß Homosexualität heute als geachtete statt als verachtete Identität dargestellt wird.) Ein möglicher Grund liegt in den erschöpften Erzählperspektiven der, wie Wilson sich ausdrückt, »kaputten Welt der Heterosexualität.« Ob in Fernsehspiel, Film oder Frauenillustrierten, der Erfolg einer erzählten Geschichte beruht auf dramatischer Spannung. Dramatik erfordert Konflikt und Verbotenes. Die Wege zur Auflösung der Spannung verleihen einer guten Geschichte ihren narrativen Antrieb. Doch nur noch wenige konventionelle Präsentationen von Heterosexualität in Film- und Fernsehhandlungen enthalten heute irgendeine Form von spannungsvoller Dramatik. Außerehelicher Sex und Ehebruch sind nicht mehr tabu. Sexuelle Beziehungen außerhalb der Grenzen von Klasse oder Ethnie werden zunehmend als Mittel zur Steigerung der Spannung eingesetzt. So wenig ist noch verboten auf heterosexuellem Gebiet, daß ständig neue Metaphern gesucht werden müssen. Homosexualität dient als neue und (noch) schockierende Bühne für die Neuinszenierung von Geschichten über Sex und Liebe, Affären und Begierde.

Die Verwendung lesbisch angelegter Frauenrollen als narratives Mittel ist ganz deutlich in einem Film wie *Basic Instinct*, der hier von Angela Galvin besprochen wird. Sie pflückt den Charakter der von Sharon Stone gespielten Catherine Tramwell auseinander und fragt, warum dieser Film so ein Kassenschlager war. War es die Kombination von Elementen – schöne Frau schläft mit Frauen und tötet Männer –, die einen ansonsten ziemlich seichten Film nach einem schlechten Drehbuch so erfolgreich machte? Oder war es die Gegnerschaft der Lesben- und Schwulenlobby, die seiner Beliebtheit Auftrieb gab? Wenn ja, warum hat er dann so vielen Lesben gefallen? Der Einfall, Lesbischsein als erzählerisches Mittel einzusetzen, begegnet uns nicht allein im Kino; die *Vanity-Fair*-Nummer mit k.d. lang und Cindy Crawford auf dem Titel war ein enormer Verkaufsschlager bei einer überwiegend heterosexuellen Leserschaft, hauptsächlich wegen des Prickelns, das die Anspielung auf Lesbischsein hervorrief.

Der zweite, mit dem ersten zusammenhängende Grund, weshalb Homosexualität im Aufwind ist, könnte die Unsicherheit hinsichtlich der Geschlechtsidentität sein, die sich gegenwärtig in der Mainstream-Kultur breitmacht. Die Künstlichkeit konventioneller Geschlechtskategorien ist von einer aktiven, beharrlichen Frauenbewegung immer mehr enthüllt worden. Feministinnen haben in den vergangenen zwei Jahrzehnten die Natur der Beziehung zwischen Frauen und Männern zu kritisieren versucht und sind besonders gegen den verbreiteten Glauben angegangen, die Beziehung von Frauen und Männern sei notwendigerweise durch sich ergänzende Gegensätzlichkeit geprägt. Mit dem Resultat, daß der Unterschied zwischen den Geschlechtern, der einst für naturgegeben gehalten wurde, nicht mehr unanfechtbar ist.

Diese Unsicherheit zeigt sich in der Faszination, die die Homosexualität, definiert als Lebensstil mit auf den Kopf gestellten Geschlechterrollen, auf die Allgemeinheit ausübt. Aufschlußreich für diese Unsicherheit sowie die gegenwärtige Homosexualitätsbesessenheit unserer Kultur war eine neuere Ausgabe der *Phil-Donahue-Show*, in der Martina Navratilovas Ex-Geliebte Judy Nelson als Donahues Gast auftrat. Mit modischer Frisur und gepflegtem Make-up erschien Judy, die ehemalige Schönheitskönigin, vor aller Welt als mustergültige feminine Frau. Die Studiogäste, vorwiegend Frauen, deren modische Aufmachung der von Judy zum Verwechseln ähnlich war, lauschten mit fasziniertem Entsetzen, wie sie ihre Liebe zu Martina schilderte. Judy war in jeder Hinsicht eine Frau wie sie alle, eine Frau, deren zauberhafte Ausstrahlung nichts zu wünschen übrig ließ, und doch liebte sie Frauen! (Ihre vor der

Kamera abgegebene Verlautbarung, daß sie jetzt ihre zweite lesbische Beziehung habe, hat die Verwirrung nur noch verstärkt.) Diane Hamer untersucht in ihrem Beitrag, wie Martinas und Judys – vor den staunenden Augen der Öffentlichkeit ausgelebte – Beziehung die Klatschpresse und den allgemein verbreiteten Glauben erschütterte, daß echte Lesben maskulin seien. Sie erklärt, Judy Nelson habe mit ihrem Auftritt in der *Phil-Donahue-Show* bewiesen, daß herrschende Meinungen nicht mehr unumstößlich sind. Femininität bedeutet nicht mehr automatisch Heterosexualität. Das Studiopublikum bei Donahue war an jenem Tag ein Musterbeispiel für die Unsicherheit hinsichtlich der Geschlechtsidentität.

Diese Unsicherheit, auch in bezug auf Sexualität, kommt ebenfalls in Cindy Crawfords im *National Inquirer* veröffentlichter Behauptung zum Ausdruck, sie habe sich mit der bekennenden Lesbe k.d. lang in sexuell suggestiven Posen fotografieren lassen, um Gerüchte zu zerstreuen, daß sie (nebst Gatte Richard Gere) homosexuell sei. Ob die Unlogik dieser Argumentation von ihr oder vom *Inquirer* stammt, spielt keine Rolle; zurück bleibt der Eindruck von einer Welt, in der Sexualität und Geschlechtsidentitäten auf den Kopf gestellt wurden.

Daß Lesben ausgerechnet jetzt in den Mittelpunkt rücken, ist nicht allein heterosexuellen Strategien zu verdanken. Wie Sue O'Sullivan in »Frau küßt Frau – na und?« ausführt, war es die unerwartete AIDS-Krise, die die geschlossenen Türen der Mainstream-Kultur auf nie dagewesene Weise für die Präsentation sexuellen Andersseins aufgestoßen hat. Dies mag auch erklären, weshalb Lesbischsein auf andere Art sichtbar und mit einem anderen Profil versehen wird als Homosexualität. Es könnte einfach so sein, daß lesbische Existenz im Zeichen von Nachholbedürfnissen steht; die Sexualität von schwulen Männern ist immer viel sichtbarer gewesen als die von lesbischen Frauen, und zumindest seit Anfang der achtziger Jahre ist das homoerotische Männerbild erfolgreich in den Mainstream übernommen und in einer Reihe von Werken der Populärkultur verwendet worden.

Die Art jedoch, wie Lesben und Lesbischsein von der Populärkultur vereinnahmt werden, unterscheidet sich in mancher Hinsicht sehr von der Eingliederung männlicher Homosexualität. Es hat immer einzelne Beispiele von berühmten schwulen Männern gegeben, doch in den meisten Fällen wurde ihre Homosexualität erst publik, wenn ihre Karriere dem Ende zuging. Rock Hudsons und Freddie Mercurys Sexualität wurde erst mit ihrem Tod bekannt.

Im Gegensatz hierzu stehen die berühmten Frauen, deren Namen in letzter Zeit mit Lesbischsein in Verbindung gebracht werden – darunter k.d. lang, Sandra Bernhard, Martina Navratilova, Melissa Etheridge sowie die Möchtegern-Lesben Madonna und Cindy Crawford –, auf dem Höhepunkt ihrer Karriere. Uns fällt auf, daß keine entsprechende Anzahl männlicher »Stars« den Schritt gewagt hat, sich in aller Öffentlichkeit als schwul zu bekennen.

Diese Diskrepanz hängt sicherlich mit AIDS zusammen und mit dem Beigeschmack, der dem HIV-Virus in der öffentlichen Meinung anhaftet. AIDS hat viel öffentliche Aufmerksamkeit auf die Homosexualität gelenkt und schwule Identitäten und Schwulenszenen weitaus sichtbarer gemacht als zuvor, wobei sowohl Schwule als auch Lesben in diesen Prozeß einbezogen wurden. Doch gleichzeitig unterscheidet die AIDS-Debatte zwischen schwuler und lesbischer Sexualität.

Ob es tatsächlich stimmt, daß Lesbensex »safe« ist, spielt für uns hier keine Rolle; wichtig ist, daß mit lesbischer Sexualität, anders als mit Sex von Schwulen und Heterosexuellen, kaum Krankheiten assoziiert werden. Dagegen ist in den vergangenen zehn Jahren eine feste Verbindung zwischen Schwulensex, Krankheit und Tod hergestellt worden. Schwulendarstellungen in der Populärkultur beschwören unvermeidlich das AIDS-Gespenst, und bei jeder Präsentation von Schwulensex ist die Behandlung des AIDS-»Problems« unumgänglich. (Daher hat so gut wie jeder seit Mitte der achtziger Jahre im Mainstream produzierte Schwulenfilm AIDS zum Thema: *Longtime Companion, Abschiedsblicke, Philadelphia, And the Band Played On* usw.)

Während die männliche Sexualität – die schwule wie die nicht schwule – durch Gefahren und womöglich lebensbedrohende Krankheiten eingeengt worden ist, bleibt lesbischer Sex vollkommen frei von diesen Konnotationen. Unbelastet von den düsteren Themen Krankheit und Tod hat sich Lesbensex als aufregend, innovativ und fesselnd entpuppt.

Die Glamour und Aufregung lesbischer Sexualität vielleicht am besten verkörpernde Erscheinung ist Madonna. Als das typischste weibliche Idol des ausgehenden 20. Jahrhunderts dient Madonnas – wenngleich zeitweise widersprüchliche – Persönlichkeit der Betonung einer machtvollen weiblichen Sexualität, wie sie in der kommerziellen Popkultur sonst nirgends zu finden ist. Wir waren beide sehr neugierig, als Madonna Anfang der neunziger Jahre mit lesbischem Sex zu liebäugeln begann. Sie kitzelte ihr Publikum mit Anspielungen auf eine lesbische Affäre mit Sandra Bernhard und ließ lesbische Anklänge in ihre Performances und Videos einfließen, von *Justify My Love* über *Girlie Show*, ihre Welttournee 1993, bis zu ihrem Bildband *Sex*. In gewissem Sinne steht ihre Hinwendung zum Lesbischsein im Einklang mit ihrer ständigen Suche nach neuen sexuellen Grenzen, die sie überqueren kann, und nach neuen rebellischen Auftritten. Infolge von Madonnas öffentlichem Experimentieren mit Lesbischsein erlangte diese Identität eine nie gehabte modische Aktualität.

Doch Madonnas Entfaltung eines Lesben-Images als Teil ihrer Sexperformances ist nur durch den vorausgegangenen Kampf um Bedeutungen ermöglicht worden. Ist es dem Einfluß der Schwulenbewegung und der lesbisch-feministischen Politik zuzuschreiben, daß Lesbischsein heute als rebellisch und aufregend gilt? Diese Bewegungen haben die negativen Assoziationen, die mit Lesbischsein verbunden waren, in zunehmendem Maße in Frage gestellt und angesichts der erdrückend negativen historischen Bedeutung neue, attraktivere Konnotationen geschaffen.

Es ließe sich behaupten, daß ein Umdeutungsprozeß im Foucaultschen Sinne in Gang gesetzt wurde. Daß Madonna heute mit einem lesbischen Image spielen und die Freuden des lesbischen Sex preisen kann, läßt uns vermuten, daß eine der allgemeinen Bedeutungen, die dem Lesbischsein zugeordnet werden, die einer radikalen Geste, einer rebellischen, romantischen Identität ist. Eine Lesbe zu sein, kann eine Frau sich heute gut und gerne vorstellen. In »Eine homoerotische Liebesaffäre?« untersucht Sonya Andermahr Madonnas Kokettieren mit dem Lesbischsein und erforscht, wie Madonna mit der Lesbenkultur geflirtet, sie sich angeeignet, verarbeitet und ausgenutzt hat. Sie fragt auch: Was hat Madonna dem lesbischen Publikum bedeutet? Abgesehen davon, daß sie Millionen verdient – läßt sie lediglich den fetischisierten Lesbianismus der traditionellen Männerpornographie wieder aufleben, oder hat Madonna die weibliche Sexualität im Rahmen der Populärkultur neu definiert?

Kokettieren mit dem Lesbischsein

So weit, so gut, mag die Leserin denken; je mehr Images, desto besser. Aber so einfach ist es natürlich nicht, und wir stehen den Bedingungen, zu denen Lesbischsein offensichtlich in den Mainstream eingegliedert wird, nicht kritiklos gegenüber. Diese Bedingungen sind so eingeschränkt wie zwingend. Wir haben schon angedeutet, daß die neue Akzeptanz des Lesbischseins zum Teil ein Resultat des lesbisch-feministischen politischen Kampfes ist; dies vorausgesetzt, ist es eine Ironie, daß das Populärwerden des Lesbianismus auf Kosten einer politisierten Version der lesbischen Identität ging. In ihrem Aufsatz über Hochglanzmagazine erklärt Sue O'Sullivan, daß Lesbischsein ohne die Karikierung der Feministinnen der siebziger und achtziger Jahre als häßliche Schwestern, als männerhassende alte Vetteln mit schlechtem Haarschnitt und ohne Sinn für Kleidung, nie zur Modeerscheinung geworden wäre.

Das Kokettieren der Populärkultur mit dem Lesbischsein scheint einen Dualismus zu erzeugen; die schlimme politische Lesbe, die gegen Männer, Sex und Mode war, neben der neuen Lesbe der neunziger Jahre, attraktiv, glanzvoll und wie jedes modische Accessoire ohne jede politische Bedeutung. In »Frau küßt Frau – na und?« untersucht Sue O'Sullivan die Erfindung der Lesbe als Modeerscheinung und fragt, wo diese Bilder in Hochglanzmagazinen wie *Tatler, Vogue, Cosmopolitan, Vanity Fair* und *Elle* ihren Ursprung hatten. Sie zeigt, wie die Bedeutungen, die mit dem Lesbischsein verbunden sind, sich verändert haben, und fragt nach der Beziehung zwischen den innerhalb der Populärkultur erzeugten Bedeutungen und dem tatsächlichen Leben von Lesben. Sie stellt fest: Die Tatsache, daß es Lesben und ihre Subkultur gab, war eindeutig eine Vorbedingung für die Lesbenbilder, die heute in den Hochglanzmagazinen erscheinen; aber was war zuerst da? War es die schicke Lesbe in ihrem Lebensumfeld oder die schicke Lesbe in *Vanity Fair*? In diesem Zusammenhang muß befürchtet werden, daß der Trend zum Lesbischsein wie jede andere Modeerscheinung äußerst flüchtig und womöglich bald Schnee von gestern ist.

Es ist ein überaus kurioser Aspekt der gegenwärtigen Entwicklung, daß die Vorstellung von der maskulin wirkenden Lesbe populär geworden ist. Die oberste Butch-Vertreterin ist natürlich k.d. lang, wenngleich ihr hier eine andere berühmte Lesbe vorausging,

Martina Navratilova. In »Presse im Netz« zeigt Diane Hamer, daß Martina fast die ganzen achtziger Jahre hindurch als Anlaß für die Äußerung allgemeiner Vorstellungen vom Lesbischsein diente. Ein wesentliches Merkmal dieser Vorstellungen war die Gleichsetzung von Lesbischsein mit Maskulinität – für die feindlich gesinnte Klatschpresse erklärte dies Martinas Dominanz auf dem Tennisplatz.

Martina als berühmteste Lesbe der Welt ist von k.d. lang abgelöst worden. Denn während die »Maskulinität« Navratilovas den Medien Anlaß gab, sie lächerlich zu machen und ihren Abscheu zu äußern, wird k.d. langs »Maskulinität« als glamourös gefeiert. Anders als bei ihrer Vorgängerin scheint k.d.s Butch-Image in der Phantasie der Allgemeinheit ihre Begehrlichkeit nur zu steigern. Das *Vanity-Fair*-Titelbild war typisch dafür. In ultra-männlicher Aufmachung sitzt k.d. lang, das Gesicht eingeseift, zurückgelehnt in einem Barbiersessel und läßt sich von der sehr femininen (kaum bekleideten) Cindy Crawford rasieren. Dieses Titelbild war eine eindeutige Aufforderung an die Leserinnen, sich mit Cindy Crawford, die die maskulinisierte Sängerin begehrt, zu identifizieren. Ein Jahr zuvor hatte die englische Zeitung *Independent* einen Bericht über sie gebracht, der mit einem Madonna zugeschriebenen Zitat begann: »Elvis lebt – und sie ist schön.« Wieder beruhte k.d. langs Attraktivität auf ihrer Maskulinität, diesmal verkörpert in der Gestalt von Elvis Presley.

Dies alles zeigt uns, daß der historische Status der Butch-Lesbe sich verschiebt. Weil Butches immer am deutlichsten als Lesben zu erkennen waren, sind sie von jeher gezwungen, die Last der Mißbilligung seitens der dominanten Kultur zu tragen. Ist es denn der Sache nicht förderlich, wenn ein, zwei Butch-Lesben heute gefeiert werden? In »She thinks I still care« untersuchen Rosa Ainley und Sarah Cooper den unaufhaltsamen Aufstieg von k.d. lang. Nicht total auf k.d. lang abzufahren lasse heute dieselben Zweifel am Stolz auf die eigene lesbische Identität aufkommen wie in den achtziger Jahren das Desinteresse an Tennis und Martina. Sie schreiben es k.d. lang zu, Country- und Western-music – jene letzte Bastion des gestandenen männlichen Konservatismus – einem lesbischen Publikum nahegebracht und zugleich den Lesbianismus in den Mainstream eingeführt zu haben. Martinas und k.d. langs allgemeine Popularität zeigt, daß die Unsichtbarkeit von Lesben nicht mehr unabänderlich ist. Unsere Idole sind vielmehr von sich aus öffentliches Eigentum geworden.

Es ist interessant zu betrachten, wie unterschiedlich das lesbische und das Mainstream-Publikum diese Idole vereinnahmt. Hamer erklärt, Martinas Wirkung auf Lesben habe auf dem bloßen Wissen beruht, daß sie Lesbe und als solche zugleich Objekt der Begierde und Trägerin geheimer sexueller Kenntnisse sei. »Wenn sie ihr Match gewinnt, hat unsere sexuelle Identität die Oberhand; es ist das Lesbischsein, das diesen kurzen Augenblick des Ruhms genießt.« Laut Ainley und Cooper ist k.d. »der Stoff, aus dem Lesbenträume sind, androgyn bis butch, attraktiv, kokett, begabt und imagebewußt.«

Aber hat das Lesbenimage, das heutzutage in der Populärkultur aufbereitet wird, Lesben etwas zu sagen? Oder ist es nur auf der Ebene heterosexueller Begierde wirksam? *Vanity Fair* hat auf besagtes Titelbild hin eine Unmenge Post erhalten. Viele Briefe kamen von heterosexuellen Frauen, die ihre uneingeschränkte Freude über das Bild und den k.d.-lang-Artikel ausdrückten. Nur eine einzige – eine Lesbe – schrieb, das Foto gebe ihr gar nichts. Warum sollte es? Was habe eine Gesichtsrasur mit lesbischer Lust zu tun? Diese Leserin meinte, es wäre viel aufregender gewesen, wenn Cindy k.d. die Beine rasiert hätte …

Der absolut neue Trend zum Lesbischsein zeigt uns, daß alle unsere Schlußfolgerungen unweigerlich spekulativ sind. Wir müssen uns fragen, ob trotz allem, was diese »Vereinnahmung« des Lesbianismus durch den Mainstream uns an Positivem gebracht hat, die Bilder, die am Ende produziert werden, einem heterosexuellen Wunschdenken entsprechen. Dennoch wollen wir, wie es Lesben von jeher getan haben, uns unseren Teil nehmen, wo wir ihn kriegen können.

Belinda Budge und Diane Hamer

Crossover-Träume:

Lesben und Popmusik seit den siebziger Jahren

Arlene Stein

Lesben sind weithin das, was Herbert Gans als »Publikum mit einem bestimmten Geschmack«[1] bezeichnet hat: Wir sind eine heterogene Gruppe von Individualistinnen und wollen, wie alle übrigen Mitglieder der Gesellschaft, Aspekte unseres Lebens in Filmen, Büchern, Musik und anderen von uns konsumierten Kulturgütern gespiegelt sehen. Wir bilden eine »Teilkultur«, das heißt, uns verbinden gewisse Grundinteressen, die uns von der übrigen Gesellschaft abgrenzen; dennoch gehören wir zur Gesellschaft als solche.[2]

Dies kommt in der Popmusik jedoch nicht zum Ausdruck. 1990 schrieb der Kritiker Jon Savage, daß »Schwulsein« in der Popmusik durchaus anklinge, jedoch von weiblicher sexueller Autonomie, von Lesbischsein keine Spur sei.[3] Weil Heterosexualität und vor allem weibliche Verfügbarkeit das zentrale Thema der Popmusik sind, gelten bekennende Lesben im allgemeinen nicht als »crossover«-geeignet. Die kommerziellen Plattenfirmen, die nach erfolgreichen Hits schielen und das Gespenst niedriger Verkaufszahlen (oder aufgebrachter Moralisten) vor Augen haben, gehen Kontroversen aus dem Weg.

Eine Musikerin, die sich als Lesbe zu erkennen gibt, wird üblicherweise als »lesbische Künstlerin« eingestuft und somit zu einer marginalen Existenz verurteilt. Künstlerinnen, die unter dem Wettbewerbsdruck des Marktes arbeiten, betreiben infolgedessen Selbstverleugnung und gestalten ihre Texte und ihr Image so, daß ein »universelles« Erscheinungsbild entsteht oder zumindest das, was sie dafür halten.

Eine Crossover-Künstlerin, die sich als Lesbe identifiziert und obendrein Erfolg hat, sich also zugleich zur lesbischen Marginalität und zur Mitgliedschaft in der Mainstream-Kultur bekennt, ist eine äußerst seltene Erscheinung.

Doch auch wenn das heterosexuelle Image in der Popmusik vorherrscht, es bleibt nicht unangefochten. Frauen haben zum Beispiel immer Mittel und Wege gefunden, Popmusik »gegen den Strich« zu deuten, indem sie die Pronomen in den Songs im Kopf auswechselten und ihre Identifikations- und Begehrensphantasien auf weibliche Idole projizierten. Darüber hinaus bemühen bekennende Lesben sich seit mindestens zwanzig Jahren um eine größere Beteiligung an der Popmusikproduktion, indem sie sowohl eindeutig lesbische Bezüge als auch weniger eindeutige Anspielungen in ihre Musik einfließen ließen. Im folgenden untersuche ich lesbische Bemühungen, auf die Produktion von Popmusik Einfluß zu nehmen, wobei ich mich auf neuere Erfahrungen in den Vereinigten Staaten stütze.

Stimmt alle ein in dieses Lied

Lesbische Musikerinnen und Sängerinnen haben die Popmusik in Nordamerika seit langem entscheidend mitgeprägt. Doch erst die gesellschaftlichen Umwälzungen der siebziger Jahre gaben vielen Frauen den Anstoß, ihre sexuelle Identität in ihr kreatives Schaffen einzubeziehen. Anfang der siebziger Jahre versuchten junge Frauen, denen, wie es damals hieß, »der Feminismus zu ihrem Coming-out verholfen« hatte, das Lesbischsein von einer »krankhaften« Veranlagung oder bestenfalls einer sexuellen »Neigung« in eine kollektive Identität umzuwandeln, die den zügellosen Individualismus mit seinen Exzessen wie auch die aufgezwungenen Sexual- und Geschlechterrollen überwinden sollte. Im Zentrum dieser Bewegung stand der Glaube an das, was Michel Foucault und andere als »positive Besetzung« bezeichneten, die Annahme und Bestätigung von stigmatisierten Identitäten wie etwa Homosexualität.[4]

Der lesbische Feminismus brachte die lebhafteste und sichtbarste lesbische Kultur hervor, die es in den Vereinigten Staaten, ja weltweit, jemals gegeben hatte. Durch ihn wurden Frauen ermutigt, ihre eigene Literatur, Kunst und Musik zu entwickeln. »Frauenmusik« war ein wichtiges Produkt dieser Periode kultureller Erneuerung. War Frauenmusik gewöhnlich auch nicht grundsätzlich lesbisch, so wurde sie doch hauptsächlich von Lesben/Feministinnen geschaffen und vorgetragen. Sie definierte sich als Popmusik, die sich einer lesbisch-feministischen Ikonographie bediente und mit Themen befaßte, die für Lesben/Feministinnen von Interesse waren. Wie andere Formen von Frauenkultur in jener Zeit war die Frauenmusik durchdrungen von dem Glauben an eine universale weibliche Sensibilität, die sich im Konzept der »Frauen-Identifiziertheit« niederschlug.[5]

Diese Identität definierte sich hauptsächlich durch ihren Gegensatz zu maskulinen Kulturformen, etwa dem Mainstream des Rock and Roll – dem »cock rock« (Schwanz-Rock). 1974 stellte die Zeitschrift *Ms.* die Frage: »Kann eine Feministin die größte Rock-and-Roll-Band der Welt lieben?«, die die Kritikerin Robin Morgan mit einem entschiedenen »Nein!« beantwortete. Sie warnte, lesbische Feministinnen, die die Rolling Stones hörten, seien nicht besser als jene, die gegen Monogamie seien und Transsexuelle als Verbündete akzeptierten: Sie alle hätten sich einen »männlichen Stil« angeeignet, der die Bewegung vernichten würde.

Die Frauenmusik erwuchs auch aus dem Protest gegen die Gesellschaft, der eine populistische Tradition hatte, und aus der Überzeugung, daß klein und schlicht das beste sei.[6] Für die amerikanische Linke bildete die Folk-music zumindest seit den dreißiger Jahren einen Gegenpol zu einer entfremdeten Massenkultur, in der kulturelle Objekte von jenen Gemeinschaften und Traditionen isoliert wurden, die ihnen ursprünglich Form und Sinn gegeben hatten. Die Frauenmusik, die zum Teil aus dieser von links geäußerten Kritik hervorging, wollte eine authentischere kulturelle Ausdrucksform für Frauen finden. In dieses Ziel wurde die Organisation der Frauenmusikindustrie mit einbezogen. Die Frauenmusik spornte nicht nur zur Erneuerung musikalischer Inhalte an, sondern sie politisierte den Prozeß der Musikproduktion.

»Olivia«, die Anfang der siebziger Jahre gegründete, wegweisende Frauenplattenfirma, bildete das Rückgrat der Frauenmusikproduktion. Wie fast die gesamte Frauenmusikindustrie war sie aus der Überzeugung entstanden, daß die Trennung zwischen Betrieben, Künstlerinnen und Publikum, die in der kommerziellen Musik grundlegend ist, aufgehoben werden mußte.[7] Was vielleicht noch wichtiger ist: Die Frauenmusik wollte dem Ausschluß von Frauen im allgemeinen und Lesben im besonderen aus Machtpositionen im Musikgeschäft ein Ende machen. In alternativen Musikbetrieben wie »Olivia« bot sich Frauen die nie dagewesene Möglichkeit, sich als Unterhaltungskünstlerinnen, Sängerinnen, Produzentinnen und Veranstalterinnen zu betätigen. Die Sängerin und Textschreiberin Holly Near erklärte im Rückblick:

> Frauenmusik war nicht einfach nur von Frauen gemachte Musik. Es war eine Musik, die das ganze System in Frage stellte, ein bißchen anders als Disco, ein bißchen anders als David Bowies Spiel mit der Androgynie ... Wir haben uns mit einer Menge Themen befaßt, mit denen David Bowie sich nicht befaßte, mit Fragen, die sein Management nie stellte. Es war also nicht nur die Musik. Es war, als hätten wir uns in Systemen und Gesellschaften gründlich umgesehen und aus diesen Systemen eine Musik entstehen lassen.[8]

Das Ziel der Frauenmusik war ehrgeizig. Indem ihre Protagonistinnen Leben und Leistung von Frauen (und Lesben) positiv bewerteten und die Organisation in die Hand nahmen, spielte sie eine bedeutende Rolle für die Entwicklung der lesbisch-feministischen Kultur. Die genaue und enge Definition dessen, was als Frauenmusik galt – von und für Feministinnen produzierte Musik –, dürfte ihren Anspruch jedoch unabsichtlich begrenzt haben.

Schwarze Frauen klagten, die Frauenmusik sei fest in einer hauptsächlich europäischen Tradition verwurzelt. Ihr Vorwurf wurde durch die Tatsache erhärtet, daß Alben und Tourneen schwarzer Künstlerinnen unter dem Etikett »Frauenmusik« nicht die so dringend nötigen Verkaufserlöse erzielten. Kritik kam auch von den Frauen der Punkbewegung, die, wie die Frauenmusik, das Aufbrechen des Geschlechts- und Sexualkodex, die Entlarvung »männlicher« Technik und Sachkenntnis sowie die Infragestellung des Glamour zum politischen Thema machte.[9] Doch anders als die Frauenmusik wollte Punk sich nicht eindeutig als Ausdruck des Feminismus oder der Schwulenbewegung festlegen, und sein greller Stil vertrug sich nicht mit dem Folklorehaften der Frauenmusik. Eine der Gründerinnen der Bewegung »Boston's Rock Against Sexism«, einer Gruppe von Kulturaktivistinnen, die zugleich »heimliche Rock-and-Roll-Fans« waren, erklärte: »Frauenmusik ist eigentlich friedlich, nicht zotig oder zornig; sie regt mich nicht richtig auf, macht mich nicht an oder heiß.«[10]

In den achtziger Jahren wurde die Lebensfähigkeit der Frauenmusik durch eine Identitätskrise in Frage gestellt. Die »Dezentrierung« des lesbischen Feminismus, die wenigstens teilweise mit dem Generationswechsel und der von schwarzen Frauen ausgehenden Kritik zusammenhing, erschütterte den Glauben daran, daß die Frauenmusik eine »essentielle« Weiblichkeit reflektieren könnte. Gemäß dem ein Jahrhundert lang von wissenschaftlichen Experten verwendeten Identitätsbegriff waren alle Lesben gleich, vereint durch eine gemeinsame Veranlagung. Indem sie dieser die biologische Grundlage entzogen, versuchten lesbische Feministinnen die Möglichkeit, lesbische Erfahrungen zu machen, zu verallgemeinern, schufen jedoch statt dessen oft strikte ideologische Vorschriften, wer der lesbischen Gemeinschaft anzugehören und wie eine lesbische Kultur auszusehen und zu klingen hatte.[11]

Zu guter Letzt wurde die Frauenmusik als Ausdruck einer bestimmten Generation von Aktivistinnen hingestellt. Doch ihre Unterschätzung verhinderte, daß sie sich in andere Richtungen verzweigte. Die Verkäufe ließen zu wünschen übrig, und viele Produzentinnen von Frauenmusik reagierten darauf, indem sie sich von ihren lesbisch-feministischen Wurzeln entfernten.[12] Als die Firma »Olivia Records« 1988 mit einer Reihe von Konzerttourneen durch die Vereinigten Staaten ihr fünfzehnjähriges Jubiläum feierte, fristeten ihre Platten in der Abteilung »Frauenmusik« im hinteren Bereich der Plattengeschäfte ein kümmerliches Dasein, sofern sie überhaupt vorrätig waren. Doch genau in diesem Moment trat eine neue Generation von Musikerinnen auf den Plan.

Androgyn wird gesellschaftsfähig

1988 registrierte der amerikanische Musikjournalismus das Erscheinen eines »neuen Frauentyps« in der Popmusik. Tracy Chapman, k.d. lang, Michelle Shocked, die Indigo Girls, Melissa Etheridge und andere fielen auf, weil sie in der Popmusik feminine Konventionen aufbrachen und von Künstlichkeit und Rollenspiel zurückkehrten »zur Basis«, zu Authentizität.[13]

Diese Bewegung verwirrte die Kritik. »Weder ihre Lieder«, schrieb eine Kritikerin, »noch das Image, das sie projizieren, befriedigen die stereotypen Männerphantasien von Popsängerinnen.«

Eine andere äußerte:

Das Erstaunlichste an alledem ist, daß es Tracy Chapman und die anderen überhaupt gibt. Seit wann läßt die Industrie, die ihren stärksten Frauen vorschrieb, Comic-Figuren zu spielen, zu ..., daß eine ernsthafte, charismatische Frau aus Fleisch und Blut sich auf einer Konzertbühne behauptet?[14]

Die Antwort lautete für aufmerksam Beobachtende schlicht: Der »neue Frauentyp« in der Popmusik trat in Erscheinung, sobald die Industrie überzeugt war, daß diese Frauen sich vermarkten ließen. Tracy Chapman wurde 1988 zu einem festen Begriff; über zehn Millionen Alben von ihr wurden verkauft, weil sie »eben ganz echt« war, wie ein Geschäftsführer von »Elektra Records« erklärte.

Seit langem haben Subkulturen die musikalische Entwicklung angeheizt: Die ungeheuer erfolgreiche Disco- und Synthesizermusik zum Beispiel hatte ihren Ursprung in den Tanzlokalen der schwarzen Schwulen in Chicago und New York. Desgleichen wurden im Gefolge der Frauenbewegung Künstlerinnen und weibliche Fans zu kommerziell bedeutenden »Waren« und »Märkten«, was ihnen eine neue Machtstellung verlieh und ihnen so ermöglichte zu definieren, was sie taten, und zu verlangen, was sie wollten. Den Weg bahnten Künstlerinnen wie Cyndi Lauper und Madonna, deren Botschaften, obwohl zuweilen widersprüchlich, von einer erstarkten weiblichen Sexualität kündeten, die für die kommerzielle Popmusik praktisch nicht existierte. 1983 brachte Lauper die Single »Girls Just Want to Have Fun« heraus, die Lisa Lewis als »mächtigen Ruf nach Zugang zu dem für junge Männer reservierten Reich der Muße und des Vergnügens« beschrieb.[15] Madonna, vermutlich der erfolgreichste weibliche Star der Gegenwart, strahlte sexuelle Macht und Unbesiegbarkeit aus, wenn sie hin und wieder deutliche Anspielungen auf lesbische Liebe fallen ließ, wie in ihrem Video »Justify My Love«, das der Musiksender MTV Ende des Jahres 1990 vom US-amerikanischen Bildschirm verbannte.[16]

Zwar hatte es mindestens seit Anfang der siebziger Jahre in der Popmusik Frauen gegeben, die den Konventionen von Weiblichkeit trotzten – Patti Smith, Pat Benatar, Janis Joplin, Annie Lennox gehörten zu den bedeutendsten –, aber neu an der Androgyniewelle der achtziger Jahre war, daß ihre Verfechterinnen, obwohl nicht immer erklärte Lesben, zumindest teilweise in lesbischen Subkulturen verwurzelt waren. Tracy Chapman tauchte 1986 und 1987 auf Frauenmusikfestivals auf, während Melissa Etheridge, k.d. lang, Michelle Shocked und die übrigen in lesbischen und »alternativen« Clubs in Austin, Atlanta, San Francisco und New York City auftraten.

Obwohl vom Feminismus und häufig von Frauenmusik beeinflußt, waren sie von der Notwendigkeit überzeugt, die Zwänge der Musikindustrie auf sich nehmen zu müssen, um ihre Botschaft zu vermitteln, und sie sahen ihre Mission als einen nicht weniger subversiven Akt an, als es das feministische Aufbegehren gegen die Industrie ein Jahrzehnt zuvor gewesen war. Die in Los Angeles beheimatete Sängerin und Songschreiberin Phranc, die auf dem Cover ihres 1989 erschienenen Albums »I Enjoy Being a Girl« einen Bürstenhaarschnitt trug (neben ihr ein Reklametext, der ihr ein Loblied als »little daughter of bilitis« sang), trat auf Tourneen im Vorprogramm der Smiths und anderer populärer Post-Punks auf, vor gemischtem Publikum, weil, wie sie sagte, »es wichtig ist, die Kids zu erreichen.« Eine der »2 Nice Girls« aus Austin, Texas, drückte es so aus: »Wir wollen nicht bloß in der Spezialitätenkiste im Plattenladen zu finden sein. Wir wollen euch in die Augen springen.«[17]

Die ehrgeizigsten dieser Künstlerinnen aber bauten ihre Persönlichkeit sorgfältig auf, um mit einer starken, sexuell unbestimmten weiblichen Präsenz aufzuwarten. Indem sie männliche Pronomen in romantischen Balladen mit Bedacht vermieden und durch die Subtilität ihrer Selbstdarstellung, deren Codes für Uneingeweihte oft nicht zu entschlüsseln waren, machten sie sich zu Objekten sowohl männlicher als auch weiblicher Begierde. k.d. lang, die in männlicher Westernkluft umherstolzierte, erklärte: »Na klar, Jungs können mich attraktiv finden, Frauen können mich attraktiv finden, deine Mutter – dein Onkel, klar doch. Mir ist das ziemlich egal.« Wer auf Michelle Shockeds Album *Captain Swing* bei »Sleep Keeps Me Awake« genau hinhörte, merkte, daß es ein Liebeslied für eine Frau war. Selbst nachdem diese Künstlerinnen von der Kritik für ihre frische, unbeschwerte Einfachheit und ihre Rückkehr zu »Aufrichtigkeit« und »Natürlichkeit« gefeiert wurden, statteten viele von ihnen ihre Lieder und ihr Image mit einer Unbestimmtheit aus, die zuweilen ans Lächerliche grenzte.

Das Aufkommen des neuen androgynen Frauentyps in der Popmusik der achtziger Jahre, zum großen Teil gefördert von einem zunehmend selbstbewußten lesbischen Publikum, bewies, daß einige Frauen sich von den weiblichen Konventionen in der Popmusik endgültig verabschieden und trotzdem Erfolg haben konnten. Doch das klassische Dilemma blieb: Eine Musikerin war entweder als »lesbische Künstlerin« bekannt und damit zu einer marginalen Existenz verurteilt, oder sie verschleierte ihr Lesbischsein, um beim Massenpublikum anzukommen. Lesbische Künstlerinnen waren nur »sicher« (sprich: vermarktbar), wenn sie ihre Sexualität verschwiegen – daß eine Frau ein Liebeslied für eine andere Frau sang, war nach wie vor tabu.[18]

Einige Frauen, die aus ihrem Lesbischsein eine regelrechte Politik gemacht hatten, klagten, daß die Anfang der siebziger Jahre begonnene kulturelle Revolution von »der Industrie abgewürgt, aufgesogen und einverleibt« worden sei. Phranc erklärte:

> Alle wollen Folksängerinnen sein. Sie wollen hip und in sein. Sie wollen sensible Videos machen und von Politik singen. Androgynie ist das Zauberwort, so scheint es zumindest. Du darfst bloß keinen Bürstenschnitt tragen und Sexualität mit keinem Wort erwähnen, und schwupp! hast du's geschafft, kriegst einen Plattenvertrag und wirst ein Star.[19]

Die Frauenmusik, die im Kontext lesbischer Einrichtungen und Gemeinschaften geschaffen wurde, hatte lesbisch-feministische Urheberschaft mit feministischem Inhalt und Publikum verknüpft. Als der »androgyne Popstar« in Erscheinung trat, behaupteten manche, die Frauenmusik sei durch eine Musik ersetzt worden, die unverfänglich mit lesbischen Attributen wie Kleidung und Frisur spiele, um kommerzielle Anerkennung zu erringen, sich aber nicht wirklich als lesbisch identifiziere.[20]

Mochten solche Kritiken vielleicht auch überzogen sein, fest stand, daß die von ihrer Gemeinschaftsbasis abgeschnittene lesbische Musik im Mainstream in verschiedenster Form von feministisch-lesbischen Empfindungen, aber ohne echte Loyalität oder wahres Bekenntnis zu einer organisierten Subkultur oder Bewegung zu sein schien.

Die Zwänge der Industrie standen zumindest teilweise hinter der offenkundigen Ächtung »bekennender« Lesben zurück. In den achtziger Jahren wurde der Glaube an einen undifferenzierten Massenmarkt durch Absatzstrategien ersetzt, die auf für ethnische und »Lifestyle«-Gruppen verschiedener Art reservierte Nischen abzielten. Doch kam es selten vor, daß eine kommerzielle Plattenfirma die Existenz des lesbischen Publikums, das eine bestimmte Einstellung und einen besonderen Geschmack besaß, anerkannte. Wenn Plattenfirmen das Vorhandensein eines solchen Marktes registrierten, sahen sie darin oft eher einen Nachteil als einen Gewinn. Bei der Vermarktung einer Musikerin wie Phranc, einer bekennenden Lesbe, erklärte ein Sprecher von »Island Records«, daß eine Künstlerin, die ihr Lesbischsein zu einem zentralen Teil ihrer Präsentation mache (das heißt, es überhaupt erwähnt), möglicherweise einen »beschränkten Konsumentenstamm« habe.[21]

Doch wenn viele dieser aufstrebenden Künstlerinnen eine uneindeutige Identität präsentierten, lag das nicht einfach an den Zwängen des Geschäfts – es lag häufig auch daran, daß ihre Identität tatsächlich uneindeutig war. In der Geschichte haben viele Kunstschaffende sich den Anforderungen der Identitätspolitik widersetzt und es vorgezogen, ihre Kunst nicht der Loyalität zu irgendeiner bestimmten Gruppe unterzuordnen. In den achtziger Jahren stellte die »Dezentrierung« des lesbischen Feminismus die Tendenz in Frage, Lesbischsein zu einer »dominanten« oder »übergeordneten« Identität zu machen. Audre Lorde schrieb 1979:

> Als schwarze lesbische Feministin, die sich mit den verschiedenen Teilen ihrer Identität wohl fühlt ... sehe ich mich immer wieder ermutigt, einen bestimmten Aspekt meiner Identität herauszugreifen, ihn als sinnvolles Ganzes darzustellen und damit andere Aspekte meines Selbst auszublenden oder zu verleugnen.[22]

So gesehen läßt sich begreifen, daß Tracy Chapman, eine Schwarze, eine komplexe Persönlichkeit ist, die nicht nur Bindungen an die lesbische Community hat. Das gilt auch für Michelle Shocked, die schließlich eine Beziehung mit einem Mann einging. In den siebziger Jahren verbarg Holly Near oft ihre Bisexualität, um im Interesse einer vereinigten Front bei einem weiblichen Publikum anzukommen. Zehn Jahre später schien es mehr Toleranz für Uneindeutigkeit zu geben, und es besaß offenbar sogar einen gewissen Reiz, die »Wahrheit« *nicht* genau zu wissen.

Aber was *war* die Wahrheit? Die achtziger Jahre waren schließlich ein Jahrzehnt, in dem der »Spaß«, wie der Kritiker Larry Grossberg sagte, »das Verstehen ersetzte.«[23] Der Talkmaster David Letterman, der erklärte Liebling der amerikanischen »Baby-boom«-Generation (der in den fünfziger Jahren Geborenen), feierte die Verfremdung mit spöttischem Selbstbezug, als der TV-Musiksender MTV die Grenzen von Popmusik und Werbung verwischte. Rasch wechselnde, von Stil zu Stil springende Szenenfolgen, neue Klänge und Strukturen, neue Identitäten, Images und ineinander übergehende kulturelle Kategorien aller Art wurden einbezogen. Ein Rap-Song griff das Thema der Fernsehserie *Gilligan's Island* (dt. *Gilligans Insel*) auf; Peter Gabriel und Paul Simon machten Anleihen bei traditioneller afrikanischer Musik.

Die Comedy-Künstlerin Sandra Bernhard mixte und mutierte Identitäten und machte ab und zu Anspielungen auf ihr Lesbischsein, ohne sich jemals wirklich festzulegen. »Ich würde nie zu irgendwas eine Erklärung abgeben«, verkündete sie. »Das ist doch lächerlich. Wen geht das überhaupt was an? Es ist einfach anmaßend.«[24]

Für die Mehrheit des Publikums jedoch, vor allem für jüngere Leute, machte diese Uneindeutigkeit einen Teil des Reizes aus. Eine neunzehnjährige Lesbe erzählte mir:

> Ich mag »cock rock« und Frauenmusik. Ich mag beides. Aber die Mainstream-Frauenmusik mag ich am liebsten. Musik, die Frauen anspricht, aber nicht ausschließlich von Frauen gemacht ist... Sie verwenden keine Pronomen, keine eindeutigen Substantive. Das finden wir cool. Und uns fällt auf, daß diese Musik kaum von Männern gehört wird.

Wie Barbara Bradby überzeugend gezeigt hat, sind die Phantasievorstellungen, die Lesben über die Identität bestimmter Künstlerinnen und über sich selbst in Beziehung zu diesen Künstlerinnen haben, ein kollektiv formulierter und erfahrener Teil der lesbischen Existenz.[25] Sexuelle Uneindeutigkeit verdoppelt den Reiz der Musik – für die Subkultur ebenso wie für das Massenpublikum. Sie ermöglicht den Künstlerinnen, mit Lesben und Feministinnen im Publikum zu kommunizieren, ohne sich den Normen der Subkultur zu unterwerfen oder ihr Sprachrohr zu werden. Sie ermöglicht Frauen aus dem Publikum, Musik zu hören, die sie insgeheim als lesbisch betrachten, mit dem Wissen, daß Millionen andere sie ebenfalls hören.

Am Ende war es vielleicht ein Beweis für die Ausgereiftheit der feministischen und lesbischen Kultur, daß sowohl Künstlerinnen als auch ihr weibliches Publikum es nicht mehr für notwendig erachteten, ihr Lesbischsein zum zentralen, vorrangigen Inhalt ihrer Arbeit zu machen. Als in den achtziger Jahren feministische Stilarten Eingang in die Popkultur fanden und die Grenzen zwischen der Mainstream- und der Frauenkultur fließend wurden, bot sich einigen Künstlerinnen ein ungeahntes Maß an Freiheit, ihr Image und ihre Musik nach eigenem Belieben zu gestalten.

Doch auch diese Strategie hatte ihre Grenzen. Während die neue Welle androgyner Frauen in der Popkultur über das schon bekehrte Publikum der Frauenmusik hinaus weitere Massen anzog, waren diese Frauen auf ein versiertes Publikum angewiesen, das ihre Codes entziffern konnte. Junge Lesben konnten im Mainstream endlich Protagonistinnen sehen, die ihnen stark glichen, aber da Lesbischsein nach wie vor verschwiegen wurde und es der großen Mehrheit an dem nötigen Wissen fehlte, um diese Codes zu entschlüsseln, wurde die heterosexuelle Norm zum größten Teil nicht angezweifelt.

Crossover-Träume – eine Randerscheinung?

Anfang der neunziger Jahre schafften einige Frauen den Crossover und hatten als bekennende Lesben im Mainstream Erfolg, indem sie ihre Sexualität in ihre Kunst integrierten, ohne sie einerseits zu *dem* hervorstechenden Faktum oder andererseits kaum erkennbar werden zu lassen. k.d. lang und Melissa Etheridge, die ihre Sexualität bislang als Androgynie verschlüsselt hatten, outeten sich als Lesben, unter großem Beifall lesbisch-schwuler Kreise und mit noch größerem kommerziellen Erfolg. Ihr Coming-out war von höchster Bedeutung, zum Teil, weil es unweigerlich Wellen schlug und andere ermutigte, ihrem Beispiel zu folgen.

Trotzdem wäre es unklug, in dieser Entwicklung einen Beweis für einen unaufhaltsamen Fortschritt zu sehen. Waren diese Künstlerinnen auch imstande, ihr Lesbischsein (teilweise) in ihre Musik und ihr Image zu integrieren, so taten sie dies doch erst, nachdem sie einen beachtlichen kommerziellen Erfolg erzielt hatten. Es war viel schwieriger, vielleicht sogar unmöglich, umgekehrt aus einer marginalen Existenz den Weg in den Mainstream zu finden und sich zu outen, solange die Karriere noch im Anfangsstadium war.

Darüber hinaus ist, wie ich zu zeigen versucht habe, die Repräsentation von Lesben in der Popmusik eine weitaus komplexere Angelegenheit als die Gesamtheit der sich zu ihrem Lesbischsein Bekennenden. Die lesbische Repräsentation in der Popmusik erfolgte durch das Zusammenwirken von Künstlerinnen, Musikindustrie und Publikum. Die Künstlerinnen versuchen, Popularität zu erlangen, indem sie ihre kreative Selbständigkeit weitmöglichst steigern, oft entgegen den Anforderungen sowohl der Plattenindustrie als auch eines anspruchsvollen Publikums. Die Musikindustrie, die ein Hort des Konservatismus und zugleich der Erneuerung ist, bemüht sich, mit Trends und aufkommenden »Publikumsvorlieben« Schritt zu halten, ohne das Stammpublikum zu verprellen. Das Publikum ist in ständigem Wandel, es wird geformt von kulturellen Trends und gesellschaftlichen Bewegungen (wie etwa Feminismus und Lesben- und Schwulenbewegung), die Subkulturen entstehen lassen, welche wiederum den allgemeinen Geschmack beeinflussen.[26]

Ferner ist die lesbische Repräsentation nicht einfach eine Frage der Sichtbarmachung des Lesbischseins. In zunehmendem Maße wurde, wie Biddy Martin ausführt, die »unwandelbar komplexe und umstrittene Natur der Identität an sich sichtbarer gemacht.«[27] Die Frauen der »Baby-boom«-Generation, die Begründerinnen der Frauenmusik und -kultur, glaubten, ein kollektives Gespür dafür, was es heißt, eine Lesbe zu sein, aufbauen und zudem Darstellungen dieser kollektiven Identität entwickeln zu können. Die heutige aufstrebende Generation, die sich der Beschränktheit der Identitätspolitik viel bewußter ist, glaubt das offenbar nicht. Während diese Unentschiedenheit für viele Frauen äußerst verstörend ist, zumal für jene, die einst hofften, eine kulturell und ideologisch einheitliche lesbisch-feministische Bewegung ins Leben zu rufen, könnte eine »dezentrierte« lesbische Identität und Kultur eine neue demokratische Kraft verkörpern. Denn viele Frauen, die sich von dem früheren Identitäts- und Kulturmodell ausgeschlossen fühlten, haben jetzt den Eindruck, endlich zu ihren eigenen Bedingungen teilhaben zu können.

In den vergangenen zwei Jahrzehnten haben weibliche Popstars, darunter eine große Zahl Lesben, unter diesen Beschränkungen gearbeitet und ihre Botschaft mit Hilfe verschiedener Strategien einem zunehmend selbstbewußten und anspruchsvollen Publikum nahegebracht. Der Einfluß des Feminismus auf die populäre Kultur hat bewirkt, daß viele Musikerinnen in größerem Maße selbst über ihr Image und ihre Musik bestimmen können. Popmusik wird heute von zu ihrer Identität stehenden Lesben und von sympathisierenden anderen gemacht, die sich lesbischer Ikonographie und/oder subkultureller Strömungen bedienen und sich an ein – zumindest teilweise – lesbisches Publikum wenden. Ist der Traum von einer Musik und Kunst, die lesbische Erfahrung(en) offen und ehrlich ausdrückt, im Mainstream auch noch nicht Wirklichkeit geworden, so versuchen lesbische Künstlerinnen und Zuhörerinnen doch vielfach Positionen zu entwickeln, die die lesbische Randexistenz *und* die Zugehörigkeit zur dominanten Kultur anerkennen.

Übersetzt von Margarete Längsfeld

Eine homoerotische Liebesaffäre?

Madonna und die Lesben- und Schwulenkultur

Sonya Andermahr

Ein »Material Girl«: Die Neuerfindung des weiblichen Idols

Als ich anfing, über den Zusammenhang zwischen der Mainstream-Popkultur und lesbisch-schwulen Subkulturen nachzudenken, kam mir immer wieder Madonna in den Sinn, der Inbegriff des weiblichen Idols der achtziger Jahre. Madonna hat Vorbildcharakter erlangt; nichts kann über das Frauenbild des letzten Jahrzehnts gesagt werden, ohne daß sie erwähnt wird. Sie hat ihre Rollen als Popstar, Tänzerin, Schauspielerin und zuletzt – mit der Veröffentlichung von *Sex* – als Pornokönigin gemeistert und die Phantasie auf eine Weise angeheizt, wie es seit Marilyn Monroe keiner Frau mehr gelungen war. Ununterbrochen zirkuliert ihr Bild seit Mitte der achtziger Jahre in der Öffentlichkeit, und Millionen Worte wurden in Biographien, Illustrierten, Zeitungen und theoretischen Abhandlungen wie der vorliegenden über sie gesagt und geschrieben. Sie ist ein umwerfendes Ereignis, das sich endlose öffentliche Spekulationen und ernsthafte kulturkritische Studien verdient hat.[1]

Was ist das Besondere an Madonna? Diese Frage steht im Mittelpunkt all dieser Erörterungen. Was hebt sie aus dem Pantheon weiblicher Idole heraus, was unterscheidet sie von Helena von Troja über Brigitte Bardot bis hin zu Marilyn Monroe, von Idolen, die es in der herrschenden Kultur immer zur Genüge gab? Hierauf sind mehrere Antworten möglich. Eine lautet: Obwohl es nicht an attraktiven, starken und sexy Frauenbildern fehlte, sind diese Bilder zumeist das Produkt männlicher Phantasien, die auf das männliche Vergnügen abzielen, wogegen beim Mythos Madonna im Mittelpunkt steht, daß sie über eine Eigenständigkeit und

Selbstbestimmung verfügt, die die anderen nicht haben: Madonna ist ihre eigene (Neu-)Erfindung. Tatsache ist, Madonna gibt, anders als die Mehrzahl der Frauen in der Unterhaltungsindustrie einst wie heute, selbst den Ton an. Und obwohl sie so wenig wie die Pin-up-Girls, deren Bilder auf Seite drei der Sonntagsausgabe der Boulevardzeitschrift *Sun* abgebildet sind, Einfluß darauf hat, wie ihr Image ankommen wird, übt sie über Produktion, Vermarktung und Vermögenswert dieses Images mehr Kontrolle aus als irgendein weibliches Idol zuvor. Es hat ihr nie genügt, das Cover-Gesicht zu sein, mit dem sich Platten zu Tausenden verkaufen lassen; sie mußte auch die Frau am Ruder sein. Sie ist eine Seltenheit, eine Frau, die die Männer in deren eigenem kapitalistischen Spiel geschlagen hat. Sich zu verkaufen ist ihr und aller Frauen gutes Recht von alters her, und sie tut es für gutes Geld.

Für mich ist es eine der größten Leistungen in ihrer zehnjährigen Karriere (davon abgesehen, daß sie Millionen Dollar verdient hat), die weibliche Sexualität innerhalb der Mainstream-Popkultur als Macht und Vergnügen *für Frauen* definiert zu haben. Wie Suzanne Moore bemerkt, ist Madonnas Sexualität ungemein selbstbezogen, eine autoerotische Selbstbefriedigung, die männlichen Beistand manchmal an-, aber nie erfordert.[2] Moore beschreibt Madonna teils als »Material Girl« der achtziger Jahre, mit Sinn fürs Geschäft, und teils als »Swinger«, wie sie für die sechziger Jahre typisch war, mit einer seltsam altmodischen Philosophie über Befreiung durch Sex. Aber während in der sexuellen Befreiung der sechziger Jahre der Phallus im Mittelpunkt stand, drehen sich Madonnas Phantasien um die »unersättliche Klitoris«. Ihr dynamischer Frauenkörper und ihr Beharren auf dem sexuellen Vergnügen von Frauen erklären Madonnas besondere Anziehungskraft auf Frauen. Statt die geschlechtliche Binarität, die Versinnbildlichungen von Männlichkeit und Weiblichkeit, zu verwerfen, stellt sie die dominanten Sexualformen von innen heraus in Frage, indem sie sich ihrer reichhaltigen Sexualsprache bedient, um eine aggressive Weiblichkeit zu schaffen, der es in erster Linie um Frauenvergnügen geht. Bezeichnenderweise bedient sie sich traditioneller, leicht erkennbarer vorherrschender Frauenbilder, wie etwa des Gegensatzpaars »Jungfrau – Hure«, oft in einer einzigen Repräsentation, wie in ihrem Video »Like a Virgin«. Jungfrau und Hure zugleich, zeigt sie sowohl die Künstlichkeit solcher kulturellen Klischees auf als auch deren sexuelle Kraft: Statt sich von ihnen einschüchtern zu lassen, schwelgt sie in ihnen und genießt die Macht der Überschreitung, die sie ihr verleihen.

Ihre Macht als Idol bezieht sie aus ihrer Fähigkeit, auf ihrer Weiblichkeit zu bestehen und dennoch die engen Geschlechtsdefinitionen zu überschreiten. Sie präsentiert weibliche Sexualität als eine Art Radikaltransvestismus, wobei sie das visuelle Vokabular des Geschlechtsunterschieds plündert, um ihre eigene Sexualitätsdarstellung zu schaffen. Indem sie hier einen maskulinen Stil, dort eine feminine Pose annimmt und die Gestalt des Sexobjekts nach Lust und Laune wechselt, ist sie gleichzeitig Butch und Femme, Weib, homo- und heterosexuell. Der Ausdruck »gender fuck« könnte eigens für sie geprägt worden sein. Immer darauf aus zu schockieren, verkörpert sie einen einzigen Sexskandal, der sich manifestiert in ihrem Outfit auf ihrer »Blonde Ambition Tour«, der rosa Corsage über einem Herrenanzug und dem berühmten spitzen Jean-Gaultier-BH, der zugleich Brüste und Phallus verkörpert. Vor allem aber präsentiert sie Sexualität als Performance, als Spiel oder Scherz, als eine Anzahl vergnüglicher Bäumchen-wechsel-dich-Rollen, die sie nach Belieben an- und ablegen kann. Hier sei eine ihrer größten Fans zitiert, Camille Paglia, die in *Masken der Sexualität* von der »verwirrenden Überfülle ihrer sprunghaften sexuellen Persönlichkeiten« schwärmt:

> Madonna... sieht sowohl das Animalische als auch das Artifizielle [des Sex]. Indem sie Kostümierung und Haarfarbe buchstäblich alle Monate wechselt, verkörpert Madonna die ewigen Werte von Schönheit und Vergnügen. Der Feminismus fordert: »Schluß mit den Masken.« Madonna sagt, wir sind nichts als Masken.

Mit ihrem provokanten Bezug auf den Feminismus rückt Paglia die theoretische Debatte, die *innerhalb* des Feminismus zwischen dem modernistischen und postmodernistischen Verständnis von sexueller Identität stattfindet, in den Mittelpunkt. Der modernistische Feminismus sucht eine integrierte, authentische weibliche Identität als Basis einer weiblichen Klasse zu behaupten, der postmoderne Feminismus dagegen betont die vielfältige, inauthentische und vorläufige Natur von Geschlecht und erst recht Identität. Während Madonna durch ihre multiplen Identitäten für ersteren zu einem verwirrenden, unzulänglichen Rollenmodell wird, stellt sie in postmodernen Begriffen Geschlecht als die Fiktion bloß, die es »tatsächlich« ist. In der Vorstellung der einen baut Madonna auf geistreiche Weise den Geschlechtsunterschied ab, für die anderen verewigt sie den Objektstatus der Frauen. Ich habe hier keinen Platz, um näher auf diese Debatte einzugehen, möchte jedoch feststellen, daß Madonnas Geschlechtssimulationen und die Hervorhebung von Inauthentizität denjenigen einen Raum öffnet, die traditionsgemäß als sexuell unnatürlich und abartig verurteilt werden: Lesben und Schwule.[3]

Justify Our Love: Madonna als Idol der Schwulen und Lesben

Madonna verkörpert den Crossover zwischen den Mainstream-Kulturen und Subkulturen, ein Charakteristikum der achtziger Jahre. Sie überschreitet den Raum zwischen dem sexuellen Mainstream und den sexuellen Randzonen der Kultur. Abgesehen von ihrer frauenorientierten Botschaft spricht Madonna zu und von einer Vielfalt anderer »Minderheitengruppen«: AfroamerikanerInnen, Latinas, Latinos, Lesben und Schwulen sowie sexuellen Interessengruppen wie Sadomasochisten. Nach Meinung vieler Lesben und Schwuler ist sie einem eindeutigen Idol der Schwulen und Lesben nähergekommen als jede andere Berühmtheit. Andere Stars, etwa Diana Ross und Joan Armatrading, haben wohl das Idolhafte mit ihr gemein, aber nur Madonna hofiert ihre schwulen und lesbischen Fans offen und ausdrücklich auf diese Weise. Indem sie sich in ihrer Arbeit bewußt auf schwullesbische Themen und Kultur bezieht (vor allem in den späteren Produktionen: »Express Yourself«, »Vogue«, »Justify My Love«, die »Blonde Ambition Tour« und »Im Bett mit Madonna«), indem sie mit schwulen Tänzern, Choreographen usw. zusammenarbeitet und sich öffentlich gegen Homophobie ausspricht, übernimmt und bestätigt sie demonstrativ lesbische und schwule Lebensart und leistet einen bedeutenden Beitrag zur Queer-Sexpolitik.

Madonna macht schamlos Anleihen bei der schwulen und lesbischen Subkultur; sie zieht sich an wie wir und imitiert unsere ständig neue Selbsterfindung. Sie durchsetzt ihre Arbeit mit Homoerotik, etwa indem sie in ihren Bühnenshows, ihren Videos und in *Sex*, ihrem Buch der erotischen Phantasien, mit schwullesbischer Kunst und Pornoikonographie operiert und sich in letzterem auf Schwulenpraktiken wie »Cruising« und Klappensex bezieht. Indem sie auch der homoerotischen Hollywood-Tradition à la Marlene Dietrich, Greta Garbo und Louise Brooks huldigt, ist Madonna die erste große Mainstream-Künstlerin, die schwullesbische Images und Themen für die Masse behandelt und erläutert. Wurde Schwulsein und Lesbischsein in dieser Tradition verschwiegen, so besteht Madonna, ohne den Gruppen ActUp* und Outrage** nahe treten zu wollen, darauf, Homo- und Bisexualität in ihrer Arbeit zu »outen«, zu fördern und zur Schau zu stellen. Wo sonst außer in einem Madonna-Video kann ein Millionenfernsehpublikum zur Hauptsendezeit zwei Frauen sehen, die sich küssen? Wie vor ihr Marlene Dietrich, will Madonna mit ihrem Lesbenimage beim heterosexuellen Publikum einen Kitzel erzeugen, doch indem sie Frauen bewußt als Sexmittlerinnen anspricht und in Videos wie »Justify My Love« den begehrlichen Blick – von der Berührung gar nicht zu reden – zwischen Frauen in Szene setzt, akzeptiert und ermutigt Madonna auch lesbische Frauen als sexuelle Konsumentinnen ihres Images.

»Justify My Love« ist vielleicht nicht ihr bestes Musikvideo, aber es ist eines von denen, die am meisten von einer transerotischen Sensibilität durchdrungen sind. Eine europäische sexuelle Halbwelt beschwörend, erinnert es an Marlene Dietrich in *Der blaue Engel* und an Christopher Isherwoods *Goodbye to Berlin*; ähnlich mit Prostituierten, Lesben und »süßen Knaben« besetzt, ist »Justify My Love« die Phantasie von einer euphorischen, polymorphen Sexualität. Aus einer Reihe von transerotischen Bildern komponiert, bewegen sich die androgynen und sexuell variablen Gestalten unterschiedlicher Hautfarbe nahezu schwebend durch die Szenerie, sie kommen zusammen, um sich zu berühren, zu küssen und zu flirten, und gehen anmutig auseinander. Und für Eingeweihte ist

---

* ActUp: Action Coalition To Unleash Power: Zusammenschluß von radikalen Aktivisten in New York, um auf die AIDS-Krise aufmerksam zu machen [Anm. d.Ü.]

** Outrage: Eine britische Organisation zur Durchsetzung der Rechte von Homosexuellen [Anm. d.Ü.]

Madonnas Umarmung mit dem schwulen Pornostar Tony Ward ein besonderer Schmaus. Durch das Spiel mit Androgynie und Transvestismus und die quälende sexuelle Unbestimmtheit erteilt »Justify My Love« den strikten Geschlechtsdefinitionen und klar umrissenen Kategorien von sexueller Anziehungskraft, wie sie in der Mainstream-Musikkultur festgelegt sind, eine Abfuhr. Die Platte, deren Texte von einer Mißachtung des offiziell gebilligten sexuellen Nonkonformismus künden und nur seine Selbstrechtfertigung gelten lassen, ist in den Clubs und Bars Großbritanniens und der USA zu einer Art Lesben- und Schwulenhymne geworden.

Im Zusammenhang mit der Lesben- und Schwulenkultur scheint Madonnas »Inauthentizität«, ihre Entfaltung von Simulation und Künstlichkeit, weniger von politischer Verantwortlichkeit geprägt zu sein als vielmehr andere Sichtweisen auf Sex in der Popkultur zu erschließen. Hier besteht auch eine Verwandtschaft mit der schwulen Kultpraktik »Camp«. Diese Geschlechtsüberschreitung ist ein Akt, eine Verkleidung, die Künstlichkeit weniger verbirgt als offenbart. Madonnas viele Verkleidungen wirken auf genau dieselbe Weise: Wenn sie in »Im Bett mit Madonna« in Duschhaube und Weste telefoniert und dabei Kohlsuppe ißt, verkörpert Madonna ihr »wahres Selbst« nicht echter als auf der Bühne. Ihre rollenbestimmte Garderobe umschließt das Wesen von »Camp«, wie Lisa Henderson darlegt:

> ... den Spiegel zerbrechen, sich verkleiden und eine Rolle spielen, um als konstruiert *bloßzustellen*, was in anderem Rahmen als »natürlich«, männlich, weiblich oder heterosexuell gilt. (S.22)

Verkleiden macht Spaß, und im Mittelpunkt von Madonnas Selbstdarstellung steht ein geschlechtsübergreifender, parodistischer Humor, der sich in dem Achtziger-Jahre-Hit »Girls Just Wanna Have Fun« der »Möchtegern-Madonna« Cyndi Lauper manifestierte – hier oder in Madonnas »Material Girl« parodierte sie das Image der glamourösen, auf das Geld reicher Männer erpichten Frau der fünfziger Jahre mit einem Gefolge von Verehrern. Diese Art von Humor kennzeichnet auch Madonnas öffentliches Liebäugeln mit dem Lesbischsein, das sie als einen vergnüglichen erotischen Scherz (der sich für die »Freundin« Sandra Bernhard als bitter erwies) oder, erst kürzlich in *Sex*, als erotische Phantasie darstellte und vermutlich erlebte. Insbesondere weil die sexuellen Merkmale, die »Madonna« ausmachen, ständig wechseln, ist sie imstande, sich als Lesbe zu gerieren und sich zugleich ihre herausragende Stellung in der Mainstream-Kultur zu bewahren.

Daß sie sich sowohl innerhalb als auch außerhalb des Mainstream plaziert, als zu ihm gehörend und doch gegen ihn eingestellt, erklärt die Kontroverse um sie, und warum sie sowohl bei Feministinnen und Radikalen als auch bei sexuell Konservativen so widersprüchliche Reaktionen auslöst. Sie weigert sich, sich ganz von der dominanten Kultur vereinnahmen zu lassen, verschiebt ständig Randzonen zur Mitte hin (und sich mit ihnen), aber sie widersetzt sich auch der vollen Identifizierung mit Oppositions- und Identitätspolitik. Ihre Widersprüchlichkeit offenbart meiner Meinung nach nicht ihre Unfähigkeit, ihre Botschaft zu vermitteln, sondern ist vielmehr ein wesentlicher Bestandteil ihrer Botschaft: Madonna artikuliert die Widersprüche weiblicher Lust im besonderen und sexueller Identität im allgemeinen, indem sie ständig die Grenzen zwischen Macht und Machtlosigkeit, anständig und unanständig, männlich und weiblich, »normal« und homosexuell überquert.

Butch-Frauen: Die Lesbianisierung des weiblichen Idols

Indem sie in ihrer Arbeit lesbischen Stilarten und Images das Wort redete, hat Madonna teilgehabt an dem, was sich als Lesbianisierung des weiblichen Idols der achtziger Jahre bezeichnen läßt, ein Prozeß, der sowohl eine Ästhetik als auch eine Politik des Körpers einschließt. Er beinhaltet die Übernahme nicht nur eines maskulinen »Looks«, sondern auch männlicher Privilegien und männlichen Handelns. Der maskulinisierte Frauenkörper behauptet nicht nur sein Recht auf Sexualität, sondern auch seine Autonomie, seine physische Integrität. Diese Butch-Persönlichkeit manifestierte sich auch in den Leinwandheldinnen der achtziger Jahre, wie etwa Linda Hamilton in den *Terminator*-Filmen und Sigourney Weaver in der *Alien*-Trilogie. In diesen Filmen dienen lesbische Merkmale – Muskeln, kurzgeschnittene Haare, sexuelle Unabhängigkeit von Männern – zur Kennzeichnung von Aktivität und Zähigkeit. Diese Strategie führte in *Alien* in der Figur der Chicana-Soldatin bis an die Grenze der Parodie; unverkennbar butch, trainierte die Soldatin ihren Körper, ließ ihre Muskeln spielen, lud ein unerhört großes Maschinengewehr und trieb mit den männlichen Kollegen Sport, mutiger und wüster als diese alle zusammen. Doch obwohl dieser Typ von Heldin auf lesbische Merkmale angewiesen ist, kommt es zu keiner lesbischen Identifikation – durch das Fehlen anderer Frauen, oder, wie bei Sigourney Weaver in *Alien*, indem dem Image der Heldin ein mütterlicher Touch verpaßt wird.[4] Trotzdem fordern diese Filme Frauen und Männer gleichermaßen auf, sich mit maskuliner Schönheit in weiblicher Gestalt, wie sie die starken, selbstbestimmten Heldinnen verkörpern, zu identifizieren und diese spezielle Kombination zu begehren. Die ungeheure Beliebtheit dieser Filme beim weiblichen, insbesondere lesbischen Publikum ist ein Indiz für die Anziehungskraft der Butch-Persönlichkeit auf Frauen und deren Wunsch nach solchen weiblichen Rollenmodellen und Heldinnen.

Ein paralleler Trend läßt sich in der lesbischen Subkultur der achtziger Jahre beobachten. So wie die Femininität in den Frauenbildern der Mainstream-Kultur durch die Butch-Persönlichkeit abgelöst wurde und ein »Lesbe-Hetera«-Image erzeugte, so wurde in der lesbischen Subkultur die lesbische Geschlechtsidentität durch die Wiedergeburt des Femininen re-erotisiert, die die »Femme« wieder und die »Lippenstift-Lesbe« neu hervorbrachte. In einem Artikel auf der Frauenseite des *Guardian* wurde dieser Trend beschrieben und das stereotype Bild der politischen und entsexualisierten »Radikallesben« der siebziger Jahre demjenigen der neuen »Femmes fatales« und »sexy Nackthexen« der späten achtziger Jahre gegenübergestellt.[5] Das Comeback der »Femme« und die Wiederaufnahme einer Geschlechtsdifferenz in die lesbische Identität künden von einer Ablehnung der feministischen Androgynie der siebziger Jahre und erst recht ihrer feministischen Orthodoxien in bezug auf Körper und Selbstdarstellung: Das Verbot femininer Aufmachung und ihrer repressiven Merkmale – Schminke, hohe Absätze, Röcke, lange Haare und so weiter – wurde selbst repressiv und einengend.

Wenn das Aufkommen dieser sexuellen Stilarten zum Teil eine Reaktion auf die vorgeschriebenen Formen des Feminismus war, dann darf behauptet werden, daß sich Mitte und Ende der achtziger Jahre innerhalb und außerhalb des Feminismus ein Raum auftat, wo Frauen über Sex sprechen und ihn ausleben konnten, wie es seit den Anfangszeiten der Frauenbefreiung nicht mehr möglich war, als alle Aspekte der Sexualität offen angeschnitten wurden und nichts als fixiert oder selbstverständlich galt. Viele Frauen fingen an, von neuem über die Beziehung zwischen Geschlecht und sexueller Identität nachzudenken, über das zu sprechen, was sie anmachte, und ihre Aufmerksamkeit wieder auf das Frauenbegehren in seinen heterogenen Formen zu richten. Die Veröffentlichung von Joan Nestles Aufsatzsammlung *A Restricted Country* Mitte der achtziger Jahre war ein wichtiger Schritt zur Rehabilitation der »Femme« in der lesbischen Subkultur. Die Textsammlung erlangte in der Lesbengemeinschaft zum Teil den Status eines Kultbuches, es bestätigte die sexuelle Integrität von Butch/Femme-Identitäten, und zum Teil wurde es zum Symbol für das reaktionäre Rollenspiel, je nach politischem Standpunkt. Für Nestle schuf die Betonung der durch Madonna symbolisierten subversiven Geschlechtsdarstellung einen Kontext, in dem sie ihre Fünfziger-Jahre-Erfahrung des zugleich sexuellen und politischen Charakters des Rollenspiels artikulieren und somit ihre »prä«- und »post«-feministischen Identitäten miteinander verbinden konnte.

Anderswo in der Lesbengemeinschaft eiferte die selbsternannte »Sexpertin« Susie Bright (Susie Sexpert) vor verzücktem Publikum, schufen Fotografinnen wie Della Grace und Tessa Boffin erotische Phantasiebilder, und in den Regalen des Buchhandels tauchte eine Vielfalt von lesbischen Sexromanen auf, um dem Bedürfnis nach Glamour, sexuellem Reiz und Frivolität entgegenzukommen.

Wahrheit oder Wagnis? Lesbische Ikonen und echte lesbische Idole

Wenn Madonna die Erste unter Gleichen ist, das größte weibliche Idol der Gegenwart, so hat ihr Status als lesbische Ikone in k.d. lang, die für viele Lesben ihre ureigene »lebensechte« lesbische Heldin verkörpert, eine Konkurrentin bekommen. Mit einer Platte in den Pop Charts hat k.d. lang den Schritt aus der kleineren Szene der Country- und Western-music in die Elite des Mainstream-Pop geschafft. Interessanterweise und zur Freude vieler Lesben fiel k.d. langs Erfolg 1992 mit der Bekanntgabe ihres Lesbischseins in

Interviews und auf der Bühne zusammen. Abgesehen von ihrer stimmlichen und körperlichen Anziehungskraft liegt k.d. langs Reiz für Lesben in ihrer offen zugegebenen Homosexualität. Mit ihren kurzgeschnittenen Haaren, den scharfen übergroßen Anzügen, der maskulinen Haltung und dem Ring am kleinen Finger, alles Erkennungszeichen der Butch, war k.d. lang schon »out«, ehe sie sich outete. Jetzt, da sie sozusagen doppelt »out« ist, sind es ihre »Authentizität« und ihr Butch-Image, die ihr eine begeisterte lesbische Gefolgschaft sichern. Für bestimmte Szenen ist k.d. lang das lesbische Idol der »echten« Lesbe, Madonna hingegen ist die Pseudo-Lesbe, die bisexuelle Aussteigerin. Ich stimme dieser Kategorisierung teilweise zu: k.d. langs kompromißloses Butch-Image (das ihre frühe Country- und Western-Karriere tatsächlich gefährdete) ist zweifellos herausfordernder als Madonna, die Lippenstift-Lesbe, die immer offen ist für eine heterosexuelle (männliche) Alternative, der sich k.d. langs Stil widersetzt.[6] Aber jeder das ihre: Einige von uns identifizieren sich mit – und begehren – k.d. lang, einige identifizieren sich mit – und begehren – Madonna, und einige von uns pendeln hin und her. Darüber hinaus überschreiten lesbische Identität und Begierde, wie Madonnas aggressive Femininität und k.d. langs Butch-Weiblichkeit zeigen, die Gegenüberstellungen echt – pseudo und butch – femme.

Ich behaupte, Madonna hat auf Femme-Lesben, auf diejenigen von uns, die eine vom Patriarchat konstruierte Femininität als heterosexuell und mannorientiert verwerfen, eine besondere Wirkung. Während Butches die feminine Maskerade für sich selber ablehnen, lehrt uns Madonna, uns daran zu erfreuen und sie frauenorientiert einzusetzen. Es macht nichts, daß sie keine »richtige« Möseleckerin ist, sie redet genug über ihre Möse auf eine Art, die unsere Begierde weckt, und hin und wieder zeigt sie sich erkenntlich dafür, daß es uns gibt.

k.d. langs Erscheinen erhellt die Diskussion in Lesben- und Schwulenszenen über unsere Repräsentation im Mainstream. Diese Diskussion dreht sich, wie ich angedeutet habe, um das Thema »Authentizität«, und sie belegt Madonnas Rezeption bei Lesben und Schwulen mit den Begriffen Übernahme und Ausbeutung. Sie wirft die Frage auf nach dem Zusammenhang zwischen Madonnas postmodernem Spiel und unserem wirklichen Leben, zwischen ihrem homoerotischen Kitzel und unserem Überleben. Ist es Wahrheit oder Wagnis? Lesben und Schwule haben immer teilweise anerkannt, daß das Phänomen Madonna ein zweischneidiges Schwert und daß sie sowohl Vorreiterin als auch Plagiatorin unserer Lebensart ist. Michael Musto, ein schwuler Kritiker bei der New Yorker Wochenzeitung *Village Voice*, schildert treffend die zwiespältigen Gefühle, die viele Lesben und Schwule gegenüber Madonna empfinden:

Sie tänzelt in unsere Schwulenphantasie, spreizt die Beine für unsere Lesbenzustimmung [und] packt uns an der Scham ... Nach einer einstündigen Intim-Session mit ihr sind wir erregt, tragen aber Kondome, sind wütend auf sie, weil sie uns ausnimmt, aber irgendwie dankbar dafür, daß sie uns wahrnimmt, anerkennt, uns herauszieht ... heraus aus dem Versteck und hinein in den öffentlichen Lusttempel von Erkundung und Erfolg. (S. 122)

Auf einer Konferenz im Londoner ICA (Institute of Contemporary Arts) über Madonnas Buch *Sex* nahm die Diskussion für mich schärfere Konturen an. Eine der Vortragenden war die britische lesbische Fotografin Della Grace, die selbsternannte »möseleckende Sodomitin«. Ihre Kritik an Madonnas lesbischem Image, die sie mit deutlicher Entrüstung und Ablehnung vortrug, war faszinierend anzuhören.[7] Wie viele andere homosexuelle Kulturschaffende findet Grace Madonnas lesbischen Repräsentationsstil aufgesetzt. Sie argumentiert mit Recht, daß es Madonna kraft ihrer Macht und ihres Status möglich ist, das verpönte Lesbischsein zur Schau zu stellen, was lesbischen Künstlerinnen und Sängerinnen, denen es schwerfällt, ihre Arbeiten publik zu machen, geschweige denn, Millionen damit zu verdienen, verwehrt ist. Wenn Graces Klage sich mit der Zeit auch eher nach einem »Und-wo-bleibe-ich?«-Jammern anhörte als nach der Verteidigung der organischen lesbischen Kunst, als die sie gedacht war – ihre Ausführungen über die Gefahren durch die Anerkennung von Minderheiten-Stilrichtungen und Images durch den Mainstream sind gewichtig. Während der Mainstream Madonnas »genderbending«-Mätzchen mehr oder weniger heiter registriert, weigert er sich strikt, lesbische und schwule Kunstschaffende und deren Werke anzuerkennen, zu fördern und zu unterstützen. Er mag Gefallen haben an Madonnas homoerotischen Effekten, aber deren homosexuelle Ursprünge sind ihm egal.

Auf der einen Seite ist Graces Darlegung eine plausible Kritik an den Problemen, die eine subkulturelle Aneignung mit sich bringt, auf der anderen Seite führt sie zu dem Paradoxon, daß, während Madonnas Auftritte ein bloßes Vexierspiel sind, Graces Arbeit authentisch-*ernst* mit Verkehrungen spielt. Wenn, wie Grace behauptet, ihre Bilder die lesbische Phantasie durch Spiel, Ironie und Künstlichkeit offenlegen, wieso soll Madonna das dann nicht können? Graces Arbeit ist innerhalb der postmodernen Auseinandersetzungen über die Konstruiertheit geschlechtsbestimmter Identität und Begierde plaziert, aber für Grace hängt der Erfolg oder die Gültigkeit der Arbeit von deren grundsätzlicher Etikettierung als *lesbisch* durch die autorisierende Anwesenheit der lesbischen Urheberin ab. Daher sieht Grace trotz der präsentierten Konstruiertheit ihrer Bilder deren logische Grundlage in der Identitätspolitik.

Wo ihre Arbeit authentisch ist, ist Madonnas ein bloßer Abklatsch. Hinzu kommt die Ironie, die darin liegt, daß, während Madonna sich lesbische und schwule Stilarten aneignet, sich Grace, im Verein mit den lesbischen Sexaktivistinnen Ende der achtziger Jahre, beim Subkulturstil der schwulen Männer bedient, um das Lesbischsein zu erotisieren, so zum Beispiel in ihren Fotoserien »lesbian boys and other inverts« (lesbische Jungs und andere »Invertierte«). Sind Graces Arbeiten dadurch inauthentisch lesbisch?

Freilich steht bei der Diskussion, ob authentisch oder inauthentisch, die sexuelle Sichtbarkeit des Lesbischseins als gelebte Erfahrung statt als bloßes Spektakel für den breiten Konsum auf dem Spiel. Während die einen behaupten, daß die Unterscheidung in der Arbeit selbst sichtbar wird – Graces »realistische«, wenn auch arrangierte Bilder gegen Madonnas »eindeutig« gefälschte homoerotische Ekstase in *Sex* – sind es letztlich Kontext und Handschrift, die den Unterschied zwischen Graces »Echtheit« und Madonnas »Sextourismus« ausmachen. Und natürlich ein irrsinniger Haufen Geld.

Zuletzt: Das Leben nach Madonna

Als ich mit diesem Essay begann, war ich eine glühende Verehrerin von Madonna, mit der bedingungslosen Huldigung einer Fanfrau an ihr Idol, an dem ich keine Kritik duldete. Die Notwendigkeit, meine lesbische Liebesaffäre mit Madonna theoretisch zu rechtfertigen, veranlaßte mich, Madonna in einem weniger einseitigen Licht zu sehen und einige der Widersprüche einzuräumen, die sie als *lesbisches* und *feministisches* Idol erzeugt. Daß ich aus diesen Widersprüchen lesbische Bedeutungen und Zeichen herauslese, mag vielleicht eine Teilrechtfertigung meiner ursprünglichen, eher instinktiven Heldinnenverehrung darstellen. Wenn Madonna mit dem Lesbischsein liebäugelte, sich aber niemals damit *identifizierte*, wenn sie Anleihen bei lesbischen Stilarten machte, sich aber keinen lesbischen Lebensstil aneignete, machte sie trotzdem für die, die sehen konnten, gleichgeschlechtliche Begierden sichtbar.

Seit ich jedoch an diesem Aufsatz arbeite, haben die Zeitläufte zusammen mit zwei Ereignissen in Madonnas Karriere meine Glut abgekühlt. Im Dezember 1992 wurde *Sex* publiziert, ihre Sammlung erotischer Phantasien, und im April 1993 kam ihr Film *Body of Evidence* heraus. Obwohl ich auf erstere gespannt war und mir einige der Bilder gefielen, fand ich das Buch im großen und ganzen glanzlos und wenig anregend, fehlte ihm doch der Schwung ihrer Musik-Videos. Was den Film betrifft, wirkte Madonna auf mich reizlos und ausgemergelt, ohne jeden Sex-Appeal. Ich fand, es hätte dem Film besser getan, wenn die Hauptrolle mit einer x-beliebigen anderen Schauspielerin besetzt gewesen wäre. War die Liebe zu meiner Heldin erloschen? Ja, es scheint, daß Madonna mich langweilt. Das Problem ergibt sich zum Teil aus ihrer Überexponierung; es ist eine alte Weisheit, daß ein kleiner Ausschnitt allemal reizvoller ist als eine volle Aktaufnahme. Das gilt für Madonnas Liebäugelei mit dem Lesbischsein ebenso wie für ihre Brüste: Wenn in einem Madonna-Video alles angedeutet, aber nie voll und ganz enthüllt wurde, gefiel es mir eigentlich ganz gut so. Ich weiß nicht recht, wie sich diese Desillusion vernünftig erklären läßt oder wie sie sich mit meiner Analyse von Madonnas Anziehungskraft auf und Bedeutung für ein lesbisches und schwules Publikum und der Wichtigkeit ihrer sexuellen Vermittlungen in der Popkultur verträgt. Madonna ist und bleibt das größte weibliche Idol des letzten Jahrzehnts; mit ihrem Namen verbindet sich ein radikales, provozierendes Gesamtwerk, das sexuelle und soziale Minderheiten jenseits des üblichen Mainstream-Publikums der Popkultur anzusprechen vermag. Nur ist sie nicht mehr mein Idol.

Übersetzt von Margarete Längsfeld

»She thinks I still care«

Lesben und Country-Music

Rosa Ainley und Sarah Cooper

Wenn du nicht total auf k.d. lang abfährst, läßt das dieselben Zweifel am Stolz auf deine lesbische Identität aufkommen wie in den achtziger Jahren das Desinteresse an Tennis und Martina Navratilova (wie praktisch, daß die beiden angeblich etwas miteinander hatten). Wenn du 1992 keine Eintrittskarten für k.d. langs Hammersmith-Konzerte hattest, dann war das so schlimm wie Christopher Street Day verpassen.

Offenbar wird angenommen, daß k.d. lang die Vorreiterin einer entstehenden lesbischen Country-Music-Szene ist. Aufnahmen mit Country-Music werden weltweit am meisten verkauft, auch wenn den Statistiken eine beschränkte Vorstellung von dem, was die Welt ausmacht, zugrunde liegt. Die Country-Music hat den Lesben das »erste echte lesbische Idol« beschert (*Vox*, April 1993), und gegenwärtig ist k.d. lang vermutlich die berühmteste Lesbe der Welt. Doch während das Ideal von einer lesbischen Countryszene Wirklichkeit wurde – ein 1991 in der Serie *OUT* des britischen TV-Senders Channel 4 gesendetes Feature über Lesben und Country-Music wurde 1992 wiederholt, und mehrere lesbische Countrybands und eine lesbische Countrybar bereichern die Szene –, hat sich k.d. lang selbst ironischerweise von der Countryszene in den Mainstream abgesetzt und dem lesbischen Kollektivgeschmack angenähert.

Auf den ersten Blick mögen Lesbischsein und Country-Music als ausgesprochener Widerspruch und, zumindest in ihren öffentlichen Äußerungen, den vom Feminismus beeinflußten Lesben als Greuel erscheinen. Lesben haben sich immer von der Popkultur genommen, was sie konnten, aber die Country-Music galt stets als letzte, unangreifbare Bastion des Mainstream. Dies änderte sich Ende der achtziger Jahre durch zwei Entwicklungen: den unaufhaltsamen Aufstieg von k.d. lang und die Verschiebung lesbischer Stilarten und Kultur.

»This Women's Liberation Honey is Gonna Start Right Here«

In den siebziger und achtziger Jahren vereinten sich Lesben und Feministinnen zu einer kritischen Gemeinde, die die Popkultur in ihren zahlreichen Erscheinungsformen unter die Lupe nahm und befand, daß sie politisch zu wünschen übrig ließ. Worauf lesbische Feministinnen Subkulturen bildeten, die angeblich frei waren vom Makel des Mainstream, den sie unter patriarchalischer Kontrolle wähnten. Ohne im einzelnen auf die Verschiebung im Denken des lesbischen Feminismus in den achtziger Jahren einzugehen, müssen wir den Einfluß dieser Verschiebung auf die lesbischen Subkulturen und somit auf lesbische kulturelle Alternativen untersuchen. Hier nämlich ist der traditionelle politische Widerstand der Lesben gegen Country-Music anzusiedeln.

Der Feminismus war bemüht, eine autonome Subkultur zu schaffen, deren kulturelle Erzeugnisse – sei es Musik, Theater oder Literatur – von Frauen für Frauen gemacht und von feministischer Ideologie geprägt sein sollten. Die künstlerische Vision des Feminismus galt viele Jahre der Schaffung einer separierten und überlegenen Kultur. In der Musik gab es Versuche, mittels einer gemeinsamen politischen Vision die hierarchische Beziehung zwischen Künstlerin und Publikum, die die gängigen Auftritte kennzeichnete, aufzulösen, und es gab Versuche, die Kunst zu entmystifizieren und talentunabhängig zu machen. Durch diese Weigerung, Unterhaltungskünstlerinnen einen Starstatus zuzuerkennen, wurden sie auf das Niveau »bloß eine Schwester unter vielen« reduziert, mit der Folge, daß jegliche Phantasie auf seiten des Publikums erstickt wurde.

Auch die Mode wurde der aufmerksamen Kritik des lesbischen Feminismus unterzogen und, zusammen mit anderen repressiven Symbolen der konventionellen Weiblichkeit, für entbehrlich befunden. Nur ein einziges Mal nahm der lesbische Feminismus von der Mode Notiz, als nämlich in *Spare Rib* ein Strickmuster für einen Pullover mit Frauenzeichen vorgestellt wurde.

Einige von uns demonstrieren ihre Opposition gegen die vermeintliche »ideale« weibliche Erscheinung durch das Tragen von Kleidung und Frisuren, die den Männern deutlich zu zeigen versuchen, daß sie uns nicht interessieren. Nicht, weil wir maskulin auftreten wollen, sondern weil wir den Konsumzwang der Mode und die Künstlichkeit und Einengung ablehnen, die uns von kommerziell propagierten Schönheitsvorstellungen auferlegt werden.[1]

Paradoxerweise aber sahen in der lesbisch-feministischen Community alle »ziemlich butch« aus, obwohl, wie Lillian Faderman bemerkte, »butch und femme nicht als ›politisch korrekt‹ galt.«[2]

Die k.d.-lang-Veranstaltung, die 1993 in London stattfand, wäre zu jener Zeit unmöglich gewesen. Das gilt auch für die k.d.-lang-Fanzeitschriften, für die heute in der lesbischen Presse geworben wird. Der ganze Starkult und die Schwärmereien für Popstars, Filmgrößen etc. waren vollkommen undenkbar. Die Plattenfirma »Olivia Records«, ein reiner Frauenbetrieb, präsentierte ihre Künstlerinnen auf saubere, würdige, frische Art – keine Pin-ups für die Schwestern, bitte. Freundinnen (oder Liebhaberinnen, um es zeitgemäß auszudrücken) anzuhimmeln war an sich beleidigend und erniedrigend in einem Klima, wo Schwärmen wahrhaftig nur in bezug auf eine bestimmte Politik zulässig war. Tagträume von kurzlebigen Erscheinungen wie Popstars blieben ein heimlicher Genuß.

»Your Good Girl's Gonna Go Bad...«

In den achtziger Jahren kam es zu eindeutigeren identitätspolitischen Artikulationen, die die lesbische Gemeinschaft nach all ihren Anstrengungen, sich einig zu präsentieren, spalteten. Irgendwann fingen Lesben an, Lippenstift und Kleider zu tragen, Popstars anzuhimmeln (allerdings hatten manche nie damit aufgehört) und Dinge zu tun, die für den lesbischen Feminismus der siebziger und achtziger Jahre ein Graus gewesen wären. Diese Verschiebung in Kleidung und gesellschaftlichen Zielen der Lesben war zugleich Rezession auf und Ausdruck für die Identitätspolitik. Gleichzeitig waren Lesben besessen von der vor der gegenwärtigen Reaktion beliebten Designer-Lebensart. Die visuelle Verschiebung der lesbischen Kultur in den achtziger Jahren reflektierte zum Teil den Einfluß des Designer-Jahrzehnts, selbst auf jene Gruppe, die angeblich über Kleidervorschriften erhaben war. Sie war aber auch eine Reaktion auf den lesbisch-feministischen Kleiderkodex. Lesben hatten schon lange aufgehört, wie Lesben auszusehen, und zunehmend wurde Butch- und Femme-Gehabe, worüber sie zuvor die Nase gerümpft hatten, zum stolz präsentierten Lifestyleattribut aufgewertet.

1991 diskutierten Lesben im Fernsehen über ihren Haarschnitt; 1992 wurden Lesben »queer« (wie offensichtlich alle anderen auch) und ließen sich in Interviews nach ihren Lieblingsdildos fragen. Du hast es weit gebracht, Baby. Keine dieser Veränderungen ist unwichtig, angefangen bei den kleinen Details wie Lippenstift bis hin zur mehr kontroversen öffentlichen Zurschaustellung der S/M-Sex-Insignien. Auch die Rolle der Phantasie in unserem Leben wurde wieder besetzt, und damit fiel ein Schlaglicht auf lesbischen Sex und lesbische Sexualpraktiken, was anhaltende Auseinandersetzungen über die Darstellung von lesbischer Sexualität, über lesbische Pornographie und Erotik auslöste. Die Wiederbelebung der Phantasie ermöglichte uns auch, unsere Begeisterung für Unterhaltungskünstlerinnen öffentlich zu zeigen, insbesondere für jene, die unsere gesellschaftlichen und sexuellen Ambitionen vertraten – k.d. lang war das eklatanteste Beispiel. Infolgedessen war die Country-Music in dieser Zeit auf dem Spielplan der lesbischen Welt nicht mehr ganz so verpönt.

»You are the Reason God Made Oklahoma«

Country-Music ist auf liebenswerte Weise antiquiert, sentimental (sprich masochistisch?), sie hat »pfiffige« Interpretinnen und klasse Kostüme. Das sind Merkmale, die in jedem anderen Bereich einen großen Reiz auf Durchschnittslesben ausüben würden. Aber Country-Music hat auch unendlich viel Mißbilligung hervorgerufen: Sie ist für recht denkende und recht hörende Lesben weitgehend unakzeptabel geblieben, als sei diese Musik daneben, unverbesserlich reaktionär und überhaupt schlicht und einfach lächerlich.

Aber Country-Music läßt sich auf zweierlei Weise betrachten. Die vorherrschende Ansicht ist, daß Country eine in ihrer

Geschichte versunkene Musik ist, die einen Ort mit Tradition beschreibt, ja verherrlicht, wo Gott, das weiße Amerika und der Familienclan ganz oben rangieren. Es wäre naiv zu leugnen, daß einige Interpretinnen und ihr Publikum dies beispielhaft illustrieren. Mit Sicherheit sind Interpretinnen und Publikum von Country-Music in der Mehrzahl weiß und einige von ihnen rassistisch.

Aber es wäre falsch anzunehmen, daß diese Wertvorstellungen alle Country-Fans prägen oder daß die Country-Music Rassismus befürwortet. Die Country-Music wurde nicht einfach als Ausdrucksmittel für reaktionäre Ansichten geschaffen. Sie entstand aus einer im wesentlichen regionalen folkloristischen Musik, genau wie Blues, Merengue (haitisch-dominikanische Tanzmusik), Calypso, die wie jede Folklore die Erfahrungen bestimmter Gruppen ausdrückt. Im Fall der Country-Music war dies ursprünglich die der weißen Landarbeiterklasse in Amerika. Wie alle Folkloremusik, die sich beharrlich gehalten hat, haben sich Country-Music und viele andere Musiktypen einschließlich Blues, Rhythm & Blues, diverser europäischer Volksmusiken sowie Tex-Mex, Musik aus dem Grenzgebiet zwischen Texas und Mexiko, gegenseitig beeinflußt.

Der Reiz der Musik, und natürlich auch anderer kultureller und künstlerischer Ausdrucksformen, beruht nicht allein auf der Politik und den Gefühlen, denen sie Gehör verschafft. Musik ist nicht als vollkommen durchgeistigt gedacht – wo bliebe da der Genuß? Es gibt keine politisch korrekte Kultur, was nicht heißen soll, daß ein Publikum das, was es hört, nicht kritisch aufnehmen sollte. Aber die Umsetzung eines verqueren Korrektheitsbegriffs ist nicht Aufgabe der Musik.

Und überhaupt, was für die eine Holly Near, ist für die andere Tanya Tucker. Musik auf diese Weise zu bewerten kommt einer reduzierten Auffassung gleich, die die durch die Musik ausgedrückten Einstellungen verallgemeinert – als wäre die Country-Music etwas Monolithisches und würden alle ihre Interpretinnen dieselben Werte vertreten und weitergeben, ungeachtet ihrer eigenen Erfahrungen oder Ansichten. Diese Auffassung verallgemeinert die in der Country-Music manifestierten Einstellungen und läßt ihre besondere Ausdrucksweise ebenso außer acht wie ihre Kraft, ganz reale Geschehnisse wie den langsamen Niedergang des Landlebens zu porträtieren, zum Beispiel in »Trouble in the Fields« (Nanci Griffith) oder »Wild Horses« (Garth Brooks).

Nur wenige Formen der Unterhaltungskultur kämen gut weg, wenn bei ihrer kritischen Untersuchung dieselben Maßstäbe angelegt würden wie bei der Country-Music. Hier steckt keine unredliche Absicht dahinter – es gibt immer noch jede Menge Gründe, warum Country-Music für Lesben politisch unakzeptabel ist... genau wie jede andere Art von Musik. Sicher hat die Country-Music Anteil an Rückschrittlichkeit, Rassismus, Homosexuellenfeindlichkeit – aber schließlich haben wir es hier mit der Musikindustrie zu tun, und soweit wir sehen können, ist daran nichts Ungewöhnliches.

Wie der Rest der Unterhaltungsindustrie ist das Musikgeschäft den allerschlimmsten Auswüchsen des Kapitalismus am Ende des 20. Jahrhunderts ausgesetzt. Es ist nun mal einzig und allein auf Profit ausgerichtet; Antirassismus, Antisexismus und Widerstand gegen allgemeine Ausbeutung kommen nur ins Spiel, wo Massen bewegt werden können und ein Geschäft winkt. Wie sonst ließe sich die begeisterte Vermarktung von einer Frau wie Tracy Chapman durch ihr multinationales Label erklären? Es ist doch unwahrscheinlich, daß die Manager der Firma WEA herumsitzen und von Revolution sprechen. Jedenfalls nicht von der, die Tracy Chapman meint (»talkin 'bout a revolution«).

»I was Country when Country wasn't Cool«

Natürlich hat es immer Lesben gegeben, die sich dem Druck ihresgleichen oder des gesellschaftlichen Kodex widersetzten und weiterhin ihre, wenn auch klammheimliche, Freude an der Country-Music hatten. Einige ältere Lesben, die Country-Music, schon vor New Country, von Haus aus mochten, fühlten sich gleichermaßen angezogen von Patsy Clines Schnulzen und von Calamity Janes forscher Erscheinung: Auch rauhe Lesben haben ein Herz. *Desert Hearts* erschien Mitte der achtziger Jahre genau zum richtigen Zeitpunkt, um sowohl an diese Tradition als auch an die Erneuerung lesbischer Geschmäcker anzuknüpfen, aber die Kleidung unterstrich auch das Althergebrachte der Country-Music, während Aussehen und Auftreten der Hauptdarstellerinnen den auftauchenden Lippenstift-Lesben, der forschen Femme, auf ideale Weise entgegenkamen.

Zur gleichen Zeit stellte die neu entstehende und populär werdende sogenannte New-Country-Music, also die Rückführung der Country-Music zu ihren Wurzeln, eine frische Alternative zu der Rührseligkeit (sprich auch Rückständigkeit) des Nashville-Sounds der sechziger und siebziger Jahre dar. Die Männer und Frauen der New-Country-Music verwarfen die schmalzigen Streicharrangements, die große Sängerinnen wie Tammy Wynette an den Abgrund gebracht hatten, zugunsten ursprünglicherer Lieder, von denen einige durch die traditionellen Heroen der Country-Music sehr bekannt wurden.

Sie sahen auch ursprünglich aus – New Country brachte eine Renaissance von Arbeitshemden, Cowboystiefeln und -hüten, Jeans und Westen in Hülle und Fülle, für Männer und Frauen gleichermaßen. Aber New Country war nicht nur eine Übung in Rückbesinnung; Aussehen und Musikstil mochten wohl traditionell sein, doch die Einstellung der Interpretierenden war nicht so eindeutig den traditionellen Werten des ländlichen weißen Südens verpflichtet. Auch wenn die erklärten politischen Rebellen der Country-Music noch immer eher aus der älteren Generation kommen, wie etwa Johnny Cash und Willie Nelson, so zeichnen Künstlerinnen und Künstler wie Mary-Chapin Carpenter, Lyle Lovett und Garth Brooks demgegenüber ein urbaneres und intellektuelleres Bild, das auch ein liberales junges städtisches Publikum ansprechen kann. Zugleich lassen sich bestimmte Varianten der Country-Music wie Bluegrass und Western-Swing durch das Wiederauftauchen von fast vergessenen Instrumenten wie Fidel und Dobro heute als eine Form der Folkmusic einstufen, als Musik einer anderen Welt.

New Country, eine Musik, die cool, glaubhaft und politisch weniger umstritten ist als die frühere, hat sich ein großes neues und anderes Publikum erschlossen. Ihre politischen Bezüge reflektierten zeitgemäßere Themen: Die Frauen ließen die Cowgirl-Variante des Feminismus wieder aufleben, wie sie erstmals in Songs wie »Dumb Blonde« (Dolly Parton), »He Thinks He'll Keep Her« (Mary-Chapin Carpenter) und »Ford Econoline« (Nanci Griffith) zu beobachten war. Gleichzeitig drückten die Männer Gefühle aus, die mit der alten Nashviller Schule vollkommen unvereinbar waren. Tuntig ist ein zu milder und untertriebener Ausdruck für Lyle Lovetts Interpretation des berüchtigten »Stand By Your Man«, Garth Brooks dagegen singt: »When we are free to love anyone we choose, then we shall be free« (wenn wir die Freiheit haben, zu lieben, wen immer wir wollen, dann werden wir frei sein). Garth Brooks, gegenwärtig einer der zehn bestverdienenden Unterhaltungskünstler der Welt (*Vox*, Januar 1993), noch vor Prince und U2, darf sich rühmen, die Hauptstütze der alten Country-Music, die traditionellen Familienwerte – etwa die »Kinder zu ermutigen, ihr Bestes zu geben« – erweitert zu haben: »Ob eure Eltern schwarz oder weiß sind, ob eure Eltern das gleiche Geschlecht haben, für mich sind das trotzdem traditionelle Familienwerte.« Country mit Gewissen. Es wird auch gemunkelt, daß seine Schwester, die manchmal in seiner Band Gitarre spielt, lesbisch ist.

»Out of My Head and Back in My Bed«

Es macht ganz schön stolz, eine der Lesben zu sein, die k.d. lang auf der Bühne gesehen haben, bevor sie groß herauskam. Es bedeutet soviel wie – in einem anderen gesellschaftlichen Umfeld und gut siebzehn Jahre später – die Sex Pistols auf einer Vorstadtbühne erlebt zu haben. 1993 lag die Musikwelt k.d. lang zu Füßen. Sie hat einen einmaligen Status erlangt – sie ist populär und bekennende Lesbe. Das Echo in den seriösen Musikzeitschriften und Tageszeitungen war enorm, und es ist interessant, daß ihre Sexualität weder vertuscht noch mit besonderer Lüsternheit hervorgehoben wird. Sie ist in diesem Sinne ein Geschenk für den liberalen Journalismus; die lesbische Quotenentertainerin. Der im englischen *Independent* erschienene k.d.-lang-Artikel begann so: »Ich wäre lieber als professionelle Künstlerin angesehen statt als professionelle Lesbe.« Auf ihre Vergangenheit als Countrymusikerin wird in der Presse mit amüsierter Ironie eingegangen, ähnlich wie sie von vielen ihrer lesbischen Fans wohlwollend vergessen wurde. Denn Ruhm und Presselob hat sie sich nicht als Countrysängerin erworben. Das Album *Ingénue* läßt eine merkliche Richtungsänderung bei ihr erkennen, vom näselnden Nashville-Sound zur Schnulze, von Country zu Popmusik, wobei diese immer einen gewissen Country-Einfluß beibehielt, vor allem die extreme Sentimentalität und den überspannten Vortrag. Tatsächlich ist das Album *Even Cowgirls Get the Blues* der nahtlose Anschluß an die Jodelpassage in *Shadowland*, und es läßt eine leichte Rückwendung zur Country-Music und k.d. langs Beteiligung an der revisionistischen Westernszene erkennen, verkörpert durch »The Ballad of Little Joe«, »Unforgiven«, »Posse« und so weiter.

»Don't let the Stars Get in Your Eyes«

k.d. lang ist für Lesben ein Musikidol wie vor ihr keine andere Unterhaltungskünstlerin, weil sie so lesbisch aussieht und sich öffentlich dazu bekennt. Ihre Anziehungskraft beschränkt sich nicht auf ein lesbisches Publikum; Madonna hat bereits das perfekte Zitat kreiert: »Elvis lebt – und sie ist schön«, ein Hinweis darauf, daß die Schwärmerei für k.d. lang nicht ausschließlich Lesben vorbehalten ist. Dies wird in der Mainstream-Musikzeitschrift *Vox* bestätigt: »Alle Frauen, die ich kenne, schwärmen für k.d. lang.« Als bekennende und berühmte Lesbe aber hat k.d. lang begeisterte lesbische Anhängerinnen, ein Phänomen, das für einen lesbischen Star unmöglich vorauszusehen war.

Doch das Phänomen k.d. lang hatte immer mehr damit zu tun, wer sie ist, als damit, was sie macht. Ihre Country-Music, am deutlichsten wird das bei dem Album Shadowland, demonstrierte einen Konservatismus, der sich nicht in ihrem Kleidergeschmack widerspiegelte. Aber ihre Kleider waren akzeptabel in der Post-*Desert-Hearts*-Kultur, wo Cowgirls Schnürsenkelschlipse trugen und Geschiedene verführten. Fügen wir diesem ihre Androgynie, ihre Sentimentalität, ihre unentwegt von Anfängen, Schlußmachen und total verkorksten Beziehungen kündenden Texte hinzu ... dann hast du alles, was Lesben entzückt.

Die lesbische Nation ist außer Rand und Band und liegt k.d. lang zu Füßen. Das vielleicht bislang extremste Beispiel hierfür war wohl die k.d.-lang-Veranstaltung, die im Februar 1993 in London stattfand. Vierhundert Lesben kamen zusammen, um in lang-Karaoke- und Ähnlichkeitswettbewerben zu schwelgen, vor Videoaufnahmen zu schmachten und sich mit anderen Fans zu unterhalten. Die Veranstaltung war trotz ihres heiteren Aspekts fast ein religiöses Ereignis. Sicherlich waren nicht alle Anwesenden absolute Fans – es wurden süffisante Mienen gesichtet –, doch insgesamt herrschte eine Atmosphäre der Verehrung und Hingabe. Wesley

House, das Londoner Frauenzentrum, der Schauplatz der Veranstaltung, war durchdrungen von Liebe und Anhänglichkeit – Gefühle, die gewöhnlich mit ganz anderen Veranstaltungen in Verbindung gebracht werden. Und alles wegen eines einzigen Popstars. Bei ganztägiger Berieselung mit lang-Musik im ganzen Haus, totalem Ausschluß der Presse, Konterfeis von IHR, die als Hinweisschilder für die diversen Veranstaltungen dienten, und sogar einer mit hilfreichen Anmerkungen versehenen Karte von Alberta (k.d. langs Heimat), drängten sich Parallelen zu ernsteren religiösen Kultpraktiken unvermeidlich auf.

Es gab noch ein interessantes, wenn auch weniger erstaunliches Phänomen in punkto Fan-Verhalten. In dem Video »What k.d. means to you« wird sie von Interviewten ausdrucksvoll beschrieben, als ob alle sich soeben in sie verliebt hätten. Es ging geziert und befangen zu, ein Benehmen, das eher an Teenie-Fans von Take That als gut dreißigjährige Lesben denken läßt.

1992 trat k.d. lang an zwei Abenden im Londoner Hammersmith Odeon auf, und das Toben des Publikums wurde als akkurat dasselbe wie bei einem Beatles-Konzert beschrieben. Doch während Beatles-Konzerte sich durch das schiere Volumen des Publikumlärms auszeichneten – kreischende, singende und weinende Mädchen –, herrschte in k.d. langs Vorstellung eher eine gedämpfte Ehrfurcht, gelegentlich unterbrochen durch ein gerufenes »Ich liebe dich« und »Lesben sind überall« (was für diesen Abend sicher stimmte).

»Boy Named Sue?«

1991 war k.d. lang in einer Serie von Gap-Anzeigen mit von Herb Ritts porträtierten Stars auf der Schwelle zur Berühmtheit zu sehen. Ob eine echte Kanadierin Gap-Jeans tragen würde, darf bezweifelt werden, aber es war ohne Zweifel ein kluger Schachzug von Gap. Die Firma ist bekannt für ihre leichten, veredelten und preislich konkurrenzfähigen Spielarten klassischer Arbeitskleidung, wie sie, jawohl, richtig geraten, von echten Cowboys und echten Lesben getragen wird. k.d. lang in der Gap-Werbung auftreten zu lassen war der Popularität sehr förderlich – es herrschte Übereinstimmung zwischen ihrem Erscheinungsbild und dem von Gap.

Das soll nicht heißen, daß eine, wenn sie die Klamotten gerne trägt, auch die Musik mögen muß – aber Lesben waren, wenn nicht modebewußt, sich doch immer über die Bedeutung von Kleidung im klaren. Niemand dürfte mit Recht behaupten, eine Lesbe, die in Jeans, Arbeitshemd und einer dicken Wolljacke rumläuft, sei eine ewig Gestrige. Es handelt sich hier um eine Modewahl, nicht um eine politische Aussage. Lesben, die bei der bloßen Erwähnung von Country-Music rabiat werden, ziehen ohne weiteres Sachen an, die ihren Ursprung in der Western-Arbeitskluft haben, und entgegen der landläufigen Annahme ist das Tragen von Cowboyklamotten kein unbedingtes Muß für diejenigen, die Country-Music lieben. k.d. langs Aufmachung ist immer auch ein wesentlicher Teil ihrer Auftritte gewesen, was nicht ohne Wirkung auf Lesben blieb. Der Wandel ihrer Musikrichtung hatte, nach ihrem Video für »Miss Chatelaine« zu urteilen, sichtlich auch einen auffälligen Wechsel ihres Kleidungsstils zur Folge. Es ist bemerkenswert, daß dieser Stilwechsel (zwar nicht ihr erster, aber ihr extremster) sich zum Zeitpunkt ihres Übergangs vom Kultstarlet zum Megastar vollzog; er hat ihn möglicherweise sogar beschleunigt. Es ist interessant, wie gut ihr neues Image als Lippenstift-Lesbe im Kleid bei ihrem lesbischen Publikum ankommt, nach der positiven Reaktion bei der Londoner Versammlung zu urteilen. Wieder spricht ein Zitat aus dem *Independent* Bände: »Sie hörte auf, sich als maskuline Frau zu geben, und wurde wie ein *femininer* Mann (deren Hervorhebung, deren Problem). Das stand ihr viel besser.«

»Country Girl with Hot Pants On«

k.d. langs erste Fans rekrutierten sich aus dem überwiegend heterosexuellen Publikum der Country-Music (allerdings New Country). Einige solcher Fans werden noch immer leicht verwundert auf ihren Konzerten gesichtet. Daß ihr Country-Publikum wohl nicht versucht sein würde, zu ihr ans andere Ufer zu wechseln, wurde in *Nashville Babylon* vorweggenommen, einem Buch, in dem Nashvilles schmutzige Wäsche ausgebreitet wird. Darin bejubelt Randall Reise k.d. lang als »das erstaunlichste kometenhafte Talent, das Nashville seit Jahrzehnten hervorgebracht hat«, fügt jedoch prüde hinzu: »Aber ihre betont androgyne Erscheinung könnte auf viele abstoßend wirken.« Und so wirkte sie offenbar tatsächlich auf viele heterosexuelle Country-Music-Fans oder, besser gesagt, auf das Establishment der Country-Music, das nicht gerade für seine liberalen Ansichten bekannt ist. k.d. lang hat selbst gesagt: »Einen Grammy zu gewinnen und trotzdem nicht im Radio gespielt zu werden, das war für mich das sichtbare Zeichen, daß ich so weit gegangen war, wie ich gehen konnte.« Aber in Wahrheit dürfte ihr Anti-Fleisch-Werbespot ihrer Country-Music-Karriere mehr geschadet haben als ihre Sexualität.

Als k.d. lang Ende der achtziger Jahre auf der Szene erschien, hatte dies einen starken Einfluß auf das Selbstbekenntnis der lesbischen Country-Music-Fans, sei es als k.d.-lang-Verehrerinnen oder als Fans, die Country-Music von Haus aus liebten und sich nun dazu bekannten. Wenn die Medien auf der Suche nach einem Marketing-Konzept waren, um Lesben anzulocken, hätten sie k.d. lang erfinden können? Und während ein paar Frauen k.d. langs Musik gefiel, sie sich daraufhin näher mit Country-Music beschäftigten und ihnen auch diese gefiel, läßt die Reaktion auf *Ingénue* den Schluß zu, daß noch viel mehr Frauen k.d. lang für eine Ausnahme hielten – sie ist grandios, obwohl sie diese Landpomeranzenmusik spielt – und erleichtert waren, als *Ingénue* herauskam. Dennoch wird die Country-Music für viele andere Lesben einen bleibenden Reiz haben, auch wenn die Stimme, die über tausend gebrochene Herzen hinweg sang, und das Gesicht, das zahllose Rasereien auslöste, sich in weniger problematische Gefilde verzogen haben. k.d. lang wird Gegenstand subkultureller Schwärmereien, die Wichsphantasie aller Lesben bleiben, ob sie nun singt oder spielt oder für Werbefotos posiert oder ein Kleid trägt. Das alles spielt vermutlich keine große Rolle.

»It's a Good Thing I was Born a Woman or else I'd have been a Drag Queen« (Dolly Parton)*

Die Country-Music mit all ihren Widersprüchen übt einen enormen Reiz auf Lesben aus. Das illustriert auf interessante Weise, wie Lesben in manchen Formen der Populärkultur, die durchtränkt sind von heterosexuellen und konservativen Werten, Bedeutung finden können. Während dies den von manchen Lesben zärtlich gehegten Vorurteilen gegen die Country-Music einen Stoß versetzen könnte, gibt es doch eine große Gruppe Frauen, die sich den Anschein von Kontrolle (was im Hinblick auf die Funktionsweise der Musikindustrie das Beste ist, was sie erreichen können) über ihre Musik oder Produktion bewahrt haben und nach ihrer eigenen Pfeife tanzen. Es gibt keine unmißverständliche Deutung irgendeiner Form von Musik oder bestimmter Songs, und dies gilt für die Country-Music ebenso wie für andere Musikformen. Was von manchen Country-Fans als heimisch gehätschelt wird, das Hochhalten von Familienwerten und Häuslichkeit, ist für andere schlicht antiquiert.

Das Antiquierte an der Country-Music ist nicht zu leugnen – die unsäglichen Kleider, die Pose, die ungebremste Sentimentalität –, und es wird noch betont durch die die Country-Music prägende Häuslichkeit. Das kompliziert die Sache sehr. Dies zu entwirren ist ein lohnendes Unterfangen und erhellt, weshalb Lesben sich von Country-Music angezogen fühlen. Es gibt tatsächlich eine Menge Songs über Hausarbeit, Landwirtschaft, Hunde – warum auch nicht? Beschweren sich die Menschen etwa, daß Blues zu deprimierend oder Soca, diese Kombination aus Soul und Calypso, zu fröhlich ist? Auf alle Fälle ist mit »häuslich« nicht nur Hausarbeit gemeint: Country-Texte befassen sich auch in allen Einzelheiten mit Beziehungen. Und das beschränkt sich nicht auf sexuelle oder potentiell sexuelle Beziehungen – die Country-Music erweitert das Gesichtsfeld und bezieht Eltern, Vorgesetzte, Gott, Vettern und Cousinen, Geschwister, Großeltern, Freundinnen, Freunde und Haustiere mit ein. Die ganze heile Familienwelt, wie gehabt. Wie

---

* Gut, daß ich als Frau geboren bin, sonst wär ich Drag Queen (Fummeltunte) geworden.

wir alle wissen, sind Lesben bekanntlich besessen von ihren Beziehungen, deren Nichtvorhandensein, Kurzlebigkeit, Langlebigkeit...

»I've Got George Jones on the Jukebox, and You on My Mind«

Manche von uns nehmen sich die Texte der Country-Music tatsächlich zu Herzen, auch wenn es triftige Gründe dafür gibt, die Country-Music als rückständig und potentiell zerrüttend zu bezeichnen – hinter verschlossenen Türen bietet sie einer Lesbe mit Liebeskummer Gelegenheit, in zahllosen Songs zu schwelgen, die von zerbrochenen Beziehungen (hemmungslosem Elend?) handeln. Vom Text her hat sich in der Popmusik wenig bewegt, seit Tin Pan Alley sich an »Moon in June« versuchte, und die meisten modernen Songschreibenden verlassen sich nach wie vor stark auf ein sehr beschränktes Reimlexikon. Im Gegensatz dazu ist die Country-Music weit fortgeschritten, was ihre Texte betrifft, die ein in emotionaler und ökonomischer Hinsicht erweitertes Szenarium schildern. Probleme mit dem Traktor haben für die Stadtlesbe vielleicht keine überragende Bedeutung, wohl aber Untreue, Promiskuität und allgemeines Herzeleid. Wenn deine Liebste mit deiner besten Freundin abzieht, was kannst du dann anderes spielen als »She's Got You« oder »(I Never Promised You a) Rosegarden«?

Dolly Parton und Tammy Wynette sind die unbestrittenen Königinnen der Country-Music, und Königinnen des Altmodischen sind sie obendrein. Besonders Dolly Parton ist hier führend, und sie weiß genau, was sie tut. Eine Zeitlang wurde sie von Lesben als eine Frau mit verinnerlichtem Sexismus außerordentlichen Ausmaßes betrachtet – was wollte sie mit dieser Frisur, diesem ausladenden Busen, dieser Aufmachung erreichen? Wirklich, wie eine Barbiepuppe, die Evas Apfel gegessen hat – und hatte sie nie was von Feminismus gehört? Wie dem auch sei, sie hat ihre Karriere (die neben »Jolene«, diesem klassischen Aufschrei über Promiskuität, auch einige ganz und gar nicht flittchenhafte Songs wie »Harper Valley PTA« und »Dumb Blonde« umfaßte) geschickt vorangetrieben und ihr Image sehr wirkungsvoll inszeniert.

Und Tammy Wynette? Ganz abgesehen von den die Häuslichkeit preisenden Klassikern wie »Stand by Your Man« und »No

Charge« (»For the toys, food and clothes, for wiping your nose, no charge...«*) hat sie »Cowboys Don't Shoot Straight Like They Used To«** aufgenommen. Kann es sein, daß einer Frau wie Tammy Wynette, die wir als gebildet kennen, die Zweideutigkeit eines solchen Titels nicht bewußt ist? Tammys Thematik ist größtenteils Blödsinn, aber ihre Stimme ist sagenhaft. Könnte das gar als bezeichnend für einen großen Teil der Country-Music oder tatsächlich der meisten Musikformen angesehen werden: fabelhafte Stimmen, starke Frauen, miese Thematik? Die Unterhaltungskultur zwingt uns schließlich, Inhalte zu ersinnen, wo wir können. Bei ihrem Talent, persönliche Kalamität in gute Publizität umzuwandeln, hat Tammy Wynette sich in Schallplattenaufnahmen und Interviews durch die Offenlegung der Pechsträhnen ihres Lebens eine Art antiquierten Reiz erworben. Ihr Auftreten – auf der Bühne und anderswo – ist eine eigenartige Mischung aus gefährlicher Weltlichkeit und überspannter Darstellung; aber wird ihre und anderer Unterhaltungskünstlerinnen bodenständige Häuslichkeit nur deswegen für übertrieben angesehen, weil coole kultivierte Stadtlesben nicht glauben, daß etwas davon möglicherweise echt sein könnte?

Auch Patsy Cline ist äußerst beliebt geblieben, wozu der Soundtrack von *Desert Hearts* beträchtlich beigetragen hat: Kitsch, sentimentale Liebeslieder und obendrein ein tragischer Tod. k.d. langs Band The Reclines war Patsy Cline zu Ehren benannt. Wer sich den Film *Sweet Dreams* mit Jessica Lange in der Hauptrolle ansieht, erfährt, daß Patsy Cline eine schwer arbeitende, mit einem äußerst unangenehmen Ehemann geschlagene Frau war. Häusliche Gewalt ist nicht überholt. Es ist erwähnenswert, daß Jessica Lange, eine andere lesbische Berühmtheit, durch ihre Rolle in dem Film möglicherweise dazu beigetragen hat, Patsy Cline noch populärer zu machen. Patsy Cline gehört zu jenen Künstlerinnen, deren frühzeitiger Tod einen großen Bekanntheitsschub bedeutete: Sie hatte das zweifelhafte Glück, der exzessiven Glitzerperiode der Country-Music und der damit verbundenen Verkitschung, die zu einigen höchst peinlichen Schlagern führte, entgangen zu sein. In

* Für Spielzeug, Essen und Kleidung, für das Abputzen deiner Nase, kein Entgelt...

** Cowboys schießen nicht mehr »straight« wie früher.

ihren Texten kombinierte sie schlichte Sentimentalität mit einer starken, schamlosen Sexualität. Dies, zusammen mit ihrem unauffälligen Aussehen und dem Wissen, daß hier eine Frau ihre Karriere selbst in die Hand nahm, ist für ein lesbisches Publikum sehr verführerisch.

Einmal erforscht, läßt sich die Frage »Warum lieben Lesben Country-Music?« umkehren: »Warum nicht?« In unserem früheren Leben als geradlinige Lesben repräsentierte die Country-Music alles, gegen das wir uns in unserer politischen Identität verschworen hatten. Zusammen mit Lippenstift und Reizwäsche wurde Loretta Lynn ein verbotenes Vergnügen. Ironischerweise hat die Country-Music den ersten lesbischen Star hervorgebracht, auch wenn sie gewissermaßen nur auf der Durchreise war.

Typisch für die achtziger Jahre waren eine Hinterfragung und Neubewertung dessen, was es bedeutete, lesbisch zu sein. »Rassen«- und Klassenthemen warfen bereits wesentliche Fragen nach der lesbischen Identität und ihrer Beziehung zum Feminismus auf. Vor dem Hintergrund der Designer-Dekade weitete sich dies auf Themen rund um Lesbenkleidung, -stil und -vorlieben aus. Die Neubewertung der lesbischen Identität und ihres Ausdrucks beinhaltete auch die Erforschung von Gebieten, die vorher als tabu galten. Einige dieser Vorlieben riefen erhebliche Kontroversen hervor, so zum Beispiel die Diskussionen um lesbische S/M-Praktiken und um Darstellungen lesbischer Sexualität.

Die Ansicht von Lesben und Feministinnen, die einzigen kulturellen Ausdrucksformen, die ohne schlechtes Gewissen genossen werden dürften, seien jene, die der vorherrschenden politischen Ethik entsprachen, wurde in Frage gestellt. In mancher Hinsicht stellt die Country-Music eine ähnliche Abweichung wie S/M von der lesbisch-feministischen Linie dar, nur werden die altmodische Rührseligkeit und die masochistische Seite der Musik durch starke Interpretinnen und aussagekräftige Songs fast perfekt ausgeglichen. Ohne Zweifel steht die Country-Music für eine Art Rebellion gegen die Geradlinigkeit und eine Möglichkeit, lesbische Antiquiertheit auszudrücken. Was immer jede einzelne von der Entflechtung von Lesbischsein und Feminismus hält, sie hat eine Freisetzung und Öffnung kultureller Alternativen mit sich gebracht, die Lesben die Freude an neuen Erlebnissen ermöglichte: sich für Popstars und Country-Music begeistern, um nur zwei zu nennen. Diese haben unbedingt auch dann ihren Reiz, wenn unsere Freude daran, wie gesagt, komplex und nicht unproblematisch sein mag.

Ihre Realität (Häuslichkeit) zu verhöhnen und sie dann in etwas Übertriebeneres, Erträglicheres (Antiquiertheit) zu tranformieren ist keine ungewöhnliche Reaktion auf andere Aspekte jener Kultur, die Lesben verwertet und als die ihre übernommen haben. Aber es ist eine beunruhigende Reaktion, und sie reflektiert ein Manko der Mainstream-Kultur, die es nicht nötig hat, für unseren Gebrauch umgewandelt oder transformiert zu werden (aber das wissen wir schon). Dies zeugt entweder von einem Mangel an für Lesben verfügbarer Kultur oder davon, daß lesbische Ansprüche zu hoch sind, um leicht befriedigt zu werden. Es läßt außerdem unsere Unfähigkeit vermuten, etwas zu akzeptieren oder zu genießen, was nicht auf irgendeine Weise, und sei es noch so gekünstelt, unsere eigenen Erfahrungen widerspiegelt. Und darum geht es natürlich bei der Popkultur – um die Widerspiegelung einer Art genormter (sprich: heterosexueller) Existenz, womit garantiert ist, daß Lesben ihr Leben nicht gerade vielfach repräsentiert sehen, es sei denn unter Ausschluß aller sexuellen Konnotationen. Es wird jetzt noch klarer, wie wichtig die Person hinter dem Produkt für das lesbische Publikum ist, vielleicht ebenso wichtig wie das Produkt selbst. Hier kommt k.d. lang ins Spiel.

k.d. lang hat Lesben das Schrille der Musik sichtbar gemacht, und die Songs ihres Albums *Shadowland* dienen zur Untermalung, wenn mit der Freundin Schluß ist. Nach *Ingénue* war der Eindruck entstanden, daß k.d. lang der Country-Music nur einen Besuch abgestattet hatte, doch »Even Cowgirls Get the Blues« dürfte derartige Befürchtungen der Country-Fans zerstreut haben. Während k.d. lang für viele Lesben die einzige akzeptable Seite der Country-Music verkörpert, werden andere die Country-Music weiterhin genießen, genau wie wir uns an anderen Bereichen der Populärkultur erfreuen: Wir nehmen, was uns anspricht. Die Populärkultur zu durchsieben, um zu sehen, was sie uns zu bieten hat, dürfte letztlich unbefriedigend sein, läßt es doch vermuten, daß wir uns immer ausgeschlossen, durch die Populärkultur als »anders« abgestempelt fühlen werden. Aber wen repräsentiert sie denn überhaupt – das idealisierte Pärchen aus der Kaffeewerbung?

Übersetzt von Margarete Längsfeld

Presse im Netz:

Ein Spiel mit Martina

Diane Hamer

Martina Navratilova hat ihre Beziehung mit der erfolgreichen Skiläuferin Cindy Nelson wegen des Gesangsstars k.d. lang beendet. Hiermit sind diese zwei das profilierteste Lesbenpaar der Welt. (*Pink Paper*, 21. März 1993)

Tennisstar Martina Navratilova hat eine neue Frau in ihrem Leben – die Grammy-Preisträgerin k.d. lang. Zwar leugnen die bekennenden lesbischen Superstars, daß sie ein Verhältnis haben, aber wir verfügen über das erste Exklusivfoto, das beide zusammen bei einem Stadtbummel zeigt. (*Woman's Day*, 17. Mai 1993)

Seit diese Schlagzeilen Anfang 1993 die Boulevardzeitungen beherrschten, war die Frage, ob Tennisstar und Sängerin – jede für sich ein lesbisches Idol – jemals eine *richtige* Affäre hatten, Gegenstand heftiger Debatten. Doch es ist interessant, allein schon das Gerücht – vor zehn Jahren noch undenkbar – näher zu untersuchen. Wieso? Weil es sich von der Existenz nicht einer, sondern zweier berühmter Lesben nährt. Noch interessanter ist, daß nicht nur die Schwulen- und Lesbenpresse über die angebliche Affäre berichtete. Rund um die Welt brachten Zeitungen aller Couleur die Story. In Australien erschien sie in *Woman's Day* und *New Idea*. In Großbritannien war sie selbst dem *Guardian* eine kurze Notiz wert, und in den USA hatte scheint's jedes Hochglanzmagazin etwas dazu zu sagen. Dies alles deutet darauf hin, daß wir uns von der Vorstellung, Lesbischsein sei unsichtbar, verabschieden müssen. Unser Status verschiebt sich: Unsere Idole sind jetzt öffentliches Eigentum. Martina Navratilova ist ein solches Idol.

Lange Zeit diente die Person Martina Navratilova als Aufhänger für die Formulierung von Allgemeinvorstellungen vom Lesbischsein. In den meisten Fällen war die Sensationspresse, die jede Gelegenheit ergreift, ihre Vorurteile gegen Lesben zu verbreiten, der Auslöser. Die andersgeartete Sexualität der jungen Tschechin war erstmals Anfang der achtziger Jahre ein Ansatzpunkt der öffentlichen Faszination. Seitdem trug Martina unaufhörlich die Last der öffentlichen Bemühungen, sich mit Lesbischsein auseinanderzusetzen. Hier ist Navratilova selbst zunehmend aktiv geworden und hat sich auf eine Weise, die sich auf die Versuche der Öffentlichkeit, sie einzuordnen, auswirkte und sogar lesbische Fans sprachlos machte, in die Diskussion eingeschaltet. Heutzutage gelangt Martina Navratilova mit ihren Ansichten über AIDS und Homosexualität oder über die Antihomosexuellen-Gesetzgebung in Colorado wahrscheinlich genauso leicht in die Presse wie mit ihren Tennissiegen. Gerade, als es schien, mehr Öffentlichkeit könne sie nun wirklich nicht bekommen, landete sie mit ihrer »Liebesaffäre« mit dem aufgehenden Country-und-Western-Star k.d. lang ein neues As.

Es scheint daher angebracht, über Martina Navratilova, die nicht nur zur führenden Tennisspielerin der Welt, sondern auch die bekannteste Lesbe seit (oder sogar einschließlich) Radclyffe Hall wurde, nachzudenken und das Jahrzehnt ihres Aufstiegs zum Ruhm einmal genauer unter die Lupe zu nehmen. Hier erlangt Martina Navratilova Bedeutung für jede Art von Studien über Lesbischsein und Populärkultur. Weil sie in den vergangenen zehn Jahren die in den Medien am meisten präsente Lesbe gewesen ist, verkörpert sie auch bis heute das Lesbischsein. Ob wir sie lieben oder hassen, als Ausgangspunkt allgemeiner Vorstellungen über Lesbischsein ist Martina Teil der lesbischen Politik. Wir können Martinas Politik oder Persönlichkeit bedenklich finden – ich fand die Wahl ihrer Geliebten durchaus bedenklich –, aber es ist ihr bleibendes Verdienst, Lesbischsein in die Populärkultur eingebracht zu haben. Ein Jahrzehnt lang haben Nachrichten über Martinas »Ehen« – Affären, teure Geschenke und spektakuläres Schlußmachen – immer wieder den Weg in die nationale und internationale Presse gefunden. Wenn Martina im Damenfinale von Wimbledon den Centre Court betrat, sah die ganze Welt zu und wußte, daß sie lesbisch ist.

Öffentliches Eigentum

Viele Diskussionen haben sich um die Person Martina gedreht. Einige Themen sind hinlänglich bekannt – die maskuline Lesbe, die Lesbe als Raubtier, die Lesbe als einsame Wölfin, die Lesbe als *anders* im Vergleich zu dem, was gemeinhin unter feminin verstanden wird. Aber die Vorstellungen von Lesbischsein sind in Martinas Glanzzeit nicht starr geblieben. Allmähliche Veränderungen des Stils, in dem ihre sexuelle Identität in der Sensationspresse porträtiert wurde, kennzeichnen zunehmende Verschiebungen im Status des Lesbischseins innerhalb der Populärkultur. Anfang der achtziger Jahre wurden Berichte über Martinas Lesbischsein mit empörter Ungläubigkeit, daß ihr eine so schmähliche Identität anhaften könnte, quittiert. Das war die Zeit von Martinas Beziehung mit der lesbischen Aktivistin und Schriftstellerin Rita Mae Brown. Daß Lesbischsein etwas Schändliches sei, hat Martina durch ihre eigenen Dementis und in ihrer Autobiographie *So bin ich*[1] durch ihren Rückzug auf ihre angebliche Bisexualität bestätigt.

Gegen Ende der achtziger Jahre gab es eine erkennbare Verschiebung hin zur Beschönigung ihrer Sexualität, gefördert von ihren (nicht sonderlich erfolgreichen) Bemühungen, sich zu feminisieren. Dies war die Zeit mit der »ehemaligen Schönheitskönigin und zweifachen Mutter« Judy Nelson, deren tadellose heterosexuelle »Referenzen« bizarrerweise auch Martina in den Augen der Sensationspresse vom Makel des Lesbischseins befreiten.

Als Martina und Judy jedoch 1990 ganz formell Schluß machten, konnte die Presse unmöglich den Schein wahren, die beiden seien kein Liebespaar gewesen. Dies war das Jahr, in dem Margaret Court Martina einen »verderblichen Einfluß« bescheinigte und Martina eine politisierte Identität erlangte. Es war eine Zeit der Rückschläge, aber auch die Zeit, in der Martina die für sie innerhalb der herrschenden Kultur festgelegten Kategorien energisch überschritt.

In all diesen verschiedenen Momentaufnahmen blieb die Behandlung von Martinas Lesbischsein in der Sensationspresse nicht ohne Widersprüche. Zeitweise hat die Presse die augenfälligsten Bedeutungen ihrer eigenen Worte bestritten, um historische Vorbilder zu beschwören oder allgemeine Vorurteile zu bestätigen. Die Art und Weise, wie die Sensationspresse Martinas Lesbischsein während ihrer Liebesaffäre mit Judy Nelson unterdrückte, illustriert dies am deutlichsten. Auch nahmen die Verschiebungen in der Darstellung keinen gleichmäßigen Verlauf. Noch 1993 konnte John Junor seine Erleichterung in der *Mail on Sunday* folgendermaßen ausdrücken:

Ist es nicht herzerfrischend, an der Tennisspitze zwei Damen zu haben, die tatsächlich nach Parfüm und Rüschendessous aussehen und nicht, wie so viele ihrer Konkurrentinnen, nach Aftershave und Doppelrippunterhosen? (Zitiert in *Pink Paper*, 17. September 1993)

Die Lesbe auf dem Tennisplatz

Die allgemeine Presse hatte immer ein Problem mit Martina. Seit Hinweise auf ihre unorthodoxe Sexualität an die Öffentlichkeit gelangten, verkörperte sie einen Widerspruch, mit dem sich die Sensationspresse auseinandersetzen mußte. Martina stellt gewissermaßen ein Problem dar, von dem das Damenprofitennis durchdrungen ist – die Bedrohung durch das Lesbischsein, das einen Schatten auf das internationale Spiel wirft. Die Sportlerinnen, die internationale Wettbewerbe bestreiten, sind auf dem Höhepunkt ihrer Laufbahn und somit für die Presse von hochaktuellem Interesse. Sie dienen Mädchen und Frauen in aller Welt als Vorbilder und sind jeden Juni in Wimbledon Gegenstand eines öffentlichen Schauspiels. Doch über mehr als ein Jahrzehnt zirkulierten Gerüchte, daß einige der Spitzenspielerinnen Lesben seien, eine Identität, die in den Augen der allgemeinen Presse immer als monströs abartig galt, etwas, das eher lästerns- als lobenswert war. Jahrelang hat die Presse sich bemüht, diese Kluft zwischen Tennischampion als Volksheldin und Tennischampion als Lesbe zu überwinden, ein Problem, das nicht nur Martina, sondern vor ihr schon Billie Jean King verkörperte. Ein 1986 in *People* erschienener Artikel beschreibt akkurat das Problem von Martinas Doppelstatus: »Mehr als jede andere ist es Martina, die das Lesbischsein in den Augen der Öffentlichkeit beinahe akzeptabel gemacht hat« (*People*, 22. Juni 1986).

Nicht nur die lesbische Meisterin verkörpert einen Repräsentationskonflikt. Bis zu einem gewissen Grade sind alle Spitzensportlerinnen ein »Problem« für die populären Medien. In *Grace under Pressure* beschreibt Adrianne Blue den Gegensatz zwischen zwei ausschließenden Kategorien: der Sportheldin und der Frau (S.9). Traditionsgemäß wird der Erfolg der Frauen an ihren weiblichen Fähigkeiten und Tugenden gemessen, die sie als von Männern verschieden kennzeichnen. Sportlerinnen dagegen schwitzen, grunzen, stöhnen und zeigen eine körperliche Stärke und Geschicklichkeit, die die eines gewöhnlichen Mannes weit übertrifft. Adrianne Blue vermutet darüber hinaus, der Makel des Lesbischseins sei von den Medien als Strafmittel gegen Frauen benutzt worden, die gegen die gängigen Vorstellungen von Weiblichkeit verstoßen, indem sie Profisportlerinnen werden (S. 41). Die frühesten Gerüchte über Martinas Lesbischsein wurden in diesem Stil kolportiert. Anfang der achtziger Jahre erschienen Schlagzeilen wie »Sexfleck auf Tennisstar Martina« (*Sunday People*, 15. Juni 1980), »Junger weiblicher Tennisstar berichtet vom ›Dilemma‹ des Sexlebens« (*Sun*, 31. Juli 1981) und »Meine Liebesaffäre mit Rita« (*Daily Mirror*, 31. Juli 1981). Der *Daily Mirror* ließ seiner Schlagzeile einen aufschlußreichen Kommentar folgen:

> Tennisstar Martina Navratilova hat sich dazu bekannt, daß sie lesbisch ist. Aber sie scheut davor zurück, ihr Liebesleben im einzelnen zu schildern, da es dem Sport schaden könnte ... Ihr Bekenntnis bestätigt, was seit langem vermutet wurde – daß Lesbischsein im internationalen Sport weit verbreitet ist.

Der Bericht ließ keinen Zweifel daran, daß der Vorwurf des Lesbischseins einer Verdammung gleichkam. Die Presse zitierte Quellen, in denen von der Bedrohung des Damentennis die Rede war, das auf Sponsoren angewiesen sei, um die Preisgelder aufzubringen. Laut *Daily Telegraph* (6. Mai 1981) hat eine pharmazeutische Firma Billie Jean King nach ihrem Unterhaltsprozeß aus ihren Anzeigen genommen, und Avon, damals der größte Sponsor von Damentennis, erwog, sich aus dem Spiel zurückzuziehen, falls noch eine Spitzenspielerin über ihr Lesbenleben spräche (*Daily Mirror*, 31. Juli 1981). Martina Navratilova fürchtete die Auswirkungen auf ihre eigenen Werbeverträge und auf ihren Antrag auf die US-Staatsbürgerschaft (*Daily Star*, 16. Juni 1980). Martina und Rita Mae Brown bestritten, daß sie ein Liebespaar waren. Martina wurde im *Daily Star* zitiert: »Ich finde es beleidigend und lächerlich, für lesbisch gehalten zu werden« (16. Juni 1980).

In mehr als einem Kommentar wurde der Sorge um den verderblichen Einfluß der Tennis-Asse Ausdruck verliehen. Bürgermeister Mills, »Mr. Wimbledon«, schilderte in *People*, auf welche Weise das geschah:

Die Mutter einer jungen amerikanischen Tennisspielerin vertraute mir an, daß ihre Tochter unter den lästigen, widerwärtigen Verfolgungen etlicher hartnäckiger Lesbierinnen leide, die ein »Nein« als Antwort nicht akzeptierten ... Ich sagte ihr, wenn ihre Tochter keine definitiven Aussichten hätte, zu den acht Weltbesten aufzusteigen, solle sie den Spitzensport aufgeben und sich damit begnügen, in kleineren Turnieren zu spielen. Sie befolgte meinen Rat und stieg aus, und ein Jahr später war sie ein anderer Mensch – selbstbewußt und glücklich mit einem fröhlichen jungen Mann aus ihrer Heimatstadt verheiratet. (*People*, 22. Juni 1986)

Spielen wie Männer

Als Berufssport nimmt Tennis in bezug auf sportliche Leistungen bei Frauen eine einmalige Stellung ein. Es war dieses Spiel, das Frauen in den Wettbewerb auf höchstem Niveau einführte, und es ist *der* Sport geblieben, in dem Frauen glänzen (Blue, S. XV). In der Geschichte des Tennissports ist oft behauptet worden, daß Spitzenspielerinnen wie Männer spielen, eine Überzeugung, die 1919 mit der französischen Meisterin Suzanne Lenglen ihren Anfang nahm (Blue, S. 4). Der diffuse Geschlechtsstatus wurde von den Frauen selbst aufgehoben, die sich zum Spielen zunehmend weniger weiblich kleideten. Suzanne Lenglen vertauschte die knöchellangen Röcke samt Unterröcken mit knielangen Hosenröcken, was Publikum und Berichterstattung mit entsetzter Faszination verfolgten. Ähnlich war Martina Navratilova 1993 die erste Frau, die einen internationalen Wettbewerb in Shorts bestritt.

Da Tennisspielerinnen allgemein als maskulin galten, ist es kein Wunder, daß eine Gleichstellung von Damentennis und Lesbischsein erfolgte. Inzwischen ist lesbische Geschichte bestens dokumentiert worden (vgl. zum Beispiel Lillian Faderman). Eine der beständigsten Vorstellungen über Lesben ist, daß sie keine richtigen Frauen seien. Lesbischsein ist als Identität maskulinisiert und mit heterosexueller männlicher Sexualität gleichgesetzt worden – aktiv, raubtierhaft, der »femininen« Frau nachstellend. Diese Vorstellungen lassen sich durch die Literatur der Sexologie des 19. Jahrhunderts und durch das lesbische Schrifttum Anfang und Mitte des 20. Jahrhunderts (von Radclyffe Hall bis Ann Bannon) verfolgen und halten sich bis heute in vielen populären Darstellungen des Lesbischseins (illustriert durch die Behandlung des Falles Jennifer Saunder[2] in der Sensationspresse; vgl. auch Hamer 1992).

Während ihrer ganzen Karriere wurde Martina hartnäckig Männlichkeit vorgehalten. Als die Medien Navratilova aufs Korn nahmen, deren Spiel in den achtziger Jahren fast unerreicht blieb, ist in der allgemeinen Diskussion die Verbindung zwischen Tennis, Maskulinität und Lesbischsein transparent gemacht worden. Martinas Können und Triumphe auf dem Tennisplatz wurden mit ihrer sexuellen Identität verknüpft. Ein Artikel in dem Boulevardblatt *The Sun* mit der Titelzeile »Nennen Sie mich nicht Mister« berichtete:

> Martina, die Mächtige, bahnte sich gestern mit Muskelkraft den Weg durch ein Eröffnungsspiel auf dem Centre Court. Dann tat sie lachend Mutmaßungen ab, daß sie sich mehr fürs Herreneinzel eigne, nachdem ihr neuer Trainer sie wohl darauf abrichten werde, mehr wie ein Mann zu spielen. (*The Sun*, 22. Juni 1988)

Umkleideraumlesben

Anfang der achtziger Jahre tauchen in den Presseberichten über Martina weitere Themen auf, die den historischen Vorstellungen von Lesbischsein entsprechen. Eines hat die Raubtiernatur lesbischer Frauen zum Inhalt. So war zum Beipiel unter der *Daily-Telegraph*-Schlagzeile »Tracy Austin mußte Umkleideraumlesben abwehren« zu lesen:

> Tracy Austin, die mit 15 Jahren in die internationale Tennisszene platzte, mußte sich mit Leibwächtern vor lesbischen Avancen in Umkleideräumen schützen, wie gestern berichtet wurde. (*Daily Telegraph*, 6. Mai 1981)

Glaubt man der Presse, so war Austin nicht das einzige gefährdete Mädchen, das Schutz verlangte. Der *Sunday Mirror* (10. Mai 1981) berichtete von zwei anderen jungen Mädchen, die sich über sexuelle Belästigungen beschwert hatten. Beide wurden von ihren Müttern betreut; eine bemerkte: »Ich muß Bettina vor den Mädchen mehr behüten als vor den Jungen.« Und der *Daily Star* führt Linda Geeves, die ehemalige englische Mannschaftsführerin an, die sich beklagte: »Wenn ich für jedes Mal, wenn mir eine Frau einen unsittlichen Antrag machte, ein Pfund bekommen hätte, dann wäre ich fast so reich wie Björn Borg.« *People* vermutete:

Keine hübsche junge Spielerin ist vor den K.V.-Kampftruppen sicher, die durch die Umkleideräume schleichen ... Die einsamen Nächte und die fehlende männliche Gesellschaft machen unerfahrene Mädchen zur leichten Beute der scharfen Raubtiere der Damenriege ... Verbarrikadierte Türen sind oft die einzige Möglichkeit, sich die amourösen Amazonen vom Leibe zu halten. (*People*, 22. Juni 1986)

Der Verfasser des Artikels macht kein Hehl aus seiner »Abneigung gegen jede Art von sexueller Abweichung« – Lesben im Tennissport seien ein »unappetitliches Gespenst.« Es sei, sagt er, »eher Sodom und Gomorrha als das einst von mir geliebte Wimbledon.« Es ging ihm gegen den Strich, daß diesen monströsen Weibern die Bewunderung des Publikums galt. »Das Publikum muß aufgeklärt werden, damit es aufhört, diese Kreaturen auf ein Podest zu heben und ihnen nachzueifern.«

Die angebliche Macht Homosexueller, die Jugend zu verderben, ist seit der Jahrhundertwende ein ständiges Thema gewesen – sie war einer der erklärten Gründe, weshalb *Quell der Einsamkeit* von Radclyffe Hall zensiert wurde und fast sechzig Jahre später die Advokaten des britischen Local Government Act sich veranlaßt sahen, einen Gesetzesantrag zum Verbot der Verbreitung von Bildern zur Verherrlichung gleichgeschlechtlicher Sexualität einzubringen. Der altbekannte Vorwurf taucht auch immer wieder auf, wenn es um Lesben im Damentennis geht.

Wieder beruft sich der *Daily Star* auf Linda Geeves als zuverlässige Quelle:

Viele der heutigen Spitzenspielerinnen sind lesbisch, und ein beachtlicher Prozentsatz von ihnen ist aktiv mit der Rekrutierung junger Talente befaßt ... Ich war regelrecht entsetzt, als eine meiner verehrten Heldinnen mich wiederholt mit derart lüsternen Blicken anmachte, wie sie mir noch kein Mann zugeworfen hat. Zwei Frauen, die vielversprechenden Nachwuchsspielerinnen am helllichten Tag nachpfeifen, stolzieren in Männerunterhosen in den Umkleideräumen von Wimbledon umher. (*Daily Star*, 21. Mai 1981)

Linda Geeves' phantasievoller Schilderung liegt die tiefsitzende Sorge zugrunde, daß auch sie der sexuellen Anziehungskraft zwischen Frauen zum Opfer fallen könnte (»Es hätte mich treffen können. Alles war so plausibel und attraktiv«) – eine Sorge, die zuweilen offen zutage tritt.

Bei der Charakterisierung der raubtierhaften »Umkleideraumlesbe« durch die Sensationspresse ist Martina Raubtier und Opfer zugleich. Ihre Freundin (sic) Nancy Liebermann wurde am 2. August 1981 in *News of the World* zitiert:

Ich möchte ihr die Chance geben, sich zu ändern. Ich bin nicht hier, um sie mit Männern zu verkuppeln, sondern nur, um sie diesem Einfluß zu entziehen.

Die Suche nach Erklärungen für gleichgeschlechtliches Begehren war in der Populärkultur ein ständiges Thema. Der *Sunday Mirror* entdeckte am 10. Mai 1981:

Es ist die Einsamkeit der Tennisplätze fern der Heimat, die manche weiblichen Tennisstars zu lesbischen Liebesaffären treibt.

Getrennt von Freunden und Familie, in Hotelzimmern aus Koffern lebend, tappen diese einsamen Mädchen »in eine Sexfalle.« Solche und ähnliche Erklärungen wurden von der Sensationspresse immer wieder aufgegriffen. Darüber hinaus behauptet der *Daily Star*, die Abwesenheit der Männer sei schuld, daß Frauen lesbisch würden. Und wieder klärt uns die erfahrene Linda Geeves auf:

Als ich zu spielen anfing..., war es ein Vergnügen, an Turnieren teilzunehmen. Man befand sich in gemischter Gesellschaft mit jeder Menge attraktiver junger Männer, mit denen man sich zwischen den Spielen amüsierte. Heutzutage, wo es immer mehr reine Damenturniere gibt, würde ich es mir zweimal überlegen, ob ich meiner Tochter erlauben würde, Profitennisspielerin zu werden. (*Daily Star*, 21. Mai 1981)

Die Fremdenfeindlichkeit der Briten ist in diesen Berichten offenkundig. Es sind stets englische Spielerinnen, die als Sachkundige der Perversionen der Frauen in Wimbledon und des Schadens für den Sport zitiert werden. Und es waren immer Ausländerinnen – aus den Vereinigten Staaten oder dem ehemaligen Ostblock –, die diese Abartigkeit an den Tag legten. Martinas Fremdartigkeit als ziemlich gedrungene Tschechin mit dunklem Teint unterstrich ihr sexuelles Anderssein.

Aller Augen ruhen auf Martina

Anfang der achtziger Jahre wurde Martinas Sexualität als Teil eines größeren Problems gesehen, das auch Billie Jean King und, so schien es, Hunderte namenloser weiterer Spielerinnen in der Welt des Tennis betraf. Die in dieser frühen Periode von der Sensationspresse verbreiteten Vorstellungen von Lesbischsein waren die Relikte der Diskussionen zu Beginn des 20. Jahrhunderts. Mitte der achtziger Jahre war Billie Jean King vom Turniersport zurückgetreten, und Martina spielte sich von Sieg zu Sieg. Seither stand sie im Mittelpunkt des Medieninteresses.

Damit einher gingen die interessantesten Versuche der Boulevardpresse, sich mit Martinas Lesbischsein auseinanderzusetzen. In diesem Zeitabschnitt werden die Gegensätze zwischen früheren Diskussionen und neuerem Verständnis am allerdeutlichsten. Eingeleitet von den im *Daily Express* als Fortsetzung veröffentlichten erotischeren Abschnitten ihrer Autobiographie *So bin ich* ist dies eine Zeit außerordentlicher Widersprüchlichkeiten und Umkehrungen.

In Martinas Autobiographie werden ihre sexuellen Neigungen überdeutlich. Sie berichtet offen von ihrer Einführung ins Lesbischsein, ihrer Beziehung zu Rita Mae Brown und ihrer gegenwärtigen Geliebten Judy Nelson. Jeder verbleibende Zweifel wird von dem mit der Schlagzeile »Meine Liebe zu Frauen« überschriebenen *Daily-Star*-Artikel (16. Juni 1987) zerstreut, in dem ihre Aufrichtigkeit gerühmt und ihr zugute gehalten wird, daß sie die Hauptlast der Kritik am Lesbianismus im Damentennis zu tragen hatte.

People akzeptiert in der Schlagzeile »Martina heiratet Judy« (21. Juni 1987) ihr Lesbischsein als gegebene Tatsache. Der Artikel behandelt in allen Einzelheiten, wie Judys Angehörige die Beziehung unterstützen, die sie als gediegenes, häusliches Verhältnis darstellen. Der *Daily Star* (16. Juni 1987) nimmt Martinas 1985 in ihrer Autobiographie erschienene Behauptung, bisexuell zu sein, unter die Lupe. Es sei klar, heißt es in dem Artikel, daß das Etikett bisexuell schlicht und einfach eine Methode sei, ihre sexuelle Vorliebe für Frauen akzeptabel zu machen. Daß sie sich bisexuell nenne, witzelt man, beruhe einzig auf ein oder zwei (erfolglosen) Beziehungsversuchen mit Männern.

Eigenartigerweise verliehen diese Berichte von etwa 1985 an Martinas Sexualität Glaubwürdigkeit und emotionale Substanz. Die Verweise auf Familienleben, Häuslichkeit, Schwiegereltern und Haustiere verwandelten ihr Verhältnis mit Judy Nelson in eine annähernd »normale« heterosexuelle Beziehung.

Martina und Judy

Doch in demselben Maße, wie Martinas Lesbischsein in der Sensationspresse normalisiert wird, wird ihr Verhältnis mit Judy neutralisiert, entsexualisiert und heterosexuell dargestellt als privilegierte Lebensform. Dies geschieht durch die Auslöschung der sexuellen Dimension der Beziehung. Daß die zwei *sexuell* eine Verbindung hatten, wurde durch die ständigen Verweise auf die heterosexuelle Normalität, die in Zusammenhang mit Judy Nelson in diesen Berichten auftauchen, ausgeschlossen.

Die stereotyp zur Beschreibung von Martinas Geliebter verwendeten Formulierungen waren eine ständige Erinnerung an deren vormals heterosexuellen Status – »zweifache Mutter«, »frühere Ehefrau«, »ehemalige Schönheitskönigin«.

Die in Dallas gebürtige Judy, Mutter von zwei Kindern, die mit einem texanischen Anwalt verheiratet ist... (*Today*, 1. Juli 1986)

Die ständige Begleiterin, eine blonde zweifache Mutter, ehemalige Schönheitskönigin, geschieden... (*Daily Star*, 16. Juni 1987)

Die Geliebte, die blonde zweifache Mutter Judy Nelson, ehemalige Schönheitskönigin... (*People*, 21. Juni 1987)

Die Verwendung des Attributes »blond« weist deutlich auf Judy Nelsons sexuelle Attraktivität hin. Martina wird dagegen nie als blond beschrieben. Weiblichkeit in reinster Form, wie sie sich durch Blondheit auszeichnet, verträgt sich eben nicht mit der Beschreibung der Lesbe Martina.

Diese Schilderungen von Judy Nelsons Heterosexualität in der Sensationspresse haben insgesamt den Effekt, Martinas Lesbischsein zu eliminieren. Judys Vergangenheit befreit Martina vom Makel des Lesbischseins – oder zeugt zumindest von einer gewissen Entsexualisierung ihres Verhältnisses mit Judy. Nach den Beschreibungen ihrer Beziehung in der Presse – »dicke Freundinnen«, »unzertrennliche Kameradinnen« – könnte man ohne weiteres ein rein platonisches Verhältnis vermuten. Infolgedessen wird die Beziehung mit Judy entsexualisiert, selbst wenn Martinas Lesbischsein ausdrücklicher betont wird. Martina mag ja lesbisch sein, aber Judy Nelson niemals – eine Blondine mit zwei Kindern und einem Ex-Mann. Trotz der in den Berichten geäußerten Besorgnis, Lesben in den Tennisumkleideräumen könnten unschuldige junge Frauen verderben, ist niemand geneigt zu glauben, daß Frauen ihre sexuelle Orientierung wechseln können oder daß eine reife Frau mit heterosexueller Vergangenheit eine Frau einem Mann vorziehen könnte.

Ganz durchsichtig entfaltet sich dieser Widerspruch in einem Artikel der Zeitung *Today* (29. Juni 1989). Judy wird wie gehabt als »ehemalige Schönheitskönigin von Dallas, jetzt zweifache Mutter von 43 Jahren« etikettiert. Sie wird als Martinas ständige Begleiterin beschrieben, die ihren »wohlhabenden Ehemann Edward, einen Tierarzt [anderswo ist es ein Rechtsanwalt bzw. ein Gynäkologe!], und ihre zwei Söhne vor fünf Jahren verlassen hat, um Martina zu ihren Tennisturnieren zu begleiten.« Judy, so wird in dem Artikel berichtet, liefere Martina »emotionale Stabilität, Unterstützung und Ermutigung«, und Judys Eltern hätten »ihre Zustimmung zu der Beziehung« bewiesen, indem sie während der zwei Wimbledonwochen bei Martina und Judy blieben. Dies läßt sich schwerlich anders deuten denn als Beschreibung einer stabilen, langfristigen lesbischen Partnerschaft. Doch irgendwie gelingt es *Today*, genau dies zu vermeiden. Es ist bemerkenswert, wie die folgenden Passagen die Beziehung zu einem ausgesprochen heterosexuellen Paradebeispiel umgestalten, wobei der lesbische Zusammenhang von der Beziehung gelöst und allein auf Martina gemünzt wird.

Francis, Judys Mutter, wird zitiert: »Als Judy Ed verlassen hatte, war sie nicht imstande, mit irgendwem auszugehen oder sich zu verabreden. Martina ist ihr eine enorme Hilfe.«

Darin scheint inbegriffen, daß die dem Geschlechterkampf vorerst entsagende Judy, sobald sie wieder imstande sein wird, »sich zu verabreden«, dies nicht mit Martina oder sonst einer Frau tun wird. Ein kleines Detail fällt vollkommen unter den Tisch – daß Judy Ed *wegen* Martina verlassen hat. Somit wird ihre Beziehung als der heterosexuellen Genesung förderlich interpretiert. Jegliche lesbische Bedeutung fällt von der Beziehung ab und Martina allein zu. Wieder hören wir die maßgebliche Stimme von Judys Mutter, die »die *Freundschaft* ihrer Tochter mit dem Star, der sich *einst* zu lesbischen *Affären* bekannte [die Hervorhebungen stammen von mir], vorbehaltlos billigt.« Der Effekt, den all dies erzeugt, wird noch gesteigert durch Martinas zunehmende Feminisierung unter Judys Händen. Das Begleitbild zu dem Artikel in *Today* zeigt Judy und einen (eindeutig schwulen) Coiffeur, die sich an Martina zu schaffen machen; diese sitzt an einem Schminktisch und betrachtet sich in einem Frisierspiegel, während ihr die Haare toupiert und besprüht und ihr ein rosa Lidschatten nebst passendem Lippenstift aufgetragen werden. Die Unterzeile lautet:

Ihre beste Freundin Judy Nelson hält den Lippenstift und sieht beifällig zu, wie der Coiffeur Martinas weicherem, weiblicherem Aussehen den letzten Schliff verleiht.

In Lesbenkreisen hieß es hinter vorgehaltener Hand oft, Martina sehe in Frauenkleidern aus wie ein Transvestit. Die Ironie des sprechenden Bildes einer großen, sportlichen Frau in femininer Kleidung ist einem *Sunday-Mirror*-Reporter nicht entgangen, der ihr neues Gymnastik-Video folgendermaßen kommentierte:

Tennis-As Martina Navratilova nimmt an, ihr gestählter Körper wird auf Männer und Frauen gleichermaßen anregend wirken. Während sie die Muskeln anspannt, erklärt die Wimbledon-Siegerin: »Ich habe gehört, daß manche Frauen und Männer ihre Arme für diese Beine hergeben würden.« Martina tritt stark geschminkt und mit gepflegter Frisur auf. Mitunter kann man die Adern ihrer kräftigen Arme deutlich hervortreten sehen. (*Sunday Mirror*, 10. April 1988)

Doch Martinas Feminisierung und Entsexualisierung ist nicht sonderlich erfolgreich. Selbst der Sensationspresse gelingt es nicht, die Bedeutung von Martinas und Judys Beziehung zu verdecken.

Die Jungen [Judys Kinder] mögen sie, und sie ist gerne mit ihnen zusammen. Sie ist ihnen wie ein Vater und spielt Volleyball und Fußball mit ihnen. (*Today*, 29. Juni 1989)

Martina hat eine starke Beziehung zu Judys Söhnen. »Sie spielt Football und Basketball mit ihnen«, sagte Judys Mutter. »Es ist einfach phantastisch, sie ist meinen Enkeln fast wie ein Vater«. (*People*, 21. Juni 1987)

In diesen Berichten darf Martina Judys Söhnen wie ein Vater sein. Warum aber sträubt man sich so entschieden gegen die Konsequenz, daß sie für Judy wie ein Ehemann ist?

Die Femme schlägt zurück

Die Art, wie in der Sensationspresse über Martinas und Judys Beziehung berichtet wurde, ist eigentlich nicht erstaunlich. Sie steht tatsächlich vollkommen im Einklang mit der herkömmlichen Darstellung lesbischer Beziehungen. Immer wurde die Butch als typische Lesbe hingestellt; selten wird die Femme als solche angesehen. Traditionsgemäß galt die Femme als von Natur aus feminin und heterosexuell und ihr Lesbischsein allenfalls als vorübergehende Phase infolge einer Verführung durch eine raubtierhafte Butch oder eines zeitweisen Rückzugs von Männern nach einer schmerzlichen Erfahrung. Beide Auslegungen waren in den Formulierungen der Sensationspresse hinsichtlich der »Freundschaft« der »blonden ehemaligen Schönheitskönigin« mit Martina enthalten.

Aber heute benutzt Judy ihre »Scheidung« von Martina im Jahre 1991 und den anschließenden »Unterhaltsprozeß« als Aufhänger, um sich überaus offen über ihre einstige Geliebte auszulassen. Jetzt ist sie es statt Martina, die sich die landläufige Bedeutung von Lesbischsein zu eigen macht, und zwar auf eine für eine Femme unerhörte Art. Ihre öffentlichen Verlautbarungen umfassen eine Anzahl Presseinterviews (zum Beispiel im britischen *Daily Mirror* vom 16./17. September 1991, im *Sunday Mirror* vom 29. März 1992, im *Observer* vom 27. Juni 1993 und im australischen *Sunday Telegraph* vom 27. Juni 1993), die Veröffentlichung eines Buches über ihre Beziehung mit Martina *(Love Match: Judy Nelson und Martina Navratilova)* sowie einen Auftritt in der *Phil-Donahue-Show* (in der letzten Juniwoche 1993 in Australien gesendet), in der es um Frauen ging, die einen Mann wegen einer anderen Frau verlassen haben. Judy beherrschte auch die Nachrichten, als sie eine neue Beziehung anfing – mit Martinas Ex-Geliebter Rita Mae Brown (*Daily Mirror*, 18. Mai 1993)! Daß Judy nach Beendigung ihrer Beziehung mit Martina eine neue mit einer anderen Frau einging, zerstört den Mythos von ihrer eigentlich heterosexuellen Natur. Mehr noch, gerade *weil* sie so feminin ist und früher heterosexuell war, gilt sie als Personifizierung des feministischen Schlagwortes »Jede Frau kann ...«

In ihren öffentlichen Verlautbarungen betont Judy ausdrücklich, wie anders es ist, mit einer Frau zusammenzusein, was in der *Sunday-Mirror*-Schlagzeile: »Von Frau zu Frau kann eine Intimität entstehen, wie sie mit einem Mann unmöglich ist« deutlich wird. In dem anschließenden Artikel sagt sie:

> Ich habe die sieben glücklichsten Jahre meines Lebens mit ihr verbracht. Hier fand ich jene Gleichberechtigung, die ich in meiner Ehe vermißt hatte. (*Sunday Mirror*, 29. März 1992)

Durch Judy sind die Einzelheiten ihrer »Vermählung« mit Martina, die in einer privaten Zeremonie in Australien stattgefunden hatte, weithin bekannt geworden (*New Idea*, 13. März 1993). Es war auch Judy, die mit der Beschreibung ihrer Liebe zu Martina als »verwirrende Erregung«, »knisternd« (*Sunday Telegraph*, 27. Juni 1993) und »unwiderstehlich anziehend« (*New Idea*, 13. März 1993) den sexuellen Charakter ihrer Beziehung deutlich hervorgehoben hat. In Judy nahestehenden Kreisen hieß es: »Sex hat Judy und Martina während der Affäre, die die Welt erschütterte, zusammengehalten« (*New Idea*, 13. März 1993).

Judy erspart uns nichts, auch nicht unverhüllte Verlautbarungen über körperliches Verlangen, die auf das Undenkbare hindeuten – die Butch-Lesbe als Objekt der Begierde der »von Natur aus heterosexuellen« Femme:

Sie hatte den schönsten Körper, den ich je gesehen habe. Es war nicht der elegante Körper der »Schönheitskönigin des Südens«, sondern ein schlanker, sportlicher Körper mit gut definierten Muskeln, glatt und straff... Ihre Beine waren zum Sterben schön, und sie hatte die hübschesten Hände, die ich je sah. (*Sunday Telegraph*, 27. Juni 1993)

Judys öffentliche Verlautbarungen haben die Sensationspresse gründlich zum Schweigen gebracht. Da man Judy als von Natur aus heterosexuell eingestuft und mit ihrem Status als erfolgreiche feminine Frau gespielt hatte, um ihre Beziehung mit Martina zu verschleiern und zu entsexualisieren, ist die Presse jetzt außerstande, auf Judys unverhohlene Ausführungen über ihre leidenschaftliche, intime Beziehung zu reagieren. Daß eine ehemals heterosexuelle, feminine Frau eine lesbische Identität annehmen konnte, übersteigt das Begriffs- und Vorstellungsvermögen der Sensationspresse. Es ist und bleibt skandalös und daher berichtenswert, ist aber zugleich unerklärlich und deswegen nicht kommentierbar. Judys Verhalten sprengt die Kategorien, die die Presse vormals geltend machte, um ihre Position zu erklären.

Heraus damit: Stell es demonstrativ zur Schau

Während die Ex-Freundin Judy in die Identität der Lesbe geschlüpft ist, um sich zur Fürsprecherin lesbischer Liebe und lesbischer Lebensart zu machen, ist Martina auf eine Diskussion mit eher politischem Charakter eingeschwenkt. Die frühen neunziger Jahre, in die das Ende ihrer Beziehung mit Judy Nelson fiel, stellen den Beginn von Martinas persönlichem Eingreifen in die Diskussionen dar, die sich in der Unterhaltungsbranche um sie gerankt haben. Bis heute war Martina ein begehrtes Objekt der Winkelzüge der Sensationspresse. Aber jetzt findet eine Verschiebung statt; Martina schiebt den abgedroschenen Machwerken energisch einen Riegel vor und verfaßt selbst Schriften über sexuelle Identität, die die von der allgemeinen Presse verfaßten weit in den Schatten stellen.

Es gibt eine Anzahl Schlüsselmomente, die Martinas »Maßlosigkeiten«, wie ich es nenne, kennzeichnen. Es sind Maßlosigkeiten im wörtlichen Sinne, denn sie äußern sich oft in geschwollenen Gefühlsergüssen und überzogener Dramatik, aber sie sind auch insofern maßlos, als sie das Bild von Martinas Lesbischsein, wie es die Sensationspresse prägte, überschreiten.

Der erste Moment ist gegen Ende der achtziger Jahre auszumachen, als Martina die Transsexuelle Renee Richards als neue Trainerin engagiert. Dabei handelt es sich um einen gewollt provokativen Schachzug, der ihre Position als sexuell andersartig innerhalb der vorherrschenden Diskussion bestätigt. Er stellt eine Zurückweisung der Achtung dar, die ihr die Populärkultur im Gegenzug für ihre Komplizenschaft beim Verschweigen der *sexuellen* Aspekte ihrer Sexualität entgegenzubringen bereit ist. Wie »Mr. Wimbledon« David Mills in *People* unter der Schlagzeile »Sodom in Wimbledon« bemerkt, hat Martina mit Renee Richards eine bizarre Wahl getroffen, die »ihr kaum dienlich sein wird«:

> Als ich erfuhr, daß diese Person von Martina Navratilova als Trainerin engagiert wurde, wurde mir schlicht schwindlig bei dem Gedanken an den Klatsch, den eine solche Verbindung zwangsläufig auslösen würde. (*People*, 26. Juni 1986)

Er meint natürlich, daß die Wahl von Renee Richards, vormals Richard Raskind, einer Transsexuellen, die vor ihrer operativen Geschlechtsumwandlung Sieger der Herrenmeisterschaften der US-Junioren war, nur dazu dienen könne, die Aufmerksamkeit auf Martinas sexuelles Anderssein zu lenken. Mit ihrer Wahl signalisiert Martina ihre Bereitschaft, den Ansprüchen der ihre Sexualität kritisch beurteilenden Medien eher zu trotzen als zu entsprechen. Mutig an ihrer Wahl ist, daß Martina in einer Welt, die sie bereits als sexuelle Monstrosität etikettiert hat, sich für eine Person entscheidet, die noch »monströser« ist als sie selbst. In dieser Zeit beginnt sie, sich mit dem Außenseitertum anzufreunden, anstatt sich zu bemühen, sich einem konventionellen Schema anzupassen.

Weit davon entfernt, in aller Heimlichkeit ein lesbisches Leben zu führen, schufen Martina und Judy mit ihrer Beziehung seit Ende der achtziger bis in die neunziger Jahre hinein laufend Momente der Maßlosigkeit. Diese offenbarten sich in extravaganten, öffentlich überreichten Geschenken, was gewöhnlich das Vorrecht reicher, glamouröser heterosexueller Paare ist, sowie in ihrer groß angekündigten »Heirat«, womit sie sich provokativ ein heterosexuelles Privileg aneigneten.

Ein weiterer Moment offenen Trotzes und öffentlicher Zurschaustellung einer verachteten Identität war Martinas und Judy Nelsons berühmte Umarmung nach Martinas neuntem Wimbledonsieg im Sommer 1990. Es war für sie ein bedeutender und für die lesbischen Zuschauerinnen in aller Welt ein aufregender Moment. Der Titel, ihr Sieg über Zina Garrison, stellte für Martina den Höhepunkt ihrer sportlichen Laufbahn dar. In der gesamten Geschichte dieses Wettbewerbs hatte noch nie jemand, ob männlich oder weiblich, so viele Wimbledonturniere gewonnen. Es war die Krönung ihrer Karriere. Nach dem entscheidenden Spiel sprang Martina durch die Menge – es war wie eine Wiederholung des Impulses von Pat Cash, der drei Jahre zuvor triumphierend durch die Zuschauer gespurtet war, um seine Frau zu umarmen –, um der Reihe nach jedes Mitglied ihrer Gefolgschaft zu umarmen. Als ich dieses Schauspiel im Fernsehen sah, wartete ich aufs höchste gespannt darauf, daß sie zu ihrer Geliebten Judy kam. Ich wurde nicht enttäuscht; die zwei umfingen sich in einer leidenschaftlichen Umarmung, die den ganzen Bildschirm ausfüllte. Ich war vollkommen aus dem Häuschen, als mir bewußt wurde, daß ein Zigmillionenpublikum rund um die Welt in diesem Augenblick zwei Lesben zusah, die in aller Öffentlichkeit ihre Liebe demonstrierten.

Doch obwohl die ganze Welt die Umarmung live im Fernsehen gesehen hatte, wurde sie anschließend in keinem einzigen Sportbericht mehr gezeigt. Die Strafe für Martinas unerhörtes Benehmen kam schnell und war schmerzhaft. Alle englischen Zeitungen brachten die Martina denunzierende Story der ehemaligen erfolgreichen Tennisspielerin, achtbaren Kirchgängerin und vierfachen Mutter Margaret Court. Unter Schlagzeilen wie »Martina macht Mädchen lesbisch« (*Sun*, 12. Juli 1990) und »Martinas Liebesspiel durch Ex-Champion aufgeflogen« (*Daily Star*, 12. Juli 1990) berichtete die gesamte Sensationspresse von Margaret Courts Angst um die jungen Mädchen, denen Martina ein schlechtes Beispiel gab.

Für Martina markierte dieser Moment jedoch einen Neubeginn. Alle Bemühungen, ihr Lesbischsein in die Schublade »Privatleben« zu stecken, gab sie jetzt zugunsten einer selbstbewußteren politischen Identität auf. Sie machte deutlich, daß sie den Charakter ihrer Beziehung mit Judy nicht mehr verbergen und den Bemäntelungen ihrer Sexualität nicht mehr Vorschub leisten wollte. Kurzum, sie fing an, ihr Lesbischsein zur Schau zu stellen.

Die Offenheit, mit der Martina in den neunziger Jahren zu ihrem Lesbischsein stand, wurde bereits 1985 mit der Veröffentlichung ihrer Autobiographie vorweggenommen. Dort hatte sie sich im Rahmen der Darstellung ihrer Unabhängigkeit als Frau über ihre sexuellen Vorlieben und über ihre Leidenschaft für Rita Mae Brown geäußert, die »als lesbische Frau offen und stolz« war, und sie hatte den Konflikt mit ihren Eltern geschildert, die sich an die Vorstellung klammerten, daß Lesbischsein eine Art Krankheit sei. All diese Aussagen stehen im Einklang mit einer Liberalität, die sich für das Recht auf individuelle Entscheidungen und für Toleranz einsetzt. Doch in den neunziger Jahren bekam Martinas Stimme einen neuen kritischen, zornigen Klang. Dieser offenbarte sich erstmals Ende 1991, als der Basketballspieler Magic Johnson enthüllte, daß er HIV-positiv war. Martina machte sich die an ein Match anschließende Pressekonferenz zunutze, um gegen die Scheinheiligkeit und doppelte Moral zu Felde zu ziehen, die Magic Johnson, den »heterosexuellen Sexbolzen«, auf seine Bekenntnisse hin zum Volkshelden machte. Martina erklärte den erstaunten Presseleuten, daß, hätte Magic sich durch Schwulensex angesteckt oder hätte eine Sportlerin von Magics Statur sich das Virus infolge Sexualverkehrs mit vielen Partnern geholt, er bzw. sie von öffentlicher Meinung und Presse an den Pranger gestellt und nicht gefeiert worden wäre (*Guardian*, 21. November 1991). Im Jahr darauf trat Martina in der *Phil-Donahue-Show* auf, wo sie ihren Standpunkt zu Magic abermals verteidigte und sich persönlichen Angriffen des Publikums bezüglich ihrer sexuellen Vorlieben stellte.

1993 opponierte Martina gegen die Antihomosexuellen-Gesetzgebung in Colorado und setzte sich für die Rechte von Lesben und Schwulen ein. Die Drohung, die Schirmherrschaft über die Skigebiete von Aspen zurückzuziehen, ist eine politische Geste, die nur die Superreichen treffen kann, aber sie erfüllte ihren Zweck und lenkte die internationale Aufmerksamkeit auf die Gesetzgebung von Colorado. Im April 1993 trat Martina beim lesbisch-schwulen Marsch nach Washington als Rednerin auf. Und es sieht ganz so aus, als sei ihre Identifikation mit der *politischen* Sache der Lesben und Schwulen von Dauer. Zwar konnte sie wegen eines Turniers nicht wie geplant die Gay Games 1994 in in den USA eröffnen, aber sie ließ es sich nicht nehmen, eine Grußbotschaft zu schicken.

Beobachtungen zu Martina

Zum Schluß möchte ich die Zusammenhänge zwischen den Eigenschaften, die Martina innerhalb der Populärkultur zugeschrieben wurden, und dem lesbischen Verständnis ihrer Identität untersuchen. Trotz der Voreingenommenheit, mit der die Sensationspresse Martinas Auftritte in den achtziger Jahren behandelte, hat sich dies für Lesben günstig ausgewirkt. Im Zuge dessen, daß Martinas Status als Lesbe hervorgehoben wurde, und sei es auch nur, um einen weiteren Beweis für den »Tatbestand« zu liefern, ist ihre Beliebtheit bei Lesben von der Sensationspresse wiederholt vermerkt worden. So staunte man beispielsweise über die Anzahl lesbischer Fans, die anreisten, um Martina in Eastbourne beim Pilkington-Cup antreten zu sehen, der dem Wimbledonturnier vorausgeht. Derartige Hinweise waren, selbst wenn sie die Absicht verfolgen sollten, Martina noch weiter in Mißkredit zu bringen, eine der wenigen Gelegenheiten für die Allgemeinheit, von der Existenz einer lesbischen Community in dieser Zeit überhaupt zu erfahren.

In *Grace Under Pressure* hat Adrianne Blue ein Phänomen analysiert, das beim Damentennis gang und gäbe, beim Herrentennis jedoch unbekannt ist: Sobald sie die besten auf ihrem Gebiet sind, werden die Spielerinnen in den Medien zu Haßfiguren. Auf niemanden trifft dies mehr zu als auf Martina Navratilova, die die doppelte Last zu tragen hatte, Champion *und* bekennende Lesbe zu sein. Doch auch wenn die Medien die Darstellungs*formen* beherrschen, können sie nicht garantieren, wie diese Darstellungen bei Publikum oder Leserschaft ankommen. Ich persönlich war gepackt von dem faszinierten Entsetzen, das Martinas Sexualität bei den Medien auslöste. Wenn ich zwischen den Zeilen der abfälligen Ansichten der Presse lese, gewinne ich insgeheim den Eindruck, daß Martinas hervorragendes Können als Spielerin sich auf die Wahl ihrer Liebhaberinnen auswirkt.

Martina hatte nicht nur ein Publikum, sondern zwei, und sah sich zwei unterschiedlichen Begehrlichkeiten gegenüber. Für das Mainstream-Publikum verkörpert sie in ihrer Butch-Maskulinität Schrecken und Faszination der Abweichung; es ergötzt sich an ihrer Dämonisierung. Einem lesbischen Publikum und mir als lesbischer Zuschauerin bietet sie Vergnügungen ganz anderer Art. Sie dient nicht nur als Objekt der Begierde, sondern auch als Trägerin geheimer sexueller Kenntnisse. Wenn ich sie auf dem Centre Court sehe, erschauere ich in dem Wissen, daß auch sie die Freuden erlebt hat, eine Frau zu ficken. Dies ist nicht einfach Fankult oder die Suche nach »positiven Vorbildern«; es ist ein Moment, in dem privaten Leidenschaften ein kollektives Zielobjekt gegeben wird. Manchmal, wenn Martina ihr Match gewinnt, hat unsere sexuelle Identität die Oberhand; es ist das Lesbischsein, dem dieser kurze Augenblick des Ruhms gehört.

Die tonangebende Presse ist vom Lesbianismus besessen. Im vergangenen Jahrzehnt hat sich diese Besessenheit an dem Phänomen Martina Navratilova festgemacht. Trotz der wirren, widersprüchlichen und oftmals krankhaften Äußerungen, die diese Beachtung erzeugte, haben wir als lesbisches Publikum hierdurch eine populäre Fürsprecherin unserer Sexualität gewonnen. Martina hat als Gegenstand der beispiellosen öffentlichen Kenntnisnahme einer immer noch weitgehend unsichtbaren Identität gedient. Lockere Anspielungen auf ihr immens öffentliches Porträt als Lesbe finden sich in der Titelsequenz der Lesben- und Schwulenserie *Out on Tuesday* auf Channel Four. Dies alles deutet darauf hin, daß Martina als Idol mit Vorbildfunktion die Einführung des Lesbischseins in die glamouröse Lebensart der Reichen und Berühmten markiert. Indem sie einem monströsen Begriff emotionales Leben einhauchte, hat Martina dem Lesbischsein zu einer Identität verholfen, die Frauen womöglich eher anstreben als verachten werden.

Mein Dank gilt Allegra Madgwick für Anregungen und Presseausschnitte sowie Belinda Budge für redaktionellen Rat.

Übersetzt von Margarete Längsfeld

Frau küßt Frau – na und?

Sue O'Sullivan

Eine Frau im reiferen Alter sitzt an ihrem Computer und starrt ins Weite. Eine Lesbe denkt über ihren Platz in diversen Darstellungen der Mainstream-Kultur nach. Eine Modebesessene von gut fünfzig Jahren liest in einer Zeitschrift. Eine reife lesbische Feministin erlebt die Welt als erfreulich, schmerzlich, schwierig und einfach. Eine Frau erinnert sich nach einer durchträumten Nacht an ihre Kindheit. All diese Frauen sind ein Stück von mir. Worte und Gedanken schwirren in Schwärmen umher. Identität wider Vielfalt. Wechsel und Wandel im Widerspruch zur inneren Wahrheit. Lesbischsein als fundierte politische Aussage oder Geschlechtsakte zwischen Frauen als Teil eines bunten Buffets gerade schicker sexueller Möglichkeiten. Politik wider Vergnügen. Die Politik des Vergnügens. Umkämpfte Macht oder umkämpfte Standorte? Polarisierungen von Imagination und Phantasie mit realen Menschen und Praktiken. Die Anziehungskraft der Geächteten, der Ungezogenen. Die Idee von Übertretungen als Werbemittel. Wenn die Verruchtheit erst erkannt und von anderen erstrebt wird, ist sie dann noch richtig verrucht? Realität der neunziger Jahre oder Opportunismus an der Jahrhundertwende?

Anhand einer willkürlichen Auswahl aus den britischen, amerikanischen und australischen Zeitschriften, die ich mir ansehe, möchte ich verfolgen, wie Lesbischsein zur Modeerscheinung und zu einem Teil dessen wurde, was in den neunziger Jahren als rebellisch und schick gilt. Ich beobachte eine Reihe sich verschiebender sexueller Widersprüche, gut gemixt mit Hinzufügungen, Brüchen, Freiräumen, Möglichkeiten und Vermarktungsstrategien. Ich will besser verstehen, was vorgeht! Als eifrige Leserin von Illustrierten (die Populärkultur meiner Wahl) und als selbstbewußter politischer

Mensch leide ich. Doch bevor ich Mutmaßungen über Lesbischsein aus dem Blickwinkel der Populärkultur anstelle, möchte ich den Schauplatz besichtigen, einige historische Betrachtungen vornehmen, mir einige von den diversen Darstellenden ansehen.

Was die tonangebenden Medien in den siebziger Jahren *provozierte*, waren die militanten Forderungen des Feminismus, die alle bis dahin geltenden Selbstverständlichkeiten über den Platz der Frauen in der Welt erschütterten. Obwohl die Regenbogenpresse der Frauenbefreiung feindselig begegnete, reagierte sie darauf und schrieb darüber. Was die Medien gleichzeitig *anregte*, waren die vermuteten Zusammenhänge zwischen Frauenbefreiung und Lesbischsein. Schließlich war der Männerhaß der Anhängerinnen der Frauenbefreiungsbewegung »allgemein bekannt«. Was konnten sie demnach anderes sein als eine Horde »Lesben mit Haaren auf den Zähnen«? Ihre Beschuldigungen stellten infolgedessen einen Angriff auf die Politik früher Feministinnen dar.

Nach der ersten schamhaften (und abwehrenden) Reaktion der Bewegung, die darauf bestand, daß ihre Anhängerinnen »normale Frauen« seien, änderte sich mit der (zuweilen widerwilligen) Anerkennung des Lesbischseins die Einstellung schrittweise bis hin zu einem Zusammenschluß politisierter Identitäten *innerhalb* von Feminismus und Lesben- und Schwulenpolitik. Anfang der achtziger Jahre hatte die innerhalb des Feminismus entstandene Angst, daß seine Forderungen als großsprecherische Spinnereien männerhassender Lesben abgetan würden, sich verflüchtigt, hauptsächlich deshalb, weil Lesben dafür gesorgt hatten, daß das Thema Eingang in die politische Arena fand. Die Medien ergehen sich allerdings nach wie vor in ignoranter Verachtung und Klischeevorstellungen von Lesben. Die sogenannte verrückte, häßliche (sprich nicht stereotyp feminine) Lesbe, zunehmend als rigide Verfechterin der politischen Korrektheit dargestellt, ist nach wie vor Gegenstand von Spott und Haß, zumal dort, wo die *Politik* des Feminismus oder lesbischen Feminismus in der breiteren Gesellschaft debattiert wird.

Doch Mitte bis Ende der achtziger Jahre kam bei den Boulevardblättern in bezug auf die Darstellung des Lesbianismus eine Verschiebung in Gang. Ein erotisch angehauchtes Bild einer vollkommen anderen Lesbe bildete sich heraus, das den älteren karikaturhaften Porträts in keiner Weise entsprach. Das unterdessen berühmte Titelbild von *Vanity Fair* (1993), das k.d. lang und Cindy Crawford als wahrgewordene lesbische Phantasie zeigt, und der schmeichelhafte Artikel in dem Heft waren vielleicht der Höhepunkt dieses Trends. Diese neue dynamische Entwicklung ist es, die mich hier interessiert, insbesondere die Art und Weise, wie sie in den Illustrierten in Erscheinung trat, doch werde ich von Zeit zu Zeit auch einen Blick in die Zeitungen werfen. Wo sind diese Bilder hergekommen? Wie haben sich die Einstellungen zum Lesbischsein verändert, und wo findet der Austausch zwischen diesen Einstellungen der Populärkultur und dem realen Leben der Lesben statt? Freilich ist die Existenz des Lesbianismus und seiner subkulturellen Manifestationen eine Vorbedingung für das Lesbenimage in Hochglanzmagazinen und schlichteren Illustrierten. Aber was war zuerst da? Die schicke Lesbe in ihrer natürlichen Umgebung oder die schicke Lesbe in den Illustrierten?

Ich erinnere mich an eine Nummer der Zeitschrift *Tatler* Anfang der achtziger Jahre, die auf dem Titelbild ein umwerfendes Matrosenmädchen zeigte. Die Modedoppelseite in dem Heft war dem Thema Matrosenmode für Frauen gewidmet, und einige Layouts suggerierten eine erotische Spannung zwischen den weiblichen Models. In dem begleitenden Artikel wurde von lebensechten Lippenstift-Lesben berichtet, die in London einen Club gegründet hatten. In den achtziger Jahren liebäugelten britische Illustrierte wie *Tatler* auf ihren Modeseiten des öfteren mit dem Lesbischsein; einmal war das kunstvolle Arrangement einer achtziger-Jahre-Version der Wochenend-Landhaus-Schickeria zu sehen, komplett mit schmachtenden Lesben à la Vita Sackville-West.

Der springende Punkt ist, daß dies nach Maßgabe der Illustrierten attraktive, verführerische Bilder waren, deren Hauptzweck (jenseits von Werbung und Verkaufsförderung!) weder direkt pornographischer Kitzel noch Herabsetzung war. Für die aufgeklärten Leserinnen der damaligen Zeit jedoch schien es, als ob Zeitschriften wie *Tatler*, *British Elle* und *Vogue* sich gezwungen sähen, eine Faszination von allem zu präsentieren, was sexuell »anders war« – aber nur modisch verbrämt. Hierzu gehörten sadomasochistisch angehauchte Bilder von Helmut Newton oder zumindest von ihm beeinflußt und Modedoppelseiten, bevölkert von matten jungen Männern und schmachtenden Damen, umeinander drapiert und verschlungen – aber wen begehrten sie?

Frauen, die in diesen Zeitschriften posierten, trugen auch Herrenanzüge; sie spielten mit maskulinen Erscheinungsformen und machten Anleihen bei der bestehenden lesbischen Tradition des Crossdressing. Als Prinzessin Diana Mitte der achtziger Jahre bei einem gesellschaftlichen Ereignis im Frack auftrat, konnte sie sich der öffentlichen Aufmerksamkeit und Akzeptanz dieser neuen, leicht doppeldeutigen Art, wie einige heterosexuelle Frauen sich neuerdings gerne kleideten, sicher sein. Obwohl in den meisten Artikeln der Magazine Mitte der achtziger Jahre nicht offen von Lesbischsein die Rede war, lugte es doch überall frech um die Ecke.

Es gab natürlich auch andere Wege, auf denen Lesbischsein in den vergangenen zehn, fünfzehn Jahren in Magazine oder Nachrichtenblätter gelangte. Oft geschah dies durch einen Blick der Medien auf die politischen Tagesordnungen und Kampagnen lesbischer und/oder schwuler Gruppen und durch Kämpfe im Zusammenhang mit HIV und AIDS, und gelegentlich tauchte auch der eine oder andere lesbische Sexskandal auf. (Die von Stars lebende Sensationspresse wie der *National Enquirer* scheint oft vom Dasein von Lesben und Schwulen ganz besessen zu sein. Es ist zum Schreien, ihre atemberaubenden Horrorgeschichten über Lesben- und Schwulensex von Fernseh-, Film- und Sportstars zu lesen, im Verein mit den üblichen Berichten von Monsterbabys und gesichteten UFOs.) Lesben und Schwule erscheinen zum Beispiel in Berichten über lesbische Schulleiterinnen, Schwule beim Militär, Lesben, die Babys bekommen, Wohngemeinschaftskampagnen, Lesben- und Schwulenfeiern, Demonstranten gegen den Artikel 28*, die der kommunalen oder nationalen Regierung angehören, oder über die Unterstützung AIDS-kranker schwuler Männer in den Medien.

Allerdings haben diese Berichte eher Nachrichtenwert; sie dienen dazu, weibliche wie männliche Homosexualität aus ihrem Versteck zu holen und zu einem Teil der allgemeinen Diskussion um sexuelle Identität zu machen. Aber ich möchte einwenden, daß diese Art Story nicht den Effekt hat, ein begehrenswertes lesbisches Objekt

* Artikel eines britischen Gesetzes, das Kommunen jegliche »Förderung von Homosexualität« untersagt, was heißt, daß keine prohomosexuellen Projekte, Aufklärungskampagnen und Veranstaltungen mehr unterstützt werden [Anm. B. Scheuch].

zu erzeugen, und daß sie auch nicht direkt die Frau anspricht, die Frauen begehrt. Zudem ändert die Wirkung solcher Geschichten nicht unbedingt etwas an der Verächtlichkeit, mit der das Bild der schrillen, »häßlichen« Lesbe weiterhin benutzt wird, um die angeblichen Übertreibungen von Feministinnen bzw. lesbischen Feministinnen anzugreifen; mit anderen Worten, um gegen ihre Militanz und die ausdrückliche lesbische Infragestellung der männlich definierten Heterosexualität vorzugehen.

Das Nachdenken über die mögliche Herkunft des Trends, lesbisch zu sein, und des fortgesetzten Widerspruchs, zu dem dieser den älteren lesbischen Feminismus herausfordert, führt mich zu den dramatischen Verschiebungen, die der gegenwärtigen veränderten Sicht des Lesbischseins zugrunde liegen könnten. Als erstes kommt mir dabei das Science-fictionhafte des AIDS-Szenariums in den Sinn. Die realen und eingebildeten Zusammenhänge mit vermuteten heterosexuellen und schwulen Sexpraktiken sind es, durch die sich AIDS von anderen furchtbaren Krankheiten des ausgehenden 20. Jahrhunderts unterscheidet. HIV unterscheidet sich von früheren, mit Geschlechtsverkehr verknüpften Krankheiten in der Hinsicht, als sein erstes Auftreten in eine Zeit sexueller Umwälzungen fiel; damals waren noch eine Menge sexueller Probleme nicht aufgearbeitet, neue, aufrüttelnde Entwicklungen nahmen ihren Lauf, wozu auch gehörte, daß eine beträchtliche Anzahl von Frauen es den Männern gleichtat und forderte: »Ich will auch mein Vergnügen.« Zudem wurden immer mehr Lesben aktiv und suchten vorsichtig einen offeneren Zugang zum Sex, wobei sie die sorgfältig behüteten Pfade überschritten, die sie früher in einer feindseligen, dennoch faszinierten Welt begangen hatten.

Seit den siebziger Jahren haben Feministinnen die gängigen Frauenzeitschriften energisch kritisiert und angegriffen, weil diese sich nicht von der vorgeblichen Heterosexualität ihrer Leserinnen abbringen lassen wollten, die die Frau dazu zwang, ihren Mann in alle Ewigkeit zufriedenstellen zu wollen, den Mann, den ergattert zu haben sie sich glücklich schätzen konnte. Sexbesessene Illustrierte der siebziger und frühen achtziger Jahre wie *Cosmopolitan* brachten (und bringen) unendliche Geschichten, wie sich ein Mann sexuell fangen, halten und erfreuen läßt. Wenn sich auch viele Frauenzeitschriften Ende der siebziger Jahre Aspekte des Feminismus zu eigen gemacht haben, vor allem in punkto Gleichberechtigung, spielte die Heterosexualität doch nach wie vor die Hauptrolle. Es war das unvermutete Auftauchen von AIDS, das meines Erachtens die Illustrierten bewogen hat, sexueller Andersartigkeit ein wenig Platz einzuräumen. AIDS zwang ziemlich rasch zu der Erkenntnis, daß sexuelle Andersartigkeit existierte. Diese sich aufdrängende Erkenntnis bewirkte jedoch nicht, daß Boulevardblätter die radikale politische Position übernahmen, der gemäß Lesbischsein die Annahme von Heterosexualität oder Zwangsheterosexualität in Frage stellte.

Der Einfluß von AIDS auf diverse Diskussionen zum Thema Sex war enorm und ließ die Debatten und die Sexualpolitik der sechziger, siebziger und achtziger Jahre in einem neuen Licht erscheinen. Es ist allgemein bekannt, daß in den Ländern, wo Homosexuelle als erste und am härtesten von dem Virus befallen wurden, die Öffentlichkeit die existierende Schwulensexualität zur Kenntnis nehmen mußte. Gleichzeitig hat sich das Wissen um das Vorhandensein eines schwulen Begehrens eingeschlichen. Es gehört zur Ironie der Geschichte, daß schwule Männer, die in der Mainstream-Kultur unweigerlich mit AIDS und Tod in Verbindung gebracht werden, sich zur gleichen Zeit offener als sexuelle, sexy Männer präsentieren. Ob Transvestiten beim Sydneyer Karneval, sagenhaft muskulöse Körper in Fitneßclub oder Turnhalle oder Modefreaks in den Stadtvierteln der Ausgeflippten – klar ist, daß schwule Männer mehr heraufbeschwören als die Verheerungen, die AIDS anrichtet.

Eine Begleiterscheinung dieser Öffnung war eine veränderte Betrachtung auch des Lesbischseins. Als erste werden Lesben aufgrund ihrer perversen gleichgeschlechtlichen Begierde und Praxis in die AIDS-Tragödie einbezogen. Sie werden als »Gefahr« angesehen, weil auch sie homosexuell sind. Später, und zwar auf Wegen, die zu kompliziert und verschieden sind, um hier näher erläutert zu werden, garantiert die schwul-lesbische Bündnispolitik der Lesben und Schwulen, die an Themen wie AIDS, aber vor allem an den »Rechten der Lesben und Schwulen« ansetzt, die Verknüpfung beider in Medien und Öffentlichkeit. Lesben sind in dem Maße selbstbewußter und sichtbarer geworden, wie sie um Anerkennung und Gleichberechtigung in der breiteren Gesellschaft gekämpft und die Grenzen ihrer eigenen sozialen Netze und kulturellen Repräsentationen erweitert haben.

Das anfängliche Phänomen der gesteigerten Wahrnehmung von Schwulen und Lesben in den Medien besteht bis heute, ist aber nicht die einzige Art und Weise, wie AIDS die in den Medien vertretene Einstellung beeinflußt hat. Ein Jahrzehnt später haben sich diverse lesbische und schwule Identitäten und Lebensformen verbreitet, sie haben sich vermischt mit anderen kulturellen Entwicklungen und zum Beispiel AIDS-Aktivisten, Queer-Theorien und »Queers« hervorgebracht und das »Outing« in manchen Ländern zu einem vielbeachteten Vorgang gemacht – und das alles ist in den Medien behandelt worden. Eine allgemeinere Kenntnisnahme erfolgt, seit berühmte Leute verkünden, daß sie HIV-positiv oder an AIDS erkrankt sind; es wird erkannt, daß Homosexuelle tatsächlich »überall« sind und daß diese andersartigen Männer Schwestern haben. »Wir sind überall!« Diese Parole der Schwulen- und Lesbenbewegung der siebziger Jahre erhält in den achtziger und neunziger Jahren im Zusammenhang mit AIDS eine bizarre und bittere Aktualität, und zwar für Schwule und Lesben gleichermaßen, da sie überall zu sehen sind.

Aber die Verbreitung von AIDS erklärt nur zum Teil, weshalb das Image leibhaftiger Lesben wie k.d. lang und von Phantasie-Lesben, wie sie Models in Magazinen darstellen, neuerdings als Objekt der Begierde gilt, während ein anderes Lesbenimage weiterhin als Zielscheibe für Anprangerungen dient, wann immer eine radikal-feministische Politik in Gang kommt. Sogar die Bezeichnung »Lippenstift-Lesbe« signalisiert indirekt, daß es auch Lesben gibt, die Make-up im Namen einer politischen Zurückweisung von männerbeherrschten Weiblichkeitsvorstellungen ausdrücklich ablehnen. Doch in früheren Zeiten lesbischer Lebensart war gegen Lippenstift nichts einzuwenden. Ich erinnere nur an den französischen Salon der Natalie Barney oder die jüngeren westlichen Butch/Femme-Traditionen.

Eine neuere, von Joan Nestle herausgegebene amerikanische Anthologie, *The Persistent Desire,* befaßt sich mit dem Thema butch/femme gestern und heute. Viele ältere Autorinnen nehmen hier zornig Bezug auf die Regeln und Vorschriften der Frauenbewegung in den siebziger Jahren, die, so sagen sie, ihnen ihre Erfahrungen und Begehrlichkeiten verwehrten. Seit Mitte der achtziger Jahre allerdings haben viele jüngere Lesben die Aspekte von butch/femme mit Freuden wiederentdeckt und damit gespielt. Diese

Frauen sehen die siebziger Jahre als passé und strikt politisch korrekt an. Erstmals tauchten sie Ende der siebziger Jahre in den Lesben- bzw. Schwulenszenen von Städten wie London, New York, San Francisco und Sydney auf, wo sie in Smokings und Ballkleidern an Damenbällen teilnahmen, lange bevor Prinzessin Diana auch nur von Crossdressing träumte.

Ich komme auf diese tristen und scheinbar überholten siebziger Jahre zurück, die von den Neo-butch/femme-Fans der neunziger mit solchem Ingrimm betrachtet werden, weil sie einen Einfluß darauf haben, wie Lesbischsein heute in den Medien hochgejubelt (oder lächerlich gemacht) wird. Tatsächlich steht der Mix aus Retrostil und -kultur, der bei vielen jüngeren Lesben und Schwulen etwa seit fünf Jahren so beliebt ist, im Einklang mit einer allgemeineren Übernahme dieser Stilarten durch andere Gruppen junger Leute, der jungen Designer – egal, ob hetero oder schwul. Der gegenwärtig beliebte butch/femme-Look und -Geschmack geht auf die Neuentdeckung des Stils der vierziger, fünfziger und sechziger Jahre zurück. Diese Neo-butch/femme-Stilrichtungen des westlichen urbanen Lebens bereichern und ergänzen die gegenwärtige »Normal«-Mode, -Stilrichtung und -Haltung, die von vielen Magazinen propagiert und einem breiteren Interesse zugeführt werden.

Wenn ich über die Flüchtigkeit dessen nachdenke, was »in« ist und was nicht, was »retro« ist und was als passé gilt, und welche Bedeutungen Stil-Manifestationen beigemessen werden, dann entdecke ich eine leise, amüsante Ironie darin, daß Grunge, der Schlabberlook einer ganzen neuen Generation rebellischer Kids, (wenn auch nur kurzzeitig) die Flanellhemden und Strickmützen der lesbischen Feministinnen der siebziger Jahre aktuell gemacht hat. Daß die jungen Mädchen aus dieser Schlabberwelle als anarchistische Streunerinnen, nicht als zähe Feministinnen oder Lesben hervorgingen, deutet an, wie verdreht die gegenwärtige Ablehnung des siebziger-Jahre-Feminismus großenteils ist, die einen Kleidungsstil oberflächlicherweise mit Politik gleichsetzt. Wie Courtney Love, Sängerin von Hole, im Juli 1993 in einer Nummer von *i-D* sagt: »Das Problem mit Riot Girl ist, daß ein ›Girl‹ als hübsch, kindlich und unschuldig gilt, eine ›Frau‹ dagegen eine Lesbe mit Haaren auf den Zähnen ist.«

Ich möchte noch etwas näher auf die Karikatur der peitschenschwingenden lesbischen Frau eingehen, an der sich der allgemeine

Haß und die Angst vor feministischen Auswüchsen festmachen. Von dem Flanellhemd abgesehen (das tatsächlich jahrzehntelang ein androgynes Requisit war), wird sie oft als altmodische K.V.-Lesbe porträtiert. Sie ist »männlich«, aber kein bißchen stilvoll, und zugleich unverkennbar eine Frau. Deswegen hat sie häßlich zu sein – mit anderen Worten, ein Mannweib. Interessanterweise beinhaltet die *echte* Lesbenpolitik (welche die Karikatur der K.V.-Holzfällerlesbe, so wie sie in den Medien dargestellt ist, angeblich vertritt) oft zornige Anprangerungen von Butch-femme-Beziehungen – wenngleich sie von einer Flanellhemdträgerin vorgebracht werden. In dieser Interpretation wird butch/femme einem reaktionären, heterosexuell beeinflußten Rollenspiel zugeordnet. Die lesbische Feministin der siebziger Jahre war wahrscheinlich generell antimodisch *und* anti-butch/femme, obwohl, wie andere bemerkt haben, die idealisierte Androgynität jener Zeit alle ein bißchen butch aussehen ließ.

Die Unterhaltungsmedien, die das Klischee benutzen, um die radikale Politik in Mißkredit zu bringen, haben keine Ahnung von der komplexen butch/femme-Geschichte, geschweige denn davon, wie butch/femme von den lesbischen Feministinnen der siebziger Jahre abgelehnt wurde. Selbst in vorgeblich wohlwollenden Artikeln muß anscheinend unbedingt betont werden, was das heute angesagte Lesbischsein nicht ist: »Die klischeehafte K.V.-Lesbe, die keinen Mann bekommt und schlimmer noch, keinen Lippenstift benutzen und sich nicht rasieren darf, ist ein abgegriffenes altes Bild, das auf den Speicher verbannt wurde« (Bernie Sheehan, »Lesbian Chic«, *Australian Women's Forum*, September 1993).

Die Medien drückten ihre Verzweiflung über verwirrende geschlechtliche Identitäten unter anderem darin aus, daß sie die Frage: »Ist das ein Mann oder eine Frau?« unaufhörlich wiederholten. Dies sollte offenbar eine allgemeine Hysterie erzeugen und zur Rückkehr zur »Normalität« auffordern. Es verteufelte frühere »Geschlechter-Verwechslungen«, von den langhaarigen Hippies der sechziger bis hin zu Boy George Anfang der achtziger Jahre, doch damit scheint es heute weitgehend vorbei zu sein. »Wen schert das schon?« ist der allgemeine Tenor. Aber mit *wem* diese undefinierbaren Wesen schlafen, das schert offenbar doch jemand. Durch die unterschiedlichen Einflüsse von Schwulen-, Lesben-, feministischen und AIDS- Organisationen kann heutzutage ein erweitertes Repertoire an genannten oder vermuteten Geschlechtsakten ins Spiel gebracht werden, wodurch es möglich wird, sich offener über Sexualpraktiken zu äußern, statt sich in »Geschlechtsverwechslungsbesessenheiten« zu verbeißen.

Gleichzeitig könnte es sein, daß diese neu entdeckten Menschen nichts weiter sind als sexuell wirre Wesen, die die geschlechtsspezifischen Erwartungen der überwiegend heterosexuellen Kultur *und* jene der traditionelleren Andersartigen, Lesben wie Schwule, in Frage stellen. Ob männlich oder weiblich, sie können aggressiv-feminin, futuristisch oder lachhaft maskulin erscheinen. Die Geschlechtsakte, die sie sich miteinander wünschen oder zu vollziehen imstande sein mögen, sind belanglos im Vergleich zu ihrer »Wir-sind-da«-Präsenz in diversen Magazinen. Das verfügbarer gewordene Repertoire an Geschlechtsakten und sexuellen Figuren wird oft anhand einer prickelnden Untersuchung über transsexuelle (oder Transgender-) Menschen oder spezielle sexuelle Vorlieben wie Gummi oder S/M beschrieben.

In seinem im Dezember 1992 in der Zeitschrift *Face* erschienenen Artikel »The New Camp« erklärt John Godfrey, daß es immer mehr Stars und Berühmtheiten gibt, deren sexuelle Identität weder hetero noch homo, sondern »camp« ist. »Denn Neo-Camp ist da, wo das alte Camp die Barrieren des (guten oder schlechten) Geschmacks durchbrochen hat, wo es bei der Aufmachung um Glamour, nicht um Geschlecht geht und gutes Aussehen (das heißt ein schöner Körper) nichts mit Sexualität zu tun hat.« Und in »Love the one you whip« (Liebe, wen du auspeitschst) beschreibt Lee Tulloch den Übergang von Mode zu Fetischismus: »Fetischismus ist der absolute Hit, mitsamt seinen Subkulturen S/M, Fesselung und Strafe, D&S und Dominaspiel« (*Mode*, Februar/März 1993). Der Artikel ist mit Stars und Models in den entsprechenden Posen illustriert. Eine Modeaufnahme von Helmut Newton für *Vogue* zeigt Cindy Crawford in einem Plastikbadeanzug; sie liegt steif in einer Pose, die Fesselung und Masochismus suggeriert, an einem Swimmingpool, und über ihr steht das Model Helena Christensen in Designer-Dominakluft und trampelt mit ihrem eleganten Schuh auf Cindys ausgebreitetes Haar. (Cindy hat, so scheint es, eine anhaltende Vorliebe für Gummi und Leder à la Lesbe.) Neben diesen Ausflügen in sexuelle Andersartigkeit, die einem eher gesetzten Lesepublikum als fesselnd und prickelnd geschildert wird, stehen ernstere Belehrungen in Sachen Sex im AIDS-Zeitalter, und zwar in der Form, daß endlos diverse Geschlechtsakte mit ihren Risiken aufgelistet werden. In diesen Artikeln geht es ausschließlich um die »Sache« und um Transgressionen, und mit keinem Wort wird erwähnt, daß Menschen, die ihr Leben »transgressiv« ausleben, Schwierigkeiten bekommen können – mit Jobs, Familie oder Gewalt.

Ein luxuriös ausgestattetes, schickes australisches Kunstmagazin (Pippa Leary, *black & white*, Sommer 1992/93) brachte in seiner ersten Ausgabe unter der Überschrift »Gender Agenda« einen Artikel über Transsexualität, in dem es heißt:

> In der Welt der Popmusik ist das androgyne Make-up von David Bowie oder Annie Lennox von der operativen »Schönheitsauffrischung« des Jackson-Clans und von Cher abgelöst worden. Ein kurzer Blick auf die Modefotografie von *Vogue* oder auf Stephen Meisels Porträts von Madonna zeigt, daß Vieldeutigkeit der Einsatz im Sexspiel ist.

Unter Bezug auf die klangvollen Namen Foucault und Irigaray sind die Transsexuellen in diesem Artikel immer vom Mann zur Frau Verwandelte, die, so wird behauptet, heute den idealen weiblichen Modeltyp verkörpern.

Hetero, schwul, lesbisch oder »queer« – in diesen Artikeln geht es vorwiegend um transgressive Personen und Handlungen. Doch auch eine entsprechende Sicht des Lesbischseins als neueste Masche ist nicht schwer zu finden. Ende 1989 hat Nicola Shulman in ihrem in *Harpers & Queen* erschienenen Artikel mit dem hinreißenden Titel »Bra-Crossed Lovers« die Verbreitung des Lesbischseins in der Oberschicht aufgedeckt: »Es ist eine der fesselndsten Erscheinungen der späten achtziger Jahre, daß kluge Frauen sich in Scharen dem Lesbischsein zuwenden.« Um Humor bemüht, stellt Shulman die Behauptung auf, daß Lesbischsein *en vogue*, aber nur eine vorübergehende Mode sei, die »im Bewußtsein der Nation einen ähnlichen Platz einnimmt wie, sagen wir, die Roller-Disco im Jahre 1976.« Tatsächlich werde Lesbischsein von Mädchen angenommen, die letztendlich einen Mann wollten. Um sich besagten Mann zu angeln, brauchten sie eine Unbedenklichkeitsbescheinigung. Warum dann die Hinwendung zum Lesbischsein? Es schützt – und zwar vor AIDS!

In ihrem unerquicklichen Artikel führt Shulman auch eine Liste von lesbischen Negativklischees auf, die auf die heutige Szene sicher nicht zutreffen! »Natürlich wollt ihr nicht auf eine billige Parodie hinaus, weswegen ihr euch unverzüglich von der Vorstellung verabschiedet habt, daß es sich hier um Personen mit Bürstenhaarschnitt und Monokeln handelt, die Starkbier aus großen Krügen saufen und sich gegenseitig Jim nennen.« Shulman begreift gar nichts, sie begreift nicht, daß es Ende 1989 längst Mode ist, einen Bürstenhaarschnitt zu tragen, *ohne* sich gegenseitig Jim zu nennen, oder daß das Aussehen von Lesben irgendeiner dieser Vorstellungen und noch vielen anderen entsprechen kann. Und sie kann sich nicht enthalten, die unangenehme Feministin mit der gegenwärtigen Truppe von (vorübergehend) lesbischen Mädchen zu vergleichen: »Auch dürft ihr nicht einen Augenblick annehmen, daß sie zur feministischen Guerilla gehören und sich die Haare mit der rauhen Seite einer Käseraspel schneiden.« Shulman kann sich die Feministinnen vornehmen, indem sie in einem einzigen kurzen Satz auf ihre absurde Militanz (Guerilla) hinweist, gepaart mit ihrer beabsichtigten Unattraktivität (die Haare mit einer Käseraspel schneiden).

In der Ausgabe des australischen *HQ Magazine* vom Winter 1993 schrieb Julie Clarke in einem »The Gay Divorcee« betitelten Artikel: »Früher hat es sich in etwa so abgespielt: Du verliebst dich, heiratest, kriegst Kinder und richtest dich in deinem häuslichen Leben ein. Aber heutzutage kommt noch etwas nach, dem manche Frauen nur schwer widerstehen können: Sie lassen sich scheiden und verlieben sich dann in eine Frau. Für sie heißt es, lebt wohl, Phallus und Schmirgelpapierküsse, willkommen, weiche Haut und sensationeller Sex.« Clarke führt das idealisierte lesbische Begehren nach einem Frauenkörper auf die Roheit von heterosexuellem Sex zurück. Sie schreibt sehr einfühlsam, weshalb ehemals heterosexuelle Frauen lesbisch werden, und die von ihr Interviewten rühmen die Freuden des Lesbischseins in den höchsten Tönen. Doch selbst sie kann nicht umhin, das Negativklischee zu beschreiben, um dann zu erklären, daß es nicht unbedingt stimmen müsse. Sie fährt fort: »Freilich gibt es Lesben, die glauben, die ganze Welt ist eine phallozentrische Verschwörung, um Lesben zu schaden und zu verletzen, die einzigen unerschrockenen Überlebenden einer bezwungenen Rasse ... Frauen. Die heterosexuelle Welt ihrerseits sieht sie als humorlose ›Sackklamottenträgerinnen.‹« Indem Clarke das Klischee als solches brandmarkt, deutet sie an, daß einige Lesben glauben, die heterosexuelle Welt wolle ihnen an den Kragen, und zwar jenen, die als »Sackklamottenträgerinnen« betrachtet werden. Die langweilige, ungemein fade Lesbe ist es, die mit einer schwierigen, radikalen Politik in Verbindung gebracht wird. Clarke schließt mit einer Szene des Festumzugs in Sydney:

> Als aber ein Rudel von 50 schönen barbusigen Frauen strahlte, als die Harley Davidsons dröhnten – und die Motorradlesben an einem milden Samstagabend im Februar auf der Oxford Street im Stadtteil Darlinghurst starteten, da war die Menge – zumeist Heteropaare –, die den Umzug der Schwulen und Lesben sah, baff. »Wahnsinn!« rief eine Frau neben mir, verheiratet, zwei Kinder, Ehemann Ingenieur, »das macht mich an!«

Die jungen, schönen, enthemmten (und enthüllten) »Dykes on Bykes« sprechen die »normale« heterosexuelle Hausfrau direkter sexuell an. Die mit Politik befrachtete Lesbe verlockt sie nicht, wohl aber Lesbischsein als Teil eines neu erwachten Interesses am Anderssein – als Teil von Identitäten und als Geschlechtsakt.

Im Juni 1993 berichtet Isabell Wolff in der britischen Zeitung *Evening Standard* von einem Besuch in der neuen Londoner Lesbensauna Dykes Delight. »Das alte Latzhosen-Image könnt ihr vergessen; die neuen Lesben sind lebhaft, schick und zauberhaft ... Wo du hinsiehst, werden die Freuden des Lesbischseins lauthals fröhlich bejubelt.«

Das Komische ist, daß niemand die Freuden des Lesbischseins lauter bejubelt hat als die lesbischen Feministinnen der siebziger Jahre. Damals gab es eine regelrechte Welle lesbischer Aktivität von vormals heterosexuellen Frauen. Lesbischsein war Feminismus in Hochform, hier waren Pläsier und Politik in perfekter Harmonie vereint. Differenzen zwischen Lesben waren von sekundärer Bedeutung. Doch in wie hohen Tönen sie auch sangen, die Medien wollten nicht hinhören. Wolff führt weiter aus:

> Es gibt nach wie vor Vorurteile gegen Lesbischsein, doch werden sie vermutlich nicht mehr so häufig geäußert, weil Lesben, um es klipp und klar zu sagen, heutzutage viel schwerer auszumachen sind. Die androgynen Latzhosen-Lesben mit Bürstenschnitt und Sofalehnenschultern gibt es zwar

noch, aber in viel geringerer Zahl ... Lesbischsein ist nicht mehr der Inbegriff von konsequenter körperlicher Unattraktivität.

Der Fairneß halber läßt die Verfasserin ein paar skeptische lesbische Stimmen, die sich dazu äußern, was diese ganze Aufmerksamkeit tatsächlich zu bedeuten hat, zu Wort kommen, doch im großen und ganzen lautet ihre Botschaft, daß es doch cool sei, lesbisch zu sein, zumal jetzt, wo die faden alten Lesben auf dem Rückzug seien. Und was haben diese faden alten Flaschen außer Unattraktivität noch verkörpert? Das konnte selbstverständlich nur Politik sein. Am Ende ihres Artikels behauptet »Jane« – Wolff kann ihren richtigen Namen nicht benutzen –, sie fühle sich nicht unterdrückt. Und sodann führt »Jane« all die Dinge auf, die sie in der Öffentlichkeit nicht tun kann, weil sie eine Lesbe ist.

Frauen sind nicht mehr lesbisch, weil sie männerhassende Feministinnen sind. Sie sind Lesben, weil es ihre Natur ist, und sie müssen sich nicht mehr schlampig anziehen. Wir sagen alle: »Okay, ich bin lesbisch, ich sehe gut aus, und ich werde jede Menge Spaß haben.«

Es betrübt mich, daß »Jane« das Absurde ihrer Behauptung nicht erkennen kann. Sie hat den Medien die Polarisierung abgekauft, nach der diese gegriffen haben, und plappert sie ihnen nach. Sie schrappt knapp an einer Erkenntnis vorbei, die geradezu danach schreit, gewonnen zu werden: Sie kann sich anziehen, wie sie will, Spaß haben *und* trotzdem glühenden Feminismus proklamieren. Camille Paglia würde sie lieben. Paglia, die *Die Masken der Sexualität – Der Krieg der Geschlechter* und *Sex, Kunst und die Medienkultur in den USA* verfaßt hat und über Madonna schreibt, als hätte sie sie persönlich entdeckt, spielt unaufhörlich die Lieblingsmeldegängerin im Feldzug der Medien gegen Feminismus und Lesbianismus. Wie die Ex-Kommunisten aus der Zeit des kalten Krieges behauptet sie zu wissen, wovon sie spricht. Weil sie ihre Kritik an Feminismus und Lesbischsein in akademische und polemische Dispute kleidet und vorgibt, aus lesbischer Sicht zu sprechen, wirken ihre Angriffe frischer und radikaler als die abgedroschenen Klischees, die sie tatsächlich hintenherum verbreitet. Paglia läßt sich feige als Rechtfertigerin benutzen, indem sie dem konservativen

Unbehagen an der *Politik* von Feminismus und Lesbischsein einen (angeblich) intellektuellen Anstrich verleiht. Paglia ist der gegenwärtige Medienliebling; sie wird immer dann ausgiebig zitiert, wenn jemand sich über den lesbischen Feminismus auslassen will. Das Ironische an der Sache ist, daß Camille das En-Vogue-Sein von Lesben vollkommen entgangen ist, nachdem sie sich noch vor wenigen Jahren beschwert hat, daß es keine scharfen Lesben zu ficken gebe.

In den Printmedien tut sich etwas entschieden Verwirrendes, aber wer davon profitiert und wer benutzt oder mißbraucht oder am Ende angeschmiert wird, das steht auf einem anderen Blatt. Wenn Lesben unbekümmert in die Verurteilungen und häßlichen Klischeevorstellungen von der lesbischen Feministin der siebziger Jahre (immer Latzhosen, Flanellhemden, massige – oder zänkische – Erscheinung, ungeschminktes und politisch strenges Gesicht) einstimmen, dann beanspruchen sie nicht nur ihr Vergnügen und ihr Recht, auf andere *Art* lesbisch zu sein – sie geben auch den größeren gesellschaftlichen Kräften Nahrung, denen es darauf ankommt, feministische »Auswüchse« anzuprangern. Bei dieser Anprangerung (unter Einschluß dreckiger Witze) geht es um feministische Auswüchse, die, so wird suggeriert, hauptsächlich das Werk der extremistischen Lesben seien.

Zu diesen »Auswüchsen« zählt ein großer Teil des radikal-politischen Programms des Feminismus, einschließlich seiner Sozial-, Kultur- und Wirtschaftsanalysen. Mit Auswüchsen meine ich die Infragestellung der Weiblichkeit, dessen, was es bedeutet, feminin zu sein, der Mode, des Sprachgebrauchs, der Vorstellungen von der Natürlichkeit der Mutterschaft, der männlichen Vorherrschaft, der Gewalt gegen Frauen durch den Feminismus und lesbischen Feminismus. In diesem Zusammenhang wird Lesbianismus in seiner *lesbisch-feministischen* Erscheinung oft selbst als Auswuchs konstruiert. Als Auswüchse gelten demnach nicht die lässigen, oberflächlichen Schocktechniken der sexuellen Herausforderungen der späten achtziger oder frühen neunziger Jahre, sondern seine unendliche Ernsthaftigkeit. Diese Vorstellung von Auswuchs existiert auch innerhalb des Lesbianismus, aber hier bezieht sie sich oft auf die Butch-Femme-Beziehung oder den lesbischen S/M, der einfach Spaß macht – es sind genau dieselben Bilder, die die Boulevardblätter bringen und als cool, stilvoll und sexy bezeichnen.

Wir stellen fest, daß Lesbischsein in all seinen Formen – sowohl als Praxis, als transgressive erotische Kraft und als Signal der fließenden Grenze zwischen Mode und einer Art postmodernem »Ihr-könnt-uns-mal« als auch als Verkörperung der Politik des Feminismus (der zunehmend als politisch korrekt, rigide, rechthaberisch und humorlos attackiert wird) – in den Medien immer offener präsentiert wird. Die Tatsache, daß Lesbischsein der erstgenannten Kategorien von einigen Beobachterinnen als rechtmäßige sexuelle Andersartigkeit und Alternative begrüßt wird, muß der kontinuierlichen, vielleicht sich beschleunigenden Identifikation der Lesben mit der lächerlich gemachten und geschmähten Radikalpolitik des Feminismus und lesbischen Feminismus gegenübergestellt werden. Die zwei scheinbar unvereinbaren Lesbenbilder, auf die ich mich hier beziehe, stehen nicht unbedingt in klarem Widerspruch zueinander: Die lesbisch angehauchte Modefotografie nimmt gewöhnlich keinen Bezug auf die strikt anti-modische Politlesbe. Die zwei Bilder des Lesbischseins existieren nebeneinander, das eine jung und provozierend attraktiv und modisch, das andere älter, schlampig, rechthaberisch und eindeutig politisch. Beide Bilder sind unwirklich; sie entsprechen den vielschichtigen Realitäten des Lesbenlebens ebensowenig wie die Frauenkarikaturen anderer Medien.

Die Grenze ist schwierig zu ziehen – oder zu begehen. Wohl hat die Kritik am Feminismus und lesbischen Feminismus der siebziger Jahre viel für sich, aber bestimmt nicht die der tonangebenden Medien! Innerhalb des Feminismus und lesbischen Feminismus haben viele Interesse an einer Diskussion über Dinge wie Ambivalenz, Begierde, Phantasie bekundet, sie wollen die radikale Sicht der Frau als Opfer in Frage stellen, nach der es nie Raum für Verhandeln und Widerstand gegeben haben soll, und über ausschließende, rassistische und ethnozentrische Praktiken sprechen. Die Vorstellung, daß wechselnde multiple Identitäten den Fragen zu Ethnie, Klasse, biologischem und sozialem Geschlecht Struktur und Sinn geben, war für viele verlockend. Aber – und das ist der Haken – wie sich dies alles in der Populärkultur darstellt, das ist eine ganz andere Sache. Andersartigkeit, sofern sie frei ist von jeglichem ernsten Widerstand, ist ein wenig wie das schwullesbische Erkennungszeichen, die regenbogenfarbenen Ringe – hübsch und möglicherweise Freundlichkeit signalisierend, aber nicht viel mehr.

Verflixt, warum sollten Lesben (oder beliebige Frauen) sich nicht anders anziehen können, als es von Frauen erwartet wird, warum sollen sie keine zweckmäßige und schlichte Kleidung tragen? Was ist falsch an einer politischen Kritik an den Zwängen der Weiblichkeit? Warum sollen Feministinnen nicht die Tünche abkratzen, um die häßliche Geldgier der Mode- und Schönheitsindustrie aufzudecken? Aber diese Art Politik können Frauenzeitschriften nicht vollständig übernehmen – sie können sie nicht verkraften. Wie widersprüchlich ihre Inhalte in den vergangenen zwanzig Jahren auch gewesen sind, diese Zeitschriften danken ihre Existenz riesigen Industrien und nicht nur kulturellen Erfordernissen.

Und doch – das Verstörende und dennoch Wunderbare an populären Frauenzeitschriften (und anderen Formen des Mediums) ist, daß ich sie mir stets mit kritischer Ambivalenz vornehme. Ich liebe den Gegenstand, den ich zwangsläufig kritisieren muß. Infolge ihrer gegenwärtigen Hast, die Populärkultur zu vereinnahmen, sind offenbar viele lesbische Feministinnen in ihrer Reaktion auf eine übertrieben moralische und ächtende Verdammung von allem, was populär (und überwiegend heterosexuell) ist, in die Irre geraten. Sie wollten beim Lesen dieser Magazine nichts von deren generellen antifeministischen Denunziationen wissen, daß sie ihnen den Spaß an der Sache verdorben hätten. Aber darauf zu bestehen, daß an den Rand gedrängte oder entmachtete Menschen Zeugnisse dominanter Kulturen »goutieren« können, ist eine Sache. Das Interesse zu verlieren, dominante Kulturen mit alternativen Formen herauszufordern, ist etwas anderes. Und der Verlust des Interesses an allem, was außerhalb der »Kultur« liegt, ist unverzeihlich.

Es gibt keinen Grund für Lesben, sich heftige Kritik zu versagen, selbst wenn sie gleichzeitig Erzeugnisse der Populärkultur konsumieren und genießen. Die Populärkultur, wie sie sich in Frauenzeitschriften präsentiert, hat nie ein ebenmäßig glattes Gesicht gezeigt – von den Models mal abgesehen. Zumindest seit den siebziger Jahren haben diese Zeitschriften keinen einheitlichen Rahmen mehr, innerhalb dessen sie Themen wie Familie, Ehe, Empfängnisverhütung, Religion, Abtreibung und, zunehmend, Sexualität behandeln. Ironischerweise war dies zum Teil eine Reaktion auf die militanten, direkten Angriffe von seiten des Feminismus. Bei der Durchsicht vieler amerikanischer, britischer und australischer Zeitschriften scheint es, als würde eine Diskussion straucheln, sich destabilisieren und auf der nächsten Seite aufrichten und weiterstürmen, nur um die ganze Prozedur zu wiederholen.

Doch, die ergötzlichen Widersprüchlichkeiten mal beiseite gelassen, Frauenzeitschriften und Frauenbeilagen in Zeitungen sind kein Signal für einen großen neuen Erdrutsch. Ihnen diese Macht zuzusprechen wäre ein Fehler, selbst in einer Zeit, wo politische Unsicherheit herrscht und Darstellungsformen und Sprache als ausschlaggebenden Prozessen Vorrang eingeräumt wird. Es gibt keinen Grund, auf Frauenzeitschriften oder die von ihnen propagierte Mode zu verzichten, weder wegen ihrer Schwäche und konservativen Einstellung noch wegen ihrer kümmerlichen Versuche, eine »befreite« Frau oder trendy Lesbe zu Wort kommen zu lassen. Die meisten von uns gehen unversehrt aus der regelmäßigen Vertiefung in die Hochglanz- und weniger glanzvollen Magazine hervor. Und diese flüchtigen Freuden lassen sich trennen von der notwendigen kontinuierlichen Kritik an eben dem Gegenstand, der Freude macht. Ich weigere mich, auf mein Recht zu verzichten oder die politische Notwendigkeit zu übersehen, kulturelle Produkte zu kritisieren, an denen ich im Alltagsleben auch meine Freude habe. Das Vergnügen, das mir die Lektüre und Betrachtung von Frauenzeitschriften bereitet, bildet einen kleinen Teil meines Lebens als Lesbe, als eine, die sich nach wie vor Widerstand und Veränderung verschrieben hat – und das macht Spaß. Würde ich wie durch ein Wunder vor die Wahl gestellt, *Vanity Fair* zu lesen oder unverzüglich einige der radikalen Ziele jener Ausprägung von lesbischem Feminismus, an den ich glaube, zu erreichen, ich hätte keine Probleme mit meiner Entscheidung. Aber die Realität der Nichtwunderwelt ist nun mal, daß Veränderungen nicht sofort eintreten, daß wir unser tägliches Leben leben, für Veränderungen arbeiten und von ihnen träumen, alles zur gleichen Zeit. Wer weiß, vielleicht werden Lesben durch ihre Aneignung der begierigen, aber eingeschränkten Faszination der Populärkultur von den exotischen Möglichkeiten anderer Randgruppen neue subversive Möglichkeiten schaffen.

Finden wir uns damit ab, daß Mode und Stile sehr kurzlebig sind, wo immer sie auftauchen – in Frauenzeitschriften, zum Verkauf zurechtgemacht oder auf den Straßen von Weltstädten, wo erfolgreiche Alters- und Identitätsgruppen ihrem Aussehen und Stil besondere Bedeutung beimessen. Das Erscheinen von Lesben in

Magazinen ist oft widersprüchlich und äußerst ambivalent. Die Modeindustrie ist ständig auf der Suche nach etwas Neuem (und der Kapitalismus sucht ständig neue Märkte). Die Politik einer Generation von Frauen, die sich mit dem ungezogenen, aber aufregenden Lesbenimage identifizieren, das immer häufiger auf den Modedoppelseiten diverser Kioskzeitschriften auftaucht, wird verschärft werden müssen, wenn sie eine nicht nur oberflächliche Rebellionshaltung behaupten wollen. Sie können trotzdem Lippenstift und Leder tragen, wenn sie wollen. Und trotzdem in zehn Jahren entdecken, daß Lippenstift und Leder hoffnungslos veraltet wirken.

Eine verschärfte Politik würde die Aufnahme der sexy jungen Leder/Latex-Frau in die Mode auf Kosten jeglicher einheitlicher Politik in Zweifel ziehen. Es könnte entdeckt werden, daß Stil nur oberflächlich ist und daß die Fragen, die die Feministinnen der siebziger Jahre stellten, seitens der Lesben in den neunziger Jahren Aufmerksamkeit, möglicherweise neue Antworten und ganz sicher neue Strategien verdienen. Dies würde nicht unbedingt zu einer Politik führen, die das Herz vieler alter Feministinnen erfreut. Aber dazu, anzuerkennen, daß die Kämpfe der Feministinnen in den siebziger und achtziger Jahren uns dahin gebracht haben, daß ihre mürrischen bzw. sexy Blicke die Modemagazine zieren können.

Übersetzt von Margarete Längsfeld

Die sanfte Tour:

Lesbische Krimis

Gillian Whitlock

Es ist Weihnachten und Sommer in (Claire McNabs) Australien: »sengende« Sommermorgen, »in der windstillen Luft staut sich die Hitze bleierner Tage«; »die Eukalyptusbäume lassen ihre graugrünen Blätter in der windstillen Hitze hängen.« Das trifft, wenn auch etwas asthmatisch, einigermaßen den Kern. Es ist die richtige Jahreszeit für die prickelnde Lektüre von Kriminalromanen; lieber den Text verschlingen als die Leiche sezieren! Lesestoff gibt es in Hülle und Fülle: Klassiker des lesbischen Krimi-Genres wie *Mord im Kollektiv* und *Schwestern der Straße* von Wilson, Polizeikrimis wie die Carol-Ashton-Trilogie von McNab und die vier Kate-Delafield-Romane von Katherine V. Forrest, ferner jüngere, experimentelle Geschichten – *Ein Nachmittag mit Gaudí* von Wilson und *Still Murder* von Finola Moorhead – und dann das Parodistische: *Sie kam zu spät* von Mary Wings. Lesbische Detektivinnen haufenweise: Ellen Harts Jane Lawless (aha!) ist Restaurantbesitzerin, Eve Zarembas Helen Keremos ist eine kanadische Privatdetektivin, die sich von der Aussicht auf »einen locker verdienten Hunderter« bereitwillig verführen läßt, Mary Morells Lucia Ramos ist sowohl lesbisch als auch mexikanischer Abstammung, also doppelt gekennzeichnet. Kriminalromane sind die zur Zeit lukrativste Genreliteratur und (ob uns das paßt oder nicht) die profilierteste und verbreitetste Form lesbischer Schriften.[1]

Der Kriminalroman, sowohl beim Lesepublikum als auch bei Autorinnen und Autoren eines der beliebtesten Genres der vergangenen zehn Jahre, wird auch von Lesben sehr geschätzt. Seit Mitte der achtziger Jahre ist er tatsächlich das Hauptgenre, in dem Lesben sich als Schriftstellerinnen und Leserinnen etabliert haben. Wie kommt das? Ein Blick auf das Angebot neuerer von Frauen verfaßter

Kriminalromane zeigt uns eine Anzahl von Privatdetektivinnen, Musterbeispiele unabhängiger, resoluter Frauen: Paretskys V.I. Warshawski, Sue Graftons Kinsey Millhone, K.V. Forrests Kate Delafield. Die von Paretsky geschaffene Figur ist besonders erfolgreich gewesen; nach ihr sind ein Film mit Kathleen Turner und ein Hörspiel in einem britischen Rundfunksender entstanden. Wir müssen sorgfältig untersuchen, wie Frauen in diesem Genre dargestellt werden; Paretskys Figur ist hier beispielhaft: Mitte Dreißig, körperlich durchtrainiert, finanziell und emotional unabhängig, selbstbewußt, ausgeprägter Gemeinschaftssinn. Das Genre präsentiert einen Frauencharakter, der von den heterosexistischen Präferenzen der dominanten Kultur fast vollständig ignoriert wird. Ich werde mich hier in der Hauptsache mit lesbischen Leserinnen und Verfasserinnen von Kriminalliteratur befassen.

Die Lektüre von Kriminalromanen erweist sich für das normale Lesepublikum als weitaus vergnüglicher als für Leute, die sie zu kritisieren haben. Denn während ich auf der einen Seite diese Ansammlung von Krimis habe, durch die Lesben auf nie dagewesene Weise in die Populärkultur eingegangen sind, habe ich auf der anderen Seite eine Fülle von kritischen Artikeln, in denen Besorgnis über diese Form der Genreliteratur zum Ausdruck kommt. Seit etwa zehn Jahren benutzen viele lesbische Krimiautorinnen und Leserinnen Detektivgeschichten, um sich mit Geschlechtsdefinitionen und Sexualpolitik auseinanderzusetzen. Lesbisch-feministische Intellektuelle sind dagegen mißtrauisch. Als Kritikerinnen schenken sie diesen Romanen nur wenig Beachtung, und sofern sie sie besprechen, tun sie es zögernd, widerwillig, oberflächlich. Ich möchte damit beginnen, daß ich diese Kritikleiche exhumiere, um zu untersuchen, weshalb die professionellen Leserinnen unter uns, die Kritikerinnen und Lehrerinnen, der lesbischen Detektivgeschichte so wenig abgewinnen können. Anschließend möchte ich untersuchen, welche kulturelle Arbeit lesbische Krimis leisten, und sodann darlegen, inwieweit diese vielgelesenen Romane der Veränderung dienen, indem sie negative Darstellungen lesbischer Frauen durch positive ersetzen, die von der dominanten Kultur angenommen und folglich umgeformt werden.

Populärkultur und lesbische Kritik: Die aufrechte Leserin

In *The Safe Sea of Women*, einem Überblick über lesbische Literatur von 1969 bis 1989, bezeichnet Bonnie Zimmerman Lesbenromane als Ausdruck eines kollektiven »Ursprungsmythos«. Anhand neuerer Romane zeichnet sie den typischen Weg der lesbischen Heldin auf, vom »Coming-out« über das Verlieben bis zum häuslichen Einrichten in der Lesbennation. In dieser Mythographie wird eine Vorliebe für Schriftstellerinnen wie Monique Wittig, June Arnold und Rita Mae Brown sichtbar, und Zimmerman preist eine Periode, in der sie die »kollektive Stimme der Lesben« zu vernehmen glaubte. Aber ihr Wohlwollen ist etwas eingeschränkt; denn sie stellt fest, daß der Lesbenroman in den neunziger Jahren nicht von Gemeinschafts-, sondern von Gewinnstreben getragen wird. Obwohl lesbische Verlage heute so profitabel arbeiten wie noch nie, dank eines Lesepublikums, das mehr alternative Druckerzeugnisse und Zeitschriften konsumiert denn je, und obwohl diese Verlage in bezug auf Lesbenliteratur einen festen Platz im Buchgeschäft haben, beklagt Zimmerman den Verlust einer visionären, gemeinsamen, mythischen Stimme:

> Aufgrund des kommerziellen Erfolgs lesbischer Kultur können wir uns nun unsere Bücher und Platten und unser langes Musikfestival-Wochenende kaufen, ohne einen Gedanken an die Entstehung und Bewahrung einer alternativen lesbischen Vision zu verschwenden. (S.208)

Wie viele andere lesbische Kritikerinnen beschleicht Zimmerman angesichts des kommerziellen Erfolgs lesbischer Unterhaltungsliteratur ein ungutes Gefühl. In ihrer Analyse konstruiert sie eine zweifache Opposition, die dafür verantwortlich sei, daß die Vision einer Lesbennation, einer gemeinsamen Identität und die Idee von Romanen, die selektiv und mythisch sind, in der gegenwärtigen Kompromiß- und Anpassungsbereitschaft untergehen. So gesehen ist das Auftauchen des Lesbenkrimis als typisches Lesbengenre ein schlechtes Zeichen. Zimmerman rühmt die lesbischen und feministischen Subkulturen der siebziger Jahre als goldenes Zeitalter. Sie redet bestimmten Formen der Literatur das Wort – vorzugsweise utopischen und realistischen Romanen sowie Autobiographien – und begegnet bestimmten Formen der Unterhaltungsliteratur, etwa

Liebes-, Kriminal- und Kitschromanen, äußerst kritisch. Das lesbische Erbe werde nicht durch die Unterhaltungsromane von Forrest, McNab oder Wings weitergetragen, sondern durch die »komplexen, gehaltvollen und vielschichtigen« Romane von Winterson, Wilson und Bayer. Bei näherer Untersuchung dieser Präferenzen können wir erkennen, daß das profitable und verbreitete Angebot an Lesbenromanen aller Art auf dem Massenmarkt ein Grund zu Besorgnis und Verstimmung ist. Der Kommerz bedroht Authentizität und politische Korrektheit.

Zimmerman erhebt ihre Einwände fast ausschließlich in bezug auf Lesbenromane, die auf dem US-Markt zirkulieren. Im Hinblick auf diesen speziellen Zusammenhang möchte ich einwenden, daß ihre Präferenzen und Prioritäten weitgestreut sind. Zum Beispiel nimmt Patricia Duncker in einem der besten und lesbarsten Überblicke über zeitgenössische feministische Romane, *Sisters and Strangers*, in dem Kapitel »On Genre Fiction« zeitgenössische lesbische Kriminalromane unter die Lupe. Diese Kategorisierung ist interessant, denn sie hätte ebensogut zu einem späteren Kapitel, »Writing Lesbian«, lesbische Texte, gepaßt. Tatsächlich betrachtet Duncker Unterhaltungsliteratur nicht als »writing Lesbian«. In einem Kapitel, das eine Reihe Romane durchstreift, die »die Suche nach Definition und nach einer Möglichkeit verkörpern, das Wort ›Lesbe‹ zu artikulieren und mit Leben zu füllen«, sind Formen wie der Kriminal- und Liebesroman ausgeklammert.

Es muß Duncker zugute gehalten werden, daß sie ihre Präferenzen deutlich macht:

> Ich bin nicht süchtig nach unterhaltenden Fantasy-Romanen und lese mich nie mit Gruselgeschichten, mittelmäßigen Science-fiction- oder Schundromanen in den Schlaf. Ich ziehe Romane vor, die sich mit Schwierigkeiten auseinandersetzen statt ihnen auszuweichen, und sitze beim Lesen gewöhnlich aufrecht.

Wieder sind die Bedeutung von Bildung und die Selbsteinschätzung der Intellektuellen unverkennbar: Unterhaltungsliteratur ist »Schund«, »mittelmäßig« und einschläfernd. Die Leserinnen sind »süchtig«, es fehlt ihnen an Unterscheidungsvermögen, und sie flüchten sich in eine Phantasiewelt, in der gesellschaftliche, moralische, ethische und politische Themen keinen Platz haben. Die

☺ the **"nice"** party ☺

on the road again

gina sayin' goodbye!

women only

music for the soul,

pack your bags & dance

dj gin chilla & andy the dandy

sa. 29.01.2000

beginn 22.00 eintritt: öS 40,--

FrauenZentrum währingerstr. / eingang prechtlg.

wachsame, politisch informierte, körperlich wie geistig »aufrechte«, bewußte und engagierte Leserin bevorzugt Romane, die sich »mit Schwierigkeiten auseinandersetzen«.

Ohne gewisse Unterschiede in der Darlegung von Zimmerman und Duncker leugnen zu wollen, charakterisiere ich beide als Beispiele für eine Form der lesbisch-feministischen Kritik, die sich im Laufe jener zwei Jahrzehnte herausgebildet hat, die allgemein als Ära lesbischer Kultur gelten. Zwischen 1970 und 1990 schuf der radikale Feminismus für die lesbischen Feministinnen die Grundlage der Vison von stark frauenorientierten Gemeinschaften, der »Lesbennation«, wie es im nordamerikanischen Kontext oft heißt. Lillian Faderman erinnert in ihrer Geschichte jener Zeit daran, daß das geschriebene Wort in der euphorischen und rapiden Entwicklung der lesbisch-feministischen Community außerordentlich wichtig war.[2] Es entstanden an ein engagiertes lesbisch-feministisches Publikum gerichtete Zeitungen, Zeitschriften, Buchhandlungen, Verlage, und es gab Workshops für Schriftstellerinnen und feministische Kritikerinnen. An diese Periode erinnert Zimmerman im Vorwort zu *The Safe Sea of Women*.

Doch obwohl die meisten lesbisch-feministischen Kritikerinnen, wie Zimmerman, das Romantische des »Safe Sea of Women« (des Geborgenheit gebenden Frauenmeers) erkennen und verwerfen, steht dennoch fest, daß viele von ihnen eine Vorliebe für lesbische Literatur haben, die sich an Gemeinsamkeiten und am Mythischen orientiert. Zimmerman betont das Versagen der Kriminalliteratur insbesondere dort, wo es um das Befolgen dieses Schemas geht:

> Wie etliche Kritikerinnen kürzlich festgestellt haben, ist der Weg der lesbischen Heldin hin zur Lesbennation, der einst den lesbisch-feministischen Entwicklungsroman kennzeichnete, heute nicht mehr selbstverständlich. Die Detektivin kann zum Beispiel ebenso eine Geliebte finden wie die Lösung des Rätsels, aber sie findet nicht unbedingt eine lesbische Gemeinschaft. Tatsächlich weist die Verschiebung der Beliebtheit von Sciencefiction zum Krimi auf die Verschiebung von der Gemeinschaft zum Individuum hin, da die Detektivin von Haus aus eine Einzelgängerin ist, wogegen der utopische Roman eine Gemeinschaft voraussetzt. (S.220)

Es klafft eine Lücke zwischen der laufenden Produktion lesbisch-feministischer Texte, insbesondere der in zunehmendem Maße in den siebziger und achtziger Jahren entstandenen unterhaltenden Genre-Romane, die diese Leserschaft befriedigten, einerseits und den Wertvorstellungen lesbisch-feministischer Literaturkritikerinnen andererseits, deren Präferenzen einem gebildeten, kulturellen lesbischen Feminismus zugewandt bleiben, der dem Massenmarkt skeptisch gegenübersteht. Patricia Duncker spricht besonders diesen Aspekt an:

> Die Gesetze des Marktes [haben] weder mit Feminismus noch mit Qualität zu tun. Die Verlage drucken, was sich verkauft. Ironischerweise hat ein neuer lesbischer Verlag sich dies zu Herzen genommen ... Die Verlagspolitik von Silver Moon Books spiegelt die Marktforschung wider, die die Verlegerinnen in ihren Jahren als lesbische und feministische Buchverkäuferinnen betrieben haben. Sie wissen, was sich verkauft. Kein Wunder, dies ist der kleinste gemeinsame Nenner – leichte Klischeegenres, Liebesromane, Gruselgeschichten und Detektivgeschichten. Ob diese Genres durch eine hinzugefügte lesbische Präsenz sich so einfach in interessante Literatur verwandeln lassen, bleibt zu beweisen. (S.41)

Die Einwände »aufrechter Leserinnen« gegen den Genreroman lassen sich nicht einfach abtun. Ihre Werte werden nicht von einer gedankenlosen Elite oder trockenen Akademikerinnen proklamiert. Die Vorliebe für Realismus und Originalität erwächst aus der politischen Verpflichtung, eine feministische Wende herbeizuführen, bestehende Strukturen in Frage zu stellen und aufzulösen, statt die vorhandenen Formen von Rassimus, Sexismus und Homophobie zu unterstützen. Schriftstellerinnen und Leserinnen, die ein Genre wählen, das stark gekennzeichnet ist durch ein traditionelles Aufgebot an Motiven, Charakteren, Handlungen, Örtlichkeiten und Emotionen, ein »Korsett« aus Konventionen, wie Duncker es ausdrückt, werden »gestützt« *und* »eingeengt«. Der Kriminalroman in seiner konventionellen Form ist mit heterosexuellen, auf Männer zugeschnittenen nordamerikanischen Vorlieben befrachtet, die schwer abzuladen sind.

Die Frage ist, an welchem Punkt brechen diese konventionellen Strukturen des Kriminalromans weit genug auf, um das hervorzubringen, was feministische Kritikerinnen als politischen Roman anerkennen können? Was muß sich ändern?

Die Suche nach dem aufrechten Text und Formveränderungen

Einige Grundfesten des Kriminalromans müssen unterminiert werden, damit feministische und lesbische Schriftstellerinnen beginnen können, eine politisch fundierte Version des von Zimmerman und Duncker umrissenen Genres zu produzieren. Obwohl zum Beispiel der Kriminalroman auf schriftstellernde Frauen immer einen besonderen Reiz ausübte, werden Frauen und weibliche Begehrlichkeiten im traditionellen Kriminalroman eher feindselig behandelt. Darüber hinaus stellt Stephen Knight fest, daß der knallharte Detektiv das bourgeoise Sujet par excellence ist, denn das Genre ist als Reaktion auf die Widersprüche der bourgeoisen Gesellschaft entstanden und sieht es als seine ideologische Aufgabe, diese Widersprüche einzudämmen.[3] Im Kriminalroman wird traditionsgemäß die gesellschaftliche Funktionsstörung am abweichenden Individuum festgemacht und dadurch personifiziert, die Auflösung der Geschichte ist eine bequeme Befriedung von Schuld und Gewalt. Vorurteile gegenüber Klasse, »Rasse«, Geschlecht und Sexualität sind in das »Korsett« der Kriminalliteratur eingearbeitet:

> Trenchcoat und Schlapphut passen nicht zu einer Frau ... der knallharte Privatdetektiv ist eine aus der amerikanischen Mythologie nicht wegzudenkende Figur. Es ist ein Muß für den Mythos, daß der Typ ein zynischer Einzelgänger ist, der mit der Gesellschaft und ihren Wertvorstellungen auf Kriegsfuß steht. Das trifft auf Frauen gewöhnlich nicht zu. Frauen sind keine zynischen Einzelgängerinnen – es liegt ihnen nicht, auf diese Art zu arbeiten. Mir scheint, daß Schriftstellerinnen, wollen sie diesen Beruf ernsthaft ausüben, den Mythos selbst ändern müssen, statt zu versuchen, sich ihm anzupassen.[4]

Zum Beispiel hat sich die Autorin Barbara Wilson redlich bemüht, die »Bruchstelle« zwischen den Konventionen der Kriminalliteratur und einer lesbisch-feministischen Mythologie aufzuspüren. Ihr erster Roman, *Mord im Kollektiv*, fehlt in keinem Überblick über das Genre. Der spätere Roman *Schwestern der Straße* bricht noch radikaler mit den Genrevorgaben; hier wird die Trennung zwischen dem Opfer und der »Ermittlerin« Pam Nilsen im Laufe der Erzählung allmählich aufgelöst, und schließlich kommt es zu einem gewaltsamen Bruch mit den Vorgaben, als Nilsen selbst zum Opfer und von der jungen Prostituierten, zu deren Schutz sie bestellt war, getröstet wird. Wie Paulina Palmer darlegt, werden die Arroganz und Selbstgerechtigkeit, die dem Spürhund traditionsgemäß anhaften, von Nilsens wachsender Abhängigkeit und Fehlbarkeit abgelöst. Statt eine einheitliche Figur zu zeichnen, zeichnet Wilson Pam als widersprüchlich und heterogen.[5]

Ein Nachmittag mit Gaudí, ein späterer Roman, verstößt radikaler gegen die Vorgaben des Kriminalromans. Die Entwicklung in Wilsons späterem Werk läßt etwas von der Formveränderung ahnen, die Kriminal- und Detektivromane unbedingt brauchen, um den Qualitäten zu entsprechen, die Duncker mit lesbisch-feministischem Schreiben verbindet: »Konfrontativ, widersprüchlich, witzig, bizarr.« Es gibt einen merklichen Unterschied in Charakter, Handlung und Sprache zwischen dem Krimi *Mord im Kollektiv* und dem mysteriösen Werk *Ein Nachmittag mit Gaudí*. Hier sind alle Vorstellungen von einer aufrichtigen oder authentischen sexuellen Identität in Frage gestellt, dort haben wir eine radikale Kritik an allen Kategorien von Identität. *Ein Nachmittag mit Gaudí* zeigt eine schwullesbische Perspektive auf, die Judith Butler als Herausforderung an die Sexualitätskategorien versteht, die den »natürlichen« oder »ursprünglichen« Zusammenhalt zwischen sexuell aktiven Körpern, Geschlechtsidentitäten und Sexualität auflösen.[6]

In dem Kriminalroman *Still Murder* der australischen Autorin Finola Moorhead finden sich ähnliche Verschiebungen. Auch hier dient das, was sich als postmodernes Erzählcharakteristikum bezeichnen ließe, der radikalen Infragestellung der Konventionen der Kriminalliteratur. Die Geschichte beginnt zwar ganz konventionell mit einer nicht identifizierten Leiche und einer eingeleiteten Ermittlung, aber die traditionellen Bestimmungen kommen nie zum Tragen. Der Text ist an keine Perspektive gebunden, es gibt keine allwissende erzählende oder beherrschende ermittelnde Person. In *Ein Nachmittag mit Gaudí* lenkt der eingeschobene Text – die Erzählung La Grande y su hija (Die Große und ihre Tochter) – die Aufmerksamkeit auf das Erfundene und Provisorische des allgemeinen Textes. Auch in *Still Murder* gibt es keinen »heilen« Text. Vielmehr versammelt der Roman eine Reihe von Fragmenten, verschiedenartige Texte (Zeitungsausschnitte, Tagebuchauszüge, Briefe, Polizeinotizen, einen psychiatrischen Bericht, eine notierte Adresse).

Diese verweigern sich einer säuberlichen Zusammenfügung – nur die Leserinnen und Leser haben Zugang zu all dem, was in einer Reihe völlig unterschiedlicher und widersprüchlicher Dispute präsentiert wird. Auch wird dem Lesepublikum verwehrt, sich durch Zuflucht zu Begriffen wie »Charakter« mit diesen Unterschieden und Widersprüchen auszusöhnen. Im Vordergrund von *Still Murder* stehen die sprunghafte Konstruktion des Textes und das Provisorische der Charaktere. Hier wird das Lesepublikum mit »Subjektivitäten« konfrontiert – unvollständigen und unschlüssigen Personenkonstruktionen.

Die Perspektive und das Wissen der Ermittlerin Margot Gorman, einer höheren Beamtin bei der Kriminalpolizei, sind stets mangelhaft und unvollständig. Margots institutionalisierte Ermittlung ist wichtig, denn das ermöglicht der Autorin, Kritik zu üben an der »Männerwirtschaft« – den miteinander verzahnten Strukturen von Polizeigewalt, Kripo und letztendlich Militär. Dieser Roman stellt nach und nach verschiedene Elemente der Polizeistruktur vor, und im Laufe der Geschichte wird enthüllt, daß diese Elemente mit der Verbreitung von Schuld und Gewalt zusammenhängen; in *Still Murder* ist es umgekehrt. Die im Park gefundene nicht identifizierte Leiche löst einen Prozeß aus, in dem Gewalt und Schuld sich metastasenartig verbreiten und die anhaltenden Auswirkungen des Vietnamkrieges in der australischen Gesellschaft und Kultur aufdecken. Die Leiche im Park einer Vorstadt von Sydney erweist sich schließlich als Teil einer Gewaltserie, die mit der Vergewaltigung eines Kindes in Vietnam durch einen australischen Soldaten begann. Auf die individualisierenden und bourgeoisen Verknüpfungen des konventionellen Polizeikrimis ist hier kein Verlaß; Gewalt tritt nicht in isolierten Verbrechen auf, die durch logische Schlußfolgerungen und Ermittlungen aufgeklärt werden, sondern ist Teil einer systematischen, institutionalisierten und geschlechtsspezifischen Unterdrückung von Frauen durch Männer. Letzten Endes kann Margot nicht umhin, die *Folgerichtigkeit* von Geschlechts-, Klassen- und »Rassen«unterschieden und den Platz des Polizeiapparats *innerhalb* der institutionalisierten Gewalt zu erkennen.

Die Ermittlerin sieht sich im Laufe der Erzählung ferner gezwungen, ihre Einstellung zu Frauen zu modifizieren. Zu Beginn reagiert Margot auf phallozentrische (»bei der Polizei als schmutzig geltende«) Bezüge, wie sie auf jede Anzüglichkeit reagiert: mit

Ignorieren. Ihre starke Bindung an die Arbeiterklasse und ihre Identifizierung mit der Kripo veranlassen sie, feministische Dispute als nutzlos und überflüssig abzutun. Zu Beginn verfügt Margot über das Wissen einer Polizistin, doch wird dies zusehends unterwandert. Eine Art Umdeutungsprozeß findet in den Rasereien der Verrückten statt, in einer Form, die der Autorin gestattet, Bruchstücke feministischer Theorie und Kritik, von Shakespeare und der Popgruppe Eurhythmics einzubringen:

> Luce Irigaray betrachtet weibliche Homosexualität als radikalen Bruch mit Heterosexismus und Männerdominanz und glaubt gleichzeitig, daß alle in unserer Kultur repräsentierten Sexualpraktiken Auswirkungen eines grundlegenden Phallozentrismus sind, der Frauen als solche in der Gesellschaft insgesamt untergeordnet sein läßt. (S.65)

Lesben sind die einzigen Außenseiterinnen für die Kultur der »Vietnambrüderschaft«; nur die Subkultur der lesbischen Frauen mit ihren Frauenorganisationen und ihrem Wissen kann der Staatsgewalt wirksam entgegentreten. Ironischerweise wird Margot ausgerechnet, als sie im Begriff ist, die Rechtmäßigkeit der lesbischen Subkultur und die Grenzen der Polizeikultur zu erkennen, von Frauen einer »Aktionsgruppe gegen Vergewaltigung« zusammengeschlagen, weil sie die Polizistin ist, »die bei dem Treffen von Frauen gegen Vergewaltigung spioniert hat.« Eine leichte Verständigung zwischen Polizistin und Lesben kann es nicht geben; die Autorin weigert sich entschieden, Vorstellungen von einer pluralistischen, liberalen Ordnung zu bedienen.

Wie *Ein Nachmittag mit Gaudí* ist *Still Murder* eine komplexe, gründliche Revision des Krimi-Genres. Die »Stützstäbe« des Gattungskorsetts werden neu geformt in dem Maße, wie Erwartungen an Handlung, Charakterisierung und Erzählstil aufgehoben werden. Es zeigt sich, daß eine Verständigung zwischen Kriminalroman und lesbisch-feministischer Politik und lesbisch-feministischen Ideen, zwischen Genreliteratur und lesbischer Literatur möglich ist. Doch ich schätze, der Preis dafür ist sehr hoch. Denn während diese Form des erzählerischen Spiels die »aufrechte Leserin«, die lesbisch-feministische Intellektuelle, erfreut, ist das Engagement in der Populärkultur, die »Stützung« des üblichen Lesepublikums durch das Korsett der Konvention und Erwartung, Teil der Aufgabe der

Genreliteratur. Kein Mensch hat sich jemals mit *Still Murder* oder *Ein Nachmittag mit Gaudí* in den Schlaf gelesen – tatsächlich sind beide relativ unbekannt, denn auf radikales Experimentieren sprechen Lesepublikum und Kommerz nicht an. Ich vermute, wir haben den aufrechten Text gefunden, dabei jedoch die meisten unserer Leserinnen verloren.

Verlassen wir die aufrechte Leserin und wenden uns wieder dem Lesen in Flachlage zu.

Lesevergnügen

Ich möchte auf das Lesepublikum zurückkommen, das wir verlassen haben, als wir den »aufrechten Text« besprachen, das Lesepublikum, das Dunckers als süchtig und Zerstreuung suchend und infolgedessen alles andere als aufrecht charakterisiert. Ich habe bis hierher den spezifischen soziohistorischen Kontext einer lesbisch-feministischen Kritik umrissen, die bestimmte Formen der Unterhaltungsliteratur als problematisch ansieht. Um Unterhaltungsliteratur sichtbar zu machen und zu erreichen, daß sie nicht länger eine Zielscheibe des Spottes ist, müssen wir einen anderen kritischen Standpunkt einnehmen, ein anderes Text- und Leseverständnis und ein präziseres Gespür für Lesegewohnheiten entwickeln.

Es ist irreführend, an ein getrenntes Publikum für »höhere« und »unterhaltende« lesbische Literatur zu denken. Viele Krimileserinnen, wie ich eine bin, lesen auch gern eher experimentelle und realistische Romane. Auch können wir nicht davon ausgehen, daß ein Lesepublikum, das sich nur gängige, kommerzielle oder Genrekost einverleibt, dies ohne kritisches Urteil tut und ohne genaue Kenntnis dessen, was solche Romane zu bieten haben. Wie ich bereits an anderer Stelle ausgeführt habe, gibt es schlüssige Beweise, daß Konsumierende populärer Kulturformen ausgeprägte Vorlieben und das Genre fest »im Griff« haben.[7] Fest steht, wir wissen noch gar nichts über die Leserinnen feministischer Detektivromane im allgemeinen und lesbisch-feministischer Kriminalliteratur im besonderen. Die Kommentare, die ich bis jetzt erörtert habe, basieren auf dem, was Stuart Hall und andere die »literarisch-moralische« Definition der Kultur genannt haben, wenngleich dies eine Definition ist, die sich insbesondere innerhalb der Subkultur lesbischer

Kritik herausgebildet hat. Während diese Kritik dem Geschmack der lesbischen Intelligenz entspricht, ist sie ungeeignet, um verschiedene Lesegewohnheiten sowie unterschiedliche Subkulturen innerhalb der lesbischen Szene zu beurteilen und zu berücksichtigen.

Wer von uns mit lesbischer Literatur arbeitet, kann von der lesbischen Forschung auf anderen Gebieten etwas lernen, wo ein schärferes Gespür existiert für unterschiedliche Strukturen lesbischer Identifikation, für spezifische soziohistorische Determinanten dessen, was es bedeutet, lesbisch zu sein. Von Sheila Jeffreys und Lillian Faderman zum Beispiel erfahren wir, daß nicht nur der Ausdruck »Lesbe« eine neue Erfindung ist, sondern daß es besonders im Laufe des 20. Jahrhunderts wechselnde Selbstdefinitionen von Lesben gab sowie eine Anzahl ganz unterschiedlicher Konstruktionen des Lesbischseins in literarischen, künstlerischen, rechtlichen, medizinischen, psychiatrischen und politischen Diskursen.[8] Faderman stellt das Vorhaben ihres neuesten Buches, *Odd Girls and Twilight Lovers*, folgendermaßen vor:

> Mein Ziel war, der Entwicklung »der Lesbe« nachzugehen. Natürlich existiert kein solches Wesen außerhalb der absurden Konstruktionen in Sachbüchern und Schundromanen der ersten Hälfte des 20. Jahrhunderts. Mich interessierten vielmehr die Wandlungen und die Verschiedenheit von Lesben hinsichtlich ihres individuellen und/oder kollektiven Verhaltens in den verschiedenen Perioden des amerikanischen Lebens. (S.7)

Hier zeigt sich eine pluralistische Auffassung von lesbischen Subkulturen: Wandel im Laufe der Zeit (diverse Identifizierungen von gleichgeschlechtlicher Frauenliebe als romantische Freundschaft, als Krankheit, als zwielichtige Liebe, als Teil der Lesbennation) und diverse Standorte lesbischer Identifikation besonders in den Großstädten – Colleges, Bars, Militär usw. Aus dieser Perspektive ist die lesbische Populärkultur – nicht nur Romane, sondern auch Musik, Comics, Film, Theater – Teil eines fortlaufenden, komplexen Prozesses lesbischer Identifikation.

Lesen als soziales Erlebnis zu begreifen ist besonders wichtig für diejenigen unter uns, die über lesbisches Schreiben diskutieren, denn Romane haben in der Identifikation von und durch Lesben eine kritische Rolle gespielt. Es besteht eine tiefe Verbindung zwischen

Lektüre und sozialer Situation lesbischer Frauen. Ich kann mir dies nicht besser veranschaulicht denken als durch Alison Hennegans Aufsatz »On Becoming a Lesbian Reader«. Hennegan ist eine der wenigen lesbischen Kritikerinnen, die der Frage nachgeht, wie und was wir »lesen«.[9] Sie tut dies auf eine hemmungslos autobiographische und subjektive Art und gibt so dem Wunsch nach Büchern Ausdruck, die ihr Spaß machen. Der autobiographische Charakter ihres Artikels gestattet es Hennegan zudem, den spezifischen Kontext ihrer Suche darzustellen: In den Londoner Außenbezirken im Jahre 1960 »haben sich Teenager auf der Suche nach lesbischer Unterhaltungsliteratur schwergetan... Den Ausdruck ›gay‹ gab es für Frauen noch nicht, und ›lesbisch‹ rief bei vielen Lesben Angst und Schrecken, Selbsthaß und -verachtung hervor« (S.167). Was Hennegan sucht, sind Romane, die nicht stur auf heterosexuellen Begehrlichkeiten aufbauen, Bücher, »die mir helfen, meine Sexualität zu erkennen, zu achten und auszuleben«, und sie schildert dies als eine »Notwendigkeit«, einen wesentlichen Teil des Prozesses der Selbstidentifikation und -erkenntnis (S.169). Angesichts dessen, daß es 1960 keinen Markt für lesbische Romane gab, sucht sie ihre eigene Lösung: »Ich habe mir eigene ›Unterhaltungsromane‹ geschaffen, meine eigenen, streng befolgten Grundsätze entwickelt. Dieser Kanon setzte sich zusammen aus kaum bekannten Schriftstellerinnen, renitenter Lektüre von Romanen von Charles Dickens, Jane Austen und ›meinen Griechen‹ – homosexuellen Helden, Philosophen und Poeten, die psychische Reife, persönliche Erfüllung und gesellschaftliche Anerkennung nicht mit Heterosexualität, Ehe und Elternschaft gleichsetzen.«

Hennegan bringt hier deutlich zum Ausdruck, daß Lesen häufig ein wesentlicher Teil des »Coming-out« ist. Deswegen gibt es in der idealisierten Lesbenbar in K.V. Forrests Roman *Die Tote hinter der Nightwood Bar* den Bartresen und die Tanzfläche, Spieltische, eine Musikbox, *Polizeirevier Hill Street* auf dem Fernsehschirm – und einen großen Bücherschrank: vier volle Regale von vielleicht drei Metern Länge. Taylor, Kate Delafields Kollege, bemerkt: »Das hier ist garantiert auf der ganzen Welt die einzige Bar mit einem Bücherschrank« (S.14). Wozu? Gegen Ende des Romans gibt eine lesbische Frau die Antwort: »Ich habe in all dem Zeug, das ich in feministischen Buchhandlungen gefunden habe, eine ganze *schwul-lesbische Welt* entdeckt« (S.174). In *Beverley Malibu* besiegeln Bücher

Delafields Zugehörigkeit zur Nightwood-Bar-Gemeinschaft; sie sind eine Quelle der Wärme und Behaglichkeit, der Anerkennung und Kameradschaft unter den heimlichen Homosexuellen der Polizei von Los Angeles.

Wenn ich jedoch über die Bedeutung des Lesens und des geschriebenen Textes für Lesben nachdenke, habe ich auch jene radikale Einsicht in die Repräsentation und Erschaffung von Identitäten im Sinn, die lesbische Studien ermöglichen. Die »Erschaffung« der Lesbe im Verlauf des 20. Jahrhunderts ist ein gutes Beispiel dafür, wie provisorisch, wie kontextbezogen Vorstellungen von Identität, Authentizität, von »Natürlichkeit« sind. Diese Kategorien befinden sich in einem ständigen Entstehungsprozeß, werden ständig neu konstruiert und sind Gegenstand anhaltender gesellschaftlicher Veränderungsprozesse, Rivalitäten und Kämpfe. Das Soziale wird aufgelöst und umgestaltet, zergliedert und neu gegliedert, wobei Bedeutungen zirkulieren und empfänglich werden für Aneignung, Transformation und Eingliederung in neue Anordnungen. Wie Jonathan Dollimore ausführt, zeigt die Geschichte der Perversion besonders deutlich, wie Kultur gebildet, gefestigt, destabilisiert, reformiert wird; gerade hier wird die Bedeutung von materialistischer Kritik klar, die die Zufälligkeit des Sozialen und seine potentielle Instabilität aufzeigt und damit Bedeutungen in den Zusammenhang ihrer Geschichte stellt.[10]

Lesbische Schriftstellerinnen haben diverse Strategien entwickelt, um die Lesbe nach ihrem eigenen Verständnis zu erschaffen. Radclyffe Hall nimmt die negative Identität des Lesbischseins an und wertet ihre Begriffe um, Rita Mae Brown kehrt die dem binären Denken über Homosexualität entsprechenden Begriffe dominant-untergeordnet um, Barbara Wilson untergräbt alle wesentlichen Vorstellungen von Geschlechtsidentitäten und sexuellen Identitäten, die in *Ein Nachmittag mit Gaudí* eher eine Vorführung als ein Ausdruck der Identität werden. In diesem Prozeß der Definition und des Widerstands wird das, was wir lesen, wie wir lesen, welche Texte weit verbreitet sind und welche marginal bleiben, zu einem wichtigen politischen Thema. Letztendlich sind dies die Einsätze in Debatten über die politische Korrektheit von lesbischen Romanen und feministischer Kritik an der Populärkultur, die im breiteren Kontext eines Streits über Bedeutungen und Erklärungen lesbischer Sexualität gesehen werden müssen. Zurück zu Hennegan: Sie erinnert uns daran, daß es den Ausdruck »gay« 1960 noch nicht gab und die gängigen Konnotationen von »lesbisch« zu Selbsthaß aufforderten. Heute, dreißig Jahre später, zirkulieren beide Begriffe in gut verkauften Romanen; ihre Bedeutung ist in der Lesbengemeinschaft oder im größeren Kontext der dominanten Kultur jedoch nicht gefestigt. Frauen haben heute ungeahnte Möglichkeiten, Gemeinschaften und Lebensarten zu schaffen; nicht weniger als die dominante Kultur verkörpern auch diese Subkulturen einen rapiden, anhaltenden Umbruch der Wert- und Moralvorstellungen, in dessen Verlauf ständig Metamorphosen des Begriffs Lesbischsein und des Charakters lesbischer Gemeinschaften und Lebensart erzeugt werden (und zu Debatten darüber anregen).[11]

Eine wissenschaftliche Untersuchung, die sich mehr an diversen lesbischen Kulturen als an lesbischer Ästhetik orientiert, gestattet uns, uns auf andere Weise der Populärkultur, die für eine große Anzahl Lesben und andere Leserinnen produziert und von ihnen konsumiert wird, zu nähern. Sie ermöglicht uns zu fragen, was dieser Text oder jenes Genre für ein bestimmtes Publikum bedeutet, für ein Lesepublikum, das historisch und zeitgeschichtlich versiert ist. Diese Art des Herangehens an die Populärkultur, wie sie in den Arbeiten von Janice Radway, Angela McRobbie und anderen zu finden ist, stellt die Science-fiction-Leserinnen und Leser nicht als süchtig und wahllos konsumierend dar, sondern als historisch geprägte Menschen, die ihr eigenes Verhalten begreifen und zu kontrollieren wissen, selbst wenn dieses Begreifen und Verhalten vielfach von der gesellschaftlichen Situation, in der sie leben, bestimmt wird.[12] Was wir jetzt unbedingt brauchen, ist ein gewisses Empfinden dafür, wie diese Unterhaltungsromane jenseits der lesbisch-feministischen Intelligenz gelesen werden, wie lesbische Leserinnen die unterschiedlichen Bedeutungen lesbischer Sexualität, denen sie begegnen, an- oder übernehmen, und was sie akzeptieren, weil es dem Verständnis ihrer eigenen sexuellen Vorlieben dienlich ist.

Diese Perspektive setzt voraus, daß wir das Feld unserer Kritik erweitern. Die lesbisch-feministische Lesart individueller Kriminalromane, wie sie bis heute vorherrscht, basiert auf einer Ästhetik, die einzelnen, individuellen Texten eine Bedeutung beimißt, die der Kriminalliteratur fremd ist. Diese Texte werden massenhaft und bis zu einem gewissen Grad um der Wiederholung willen gelesen und sollten im Hinblick auf Konventionen und Kategorien angegangen werden. Ja, wir müssen die Bezeichnung »Kriminalroman« aufschlüsseln und über die verschiedenen Typen nachdenken: den klassischen Krimi, den Mord im Landhaus, den Detektivroman, den Polizeikrimi und so weiter, denn mit jeder dieser Traditionen sind andere Regeln und Konventionen verbunden – Bedingungen, die Autorinnen wie Leserinnen voll bewußt sind. Wir können uns der Kriminalliteratur nähern, indem wir eine Reihe von Texten *querlesen*, geordnet nach Typus, vielleicht nach Verfasserinnen (»Agatha Christie«, »P.D. James«) oder nach Protagonistin (»die Pam-Nilsen-Reihe«, der »Kriminalinspektorin-Carol-Ashton-Krimi«, »ein Kate-Delafield-Krimi«, »ein V.I.-Warshawski-Bestseller«). Ich möchte diesen Aufsatz abschließen, indem ich die vier Kate- Delafield-Romane von K.V. Forrest querlese, die sich besonders des Themas lesbische Politik und Identität im »Korsett« des Polizeikrimis annehmen. Die Delafield-Krimis sind in den USA in einem »Verlag für leichte Lesbenlektüre«, Naiad Press, und in England bei HarperCollins erschienen [in Deutschland bei Argument]. Diese Reihe ist die am weitesten verbreitete und kommerziell erfolgreichste lesbische Kriminalliteratur und hat andere Schriftstellerinnen zur Nachahmung angeregt (Clare McNabs »Carol-Ashton«-Serie geht eindeutig auf Forrests Vorbild zurück). Im folgenden wenden wir uns Texten zu, die sich eines großen, internationalen Lesepublikums erfreuen, was sich von Büchern wie *Still Murder* und *Ein Nachmittag mit Gaudí* nicht sagen läßt.

Kann Kate Delafield sich im Korsett der Genreliteratur »outen«? Wie wird die Lesbe im Polizeikrimi »erschaffen«?

Wolken und Geburtstagstorten

Auf einer Hauptstraße in Omaha, Nebraska, steht ein leuchtend gelbes Gebäude. Es befindet sich gegenüber einem Polizeirevier und einem Parkplatz mit Dutzenden von Polizeiautos. Seit ich mich in den fünfziger Jahren, als McCarthys Verfolgungen das Leben in Amerika prägten, als Arbeiterklassenlesbe zu erkennen gegeben habe, kann ich so viele Polizeiautos auf einem Haufen nicht sehen, ohne fast unbewußt tief Luft zu holen. Polizeiautos haben damals immer Ärger bedeutet, und da ist etwas in meinem Inneren, das das nie vergessen kann. Aber das war kurz vor Beginn der neunziger Jahre, und ich war mit Rhonda hier... [Sie] hatte mich zu Max

> mitgenommen, einer riesigen Lesben- und Schwulenbar, die in dem großen gelben Gebäude untergebracht ist.
> Sie erzählte mir, daß am Wochenende abends so viele homosexuelle Männer und Frauen hier seien, daß sie sich oft bis hinaus auf die Straße drängten. »Aber wozu die vielen Polizisten?« habe ich gefragt. Sie schien meine Frage zuerst überhaupt nicht zu verstehen. Dann erklärte sie: »Aber wir sind froh, daß sie da sind. Nicht weit von hier ist ein Stripschuppen, und die Kerle machen manchmal Ärger. Die Polizei kommt uns zu Hilfe. Es ist wirklich beruhigend, sie in der Nähe zu haben.« Zum hundertsten Mal, seit ich mit meiner Untersuchung über das lesbische Leben im Amerika des 20. Jahrhunderts begonnen hatte, begriff ich, daß es im Hinblick auf Lesbischsein keine Konstanten gibt, weder in der Bedeutung der Liebe zwischen Frauen noch im gesellschaftlichen und politischen Leben, das dadurch entsteht. (*Odd Girls*, S.305)

Dies ist ein ausführliches Zitat, und es zeigt uns, daß Lillian Faderman, wie so oft, beim Schreiben ein scharfes Gespür hat für die sich verschiebenden Bedeutungen des Lesbischseins, für die fortlaufenden Wandlungen in Bedeutung und Auffassung, die sich das 20. Jahrhundert hindurch vollzogen haben. Hier stellt sie, eine Frau, die sich in den fünfziger Jahren geoutet hat, sich geschickt Rhonda gegenüber, einer jungen Frau frisch vom College, die Lippenstift und Lidschatten trägt und sich ihren Lebensunterhalt mit der Instandsetzung von Kraftfahrzeugen verdient. Die beiden Lesben verkörpern je eine völlig andere Sicht auf die Welt. Ihre Unterschiede sind hier symbolisch dargestellt im Bild der Schwulen- und Lesbenbar, des Polizeireviers. In den fünfziger Jahren ist es für Lesben undenkbar, daß diese zwei Institutionen in ein und dieselbe Landschaft passen oder zu einer Verständigung gelangen. Eine junge Lesbe Ende der achtziger Jahre sieht das Verhältnis zwischen beiden ganz anders.

Daß eine Serie von Polizeikrimis die beliebteste Form von lesbischer Literatur wurde, ist für manche ebenso unvorstellbar. Auch hier besteht, metaphorisch gesprochen, eine Beziehung zwischen sich gegenseitig ausschließenden Bereichen. Es ist viel leichter, den Schauplatz von Lesbenkrimis zu skizzieren, in denen die Ermittlerin eine Amateurdetektivin und ihre »Institution« ein radikalfeministisches Kollektiv ist, wie wir es von der Nilsen-Serie kennen. Polizei kommt in der Nilsen-Serie kaum vor, und wenn, dann sind die Polizisten phantasielose und ziemlich unfähige ungehobelte Kerle, wie wir es seit eh und je von ihnen erwarten. Der Polizeikrimi dagegen ist eine Romanform, bei der die Stäbe des Gattungskorsetts fest verankert sind – ein Mord wird nach allen Regeln der Polizeipraxis untersucht, mit formaler Anklage, die die gerechte Bestrafung in Aussicht stellt. Es gibt eine klare Definition von Kriminalität und eine eindeutige Zuweisung der Verantwortlichkeit für das Vergehen. Die ermittelnde Person operiert vor dem Hintergrund einer hierarchisch gegliederten Polizeigewalt, die sie als Teil des Berufsethos in formale Beziehungen und Verantwortlichkeiten einbindet.

All diese Gegebenheiten sind in der Delafield-Serie enthalten. Die Kriminalbeamtin Kate Delafield ist in vieler Hinsicht die konventionelle, herrische Protagonistin des Polizeikrimis, mit klaren Vorstellungen von Kultur, Kriminalität und sozialer Gerechtigkeit.

Doch haben sich, wie Faderman ausführt, die Grenzen, die in den fünfziger und sechziger Jahren unvermeidlich und fest schienen, verschoben. Die Lesben- und Schwulenbar und das Polizeirevier sind nicht mehr der Inbegriff von Institutionen, die als Verkörperungen von Freiheit respektive Herrschaft, Homosexualität bzw. Homosexuellenhaß, Authentizität bzw. Unterdrückung in ewigem, binärem Gegensatz stehen. Ihr Verhältnis ist gegenseitiger geworden. Für mich ist an der Delafield-Serie erfreulich zu sehen, wie der Polizeikrimi vielschichtige und widersprüchliche Vorstellungen von lesbischer Identität und eine Darstellung des Lesbischseins entwickeln kann, die auf historische und soziale Einzelheiten abgestimmt ist. In einer Vorbemerkung zu Mary Morells lesbischem Polizeikrimi *Letzte Sitzung* heißt es:

> Die Handlung dieses Romans ist fiktiv... Alle anderen Menschen und Begebenheiten entstammen meiner Phantasie. Sollten sich irgendwelche Ähnlichkeiten mit realen Personen, Orten oder Ereignissen ergeben, so ist das reiner Zufall – wie eine Wolke einem Geburtstagskuchen ähneln mag.*

* Übersetzung der deutschen Ausgabe: Gabriele Yin.

Die Delafield-Krimis fußen auf einer ganz anderen Erkenntnis, wobei der Polizeikrimi eine sehr detaillierte Analyse von Personen, Orten, Sachverhalten *gestattet*. Die Vorstellung, daß Gattungsgegebenheiten der Schriftstellerei förderlich (statt hinderlich) sein könnten, widerspricht den festen Annahmen über Schreiben und Kreativität. Doch die vier bisher vorliegenden Delafield-Romane lassen vermuten, daß die Gegebenheiten des Polizeikrimis eine komplexe und äußerst zeitgemäße Kartierung der Beziehungen zwischen Örtlichkeiten *ermöglichen*, die sich vormals gegenseitig auszuschließen und in ewigem Gegensatz zu stehen schienen: die Lesben- und Schwulenbar und das Polizeirevier.

Die Schematisierung der Charaktere und der Handlung im Polizeikrimi zum Beispiel ist eines der eindeutigsten Zeichen dafür, daß der Roman nicht beansprucht, realistisch zu sein, und gestattet obendrein eine kritische Untersuchung von Schauplatz und Identität. Die Delafield-Romane sind voll schematisiert – die handelnden Personen befinden sich jeweils in einem Umfeld, das ihren wesentlichen Charakterzügen getreu ist. Das kommt im ersten Delafield-Roman, *Amateure*, deutlich zum Ausdruck. Hier untersucht die Ermittlerin einen Mord in einem Bürohochhaus. Der Schauplatz wird in dem Roman buchstäblich kartographiert, und die Lage und Möblierung jedes Büros, die Kleidung sämtlicher Anwesenden sind Hinweise auf politische Einstellung, Sexualität, ethnische Zugehörigkeit, Geschlecht. Ähnlich ist es in *Beverley Malibu*, dem dritten Roman, wo das Verbrechen in einem Wohnblock begangen wird. Auch hier ist die Plazierung der Charaktere, ihre Kleidung und Umgebung symptomatisch ohne jede Spur von Hintergründigkeit – die Wohnung der lesbischen Frau duftet leicht nach Lavendel! Der Kriminalpolizistin gelingt es nicht, die Mörderin *in situ* zu identifizieren, weil aufschlußreiche Gegenstände entfernt wurden, um ihre wahre Identität zu verschleiern.

Der Schauplatz des zweiten Romans, *Die Tote hinter der Nightwood Bar*, ist nicht weniger symptomatisch. Die Nightwood Bar ist eine Lesbenbar; wie gesagt, ist sie mit diversen Symbolen lesbischer Identifikation ausgestattet und von einer sorgsamen Querbeet-Auslese lesbischer Typen bevölkert: Butches, Femmes sowie einer erkennbaren für die US-Westküste typischen ethnischen Mischung. Mit der Untersuchung eines Verbrechens betraut, tritt die Kriminalpolizei in Gestalt von Taylor und Delafield auf den Plan. Taylor ist die Inkarnation von Homophobie, Rassismus und Sexismus, die den Polizeiapparat von Los Angeles charakterisieren. Es ist eine typische Ironie der Serie, daß Kate Delafield beruflich mit dem Homohasser Ed Taylor ein Paar bildet und privat mit mehreren weiblichen Geliebten – Ellen, Aimee, Anne – liiert ist.

Es ist die Identifizierung von Delafield als Polizistin und Lesbe, als Stammgast in der Nightwood Bar und Angehörige des Polizeiapparates von Los Angeles, zweier sehr unterschiedlicher Gemeinschaften, an der eine simple binäre Gegenüberstellung dieser Standorte zerbricht. Während herausragende Persönlichkeiten wie Patton, die radikalste und separatistischste Lesbe in der Nightwood Bar (eine Lesbe mit Zertifikat, wie Delafield sagen würde), und Ed Taylor die Unvereinbarkeit dieser Schauplätze zu manifestieren scheinen, markiert Delafield selbst deren wechselseitige Beziehung. Diese Wechselbeziehung wird zunehmend komplexer.

In *Amateure* hält Kate Delafield Berufs- und Privatleben streng getrennt:

> »Trage ich ein L auf der Stirn? Was bringt Sie auf die Idee, daß ich ... lesbisch bin?« Sie konnte das kurze Zögern nicht verhindern; Verschwiegenheit und Vorsicht waren ihr zur zweiten Natur geworden, von der ihr berufliches Überleben abhing. (S.11)

Im zweiten Roman wird diese Unterscheidung durch die Nightwood Bar als Schauplatz des Verbrechens verwischt; durch die Aufklärung dieses Verbrechens vermischen sich Delafields private und berufliche Sphäre.

Die Schwierigkeit, eine Identität konsequent und durchgängig beizubehalten, wird in der Charakterisierung von Delafield deutlich. Die Romane präsentieren Verhaltensweisen ganz ausdrücklich als zufällig und nicht naturbedingt. Der Ausbruch von Gewalt in *Die Tote hinter der Nightwood Bar* zum Beispiel, der von der Kritik moniert wurde, gibt im Text selbst Anlaß zur Sorge und stellt sich als Problem beruflicher und sexueller Identitäten dar: »Eine Polizeibeamtin hat immer Haltung zu bewahren« – und während sie notwendigerweise Gewalt angewendet hatte, war ihre Wut als lesbische Frau ebenfalls eine wesentliche Komponente (S.109). Das Zusammentreffen ihrer Profession und ihrer sexuellen Präferenz wird auch ausdrücklich als scheinbarer Widerspruch gezeigt:

»Vielleicht kannst du jetzt unser Problem mit dir als Polizistin begreifen. Die Leute, die du beschützt, sind heterosexuelle Mittelschicht-Männer und ihre Sklavinnen.«
Kate unterdrückte die aufwallende Wut. So sehr die Worte sie in Rage gebracht hatten, wie hätte sie nicht zugeben können, daß in dem, was Patton gerade gesagt hatte, ein Körnchen Wahrheit steckte? (S. 92)

Diese Widersprüchlichkeiten führen dazu, daß Identitäten als alles andere als essentiell oder natürlich dargestellt werden. Quer durch die Romanreihe kommen verschiedene Fälle von Lesbischsein vor. Jeder einzelne Fall muß im Sinne eines ungewissen Identitätsbereichs verstanden werden. Die unterschiedlichsten Charaktere repräsentieren lesbische Sexualität als eine Krankheit, die es zu »heilen« gilt, als Störung, die eine psychoanalytische Behandlung erfordert, als eine vorübergehende Phase, als unreife sexuelle Veranlagung. Ed Taylor hat eine komplizierte Theorie über die Unterschiede zwischen »Perversen«, »Schwuchteln« und »Mißgeburten« aufgestellt. In *Tradition* hat die Kritik an der angeblich unnatürlichen Homosexualität entscheidenden Anteil am Gerichtsbeschluß. Delafield spielt auch als Lesbe verschiedene Rollen. Das steht im Vordergrund, wenn sie in *Tradition* mit ihrer lesbischen Beraterin Maggie ihren Wechsel von butch zu femme bespricht. Kate Delafields Behauptung, daß Lesbischsein naturbedingt sei, wird an anderer Stelle in *Die Tote hinter der Nightwood Bar* widersprochen, ebenso ihrer vorangegangenen Weigerung, eine maßgebende Lesbe zu sein: »Verdammt, woher sollte ich das wissen, dachte Kate verärgert. Bin ich denn um Himmels willen eine Expertin für alle Lesben, die je gelebt haben?« Paulina Palmer warnt uns davor, anzunehmen, aus Kate Delafield spreche K.V. Forrest. Wie Faderman ist Forrest darauf bedacht, lesbische Identität mit einem bestimmten Kontext und einer spezifischen Sprechposition in Verbindung zu bringen. Daher wird Kates Vorstellung von lesbischer Identität auf ihr Alter (über vierzig) und auf ihr sexuelles Selbstverständnis vor den Veränderungen der späten sechziger Jahre zurückgeführt. Umgekehrt ist die Perspektive ihrer Geliebten Aimee Grant in einem ganz anderen, nicht so weit zurückliegenden Geschichtsmoment angesiedelt. Es gibt quer durch die Szene verschiedene Generationen von lesbischen Erfahrungen. Als Lesbe im mittleren Alter hat Kate mit dem Coming-out zu kämpfen, im Gegensatz zu jüngeren Männern und Frauen in Los Angeles, die stolz sind auf ihre Homosexualität.

In allen Delafield-Romanen sind lesbische Sexualität und Kultur ein unsicheres, schwankendes Terrain. *Amateure* erschien 1984. Der vierte Roman, *Tradition*, kam 1991 heraus. In diesem jüngsten Delafield-Krimi bricht die Kriminalpolizistin am Ende die Verbindung zu ihrem Kollegen ab und stellt sich der Integritätsprobe, wie sie in dem vorangegangenen Roman schon angedeutet wurde, als es hieß, Kate werde sich im Gerichtssaal »outen« müssen. Wohl könnte dieser Schritt auch individuell im Hinblick auf die moralische Entwicklung Kate Delafields als Figur, ihre zunehmende Anerkennung als Lesbe durch »ihre Community« verstanden werden, doch ich denke, der Impetus der Autorin ist ein völlig anderer. Jeder Delafield-Krimi läßt sich ganz spezifisch datieren, und die grundlegenden Veränderungen in der Schwulenszene, die der Ausbruch der AIDS-Krise in ihrer ganzen Tragweite bewirkt hat, hatten eine große Wandlung in der Romanreihe zur Folge. Wie alle Polizeikrimis sind auch die von Forrest absolut präzise in allen Details, die Ort und Zeit betreffen; mehrmals wird uns gesagt, dies sei nicht *Mord ist ihr Hobby*, das zwar ein gutes Fernsehspiel abgeben mochte, aber verdammt schlechte Polizeiarbeit sei! 1985 steht in der Nightwood Bar eine Sammelbüchse für das AIDS-Projekt Los Angeles, 1990 haben die AIDS-Krise und die sich daraus ergebende Panik den Homosexuellenhaß vertieft und im Gegenzug in der schwullesbischen Szene neue Bündnisse entstehen lassen. Die Veränderungen in Delafields Privat- und Berufsleben müssen im Zusammenhang mit diesen rapide wechselnden Prioritäten der Schwulenszene der neunziger Jahre gesehen werden. In diesem jüngsten Roman sind Einzelheiten und Rechtmäßigkeit der Polizeiverfahren mit beispielloser Umsicht und Präzision dargestellt. Hier gibt es kein Geheimnis um »Wer war's?«, der Täter ist nach den ersten fünfzig Seiten gefaßt. Die Spannung entsteht durch die Schwierigkeit, einen Fall von »Schwulenklatschen« als kaltblütigen Mord zu verfolgen. Das Opfer ist ein drogenabhängiger Schwuler, die Verteidigung macht »natürlichen Abscheu« als Rechtfertigung für das Verbrechen geltend. Nur ein akribisches Zusammenspiel von integren Verfahren am blutigen Schauplatz des Verbrechens (im Bewußtsein von AIDS ein neuerdings virulenter Ort der Handlung) und im Gerichtssaal führt am Ende zu dem Urteil »schuldig«.

In allen Delafield-Romanen geht mit dieser detaillierten Schilderung des Gerichtsverfahrens eine ungemein stimmige Beschreibung der lesbischen Subkultur an der Westküste der USA einher. In *Beverley Malibu* kreiert Paula Grant, eine ehemalige Drehbuchautorin, den Terminus »walla«, der beim Film die *Präsenz* einer Szene bezeichnet: »Improvisierter, bleibender Hintergrund, der einen besonderen Szenenrealismus vermitteln soll. Wie Straßenlärm, Vögel oder Nachtinsekten. Das wird *walla* genannt« (S.23). Obgleich die Delafield-Romane nicht realistisch sind, fangen sie dennoch das »walla« von Ideen, Geschmack, Kleidung und Politik der Westküstenlesben der achtziger und frühen neunziger Jahre ein. Die Ermittlerin ist voyeuristisch bis zum Gehtnichtmehr, sie hat buchstäblich die Lizenz, eine »unheimliche Vertrautheit« mit den Objekten ihrer Untersuchungen zu testen und zu erleben. Während Delafield ihre Bindung an »ihre« Community zunehmend festigt, lernen wir »ihre« Familie lesbischer Frauen im einzelnen kennen: Wir erfahren deren Ansichten über Phillis Schlafly und Candice Bergen, ihre Vorliebe für die Pointer Sisters und *Polizeirevier Hill Street*, wir wissen, in welchen Stadtteilen von Los Angeles sie sich »zu Hause« fühlen. Die Gegebenheiten des Polizeikrimis gestatten, daß dieses »walla« im Interesse der authentischen Details voll und ganz einbezogen wird; dabei vermittelt es dem Publikum zugleich eine Chronik der von der Ermittlerin häufig aufgesuchten lesbischen Subkultur, bestätigt und billigt damit deren Existenz.

Die Lektüre der Delafield-Romane läßt vermuten, daß die Sprunghaftigkeit und Unbeständigkeit, die beim experimentellen Schreiben im Vordergrund stehen, dem Genreroman nicht unbedingt fremd sind. Wir erweisen den populären Kulturformen einen schlechten Dienst, wenn wir ihre Vielschichtigkeit oder die Perspektive ihres Publikums außer acht lassen. Die »leichte Lesbenkost« ist vielleicht genau das – leicht zu konsumieren, in der Buchhandlung am Flughafen erhältlich, nach einmaligem Lesen reif für den Papierkorb. Verfasserin wie Leserinnen sind mit den Konventionen des Genres vertraut, eingebunden in ihre Rollen als Produzierende und Konsumierende des Textes, doch wenn diese Konventionen als Hindernis für eine authentischere Form der literarischen Produktion angesehen werden, verkennen wir das Ausmaß, in welchem sie einen vielschichtigen Roman ermöglichen können. Mir fällt es schwer, den Eintritt lesbischer Autorinnen ins große Geschäft mit der Unterhaltung zu beklagen, und es fällt mir noch schwerer, den Gegensatz zwischen »Kommerz« und »Integrität« zu akzeptieren, der so viel Kritik an der Populärkultur auslöst.

Ich bin mir der Tatsache schmerzlich bewußt, daß ich mich hiermit in die Phalanx jener eingereiht habe, die in unlesbare wissenschaftliche Prosa »abgeglitten« sind, um Kriminalromane zu besprechen. Patricia Duncker wird mich mit Sally Munt und Paulina Palmer auf eine Stufe stellen, deren »wissenschaftliche Genialität ... bei weitem gelehrter ist als die Romane, die sie besprechen.« Sie mutmaßt: »Vielleicht schreiben die zwei jetzt selbst Thriller.« (S.127)

Hm ...

»Es ist Weihnachten und Sommer in Australien ...«

Übersetzt von Margarete Längsfeld

Der Unterschied als Drama:

Porträt einer Ehe

Jenny Harding

Das Fernsehen der BBC produzierte *Porträt einer Ehe* als üppiges publikumsträchtiges Ausstattungsdrama und servierte es zur Hauptsendezeit. Die Presse bedachte es reichlich mit Vorschußlorbeeren. Das Thema lesbische Liebe, angeschnitten von der BBC, war hier einerseits unübersehbar, andererseits durfte es die Gesamthandlung nicht dominieren. Die meisten Presseleute spielten deshalb die Tatsache der lesbischen Beziehung einfach herunter, und einige betonten ausdrücklich, hier handle es sich um das Drama einer Heldin, die zwischen zwei Liebesbeziehungen hin- und hergerissen sei, die Geschlechter spielten dabei keine Rolle. Nigel Nicholson beklagte in der Londoner *Times*, daß die Dramatisierung seines Buchs sich auf eine kurze und verrückte Eskapade im langen, ansonsten harmonischen Eheleben seiner Eltern konzentriert habe, in dem Liebe über Verliebtheit triumphierte (Merck 1993).

Porträt einer Ehe war der Erfolg bereits garantiert. Es berührte ein heißes Eisen, ging aber völlig auf Nummer Sicher. Eine lesbische Beziehung bedrohte ein Familienleben, wurde aber in ihre Schranken verwiesen, und die Ordnung wurde wieder hergestellt; ein Triumph der Pflicht, der Verantwortung und der einzig wahren, diese Tugenden rechtmäßig vertretenden Institution. Obwohl historisch und kulturell für viele FernsehzuschauerInnen eine ferne Welt, klangen in dieser turbulenten Ehe alle Gegenwartsfragen an, die in den Medien und politischen Debatten hinsichtlich der Bedeutung der Ehe für Englands multikulturelle Gesellschaft angeschnitten wurden.

Offenbar besteht zunehmend die Befürchtung, daß die Ehe nicht mehr als jenes Kernstück sozialer Organisation, Bindung und Ordnung der britischen Gesellschaft funktioniert.[1] So betrachtet, scheint *Porträt einer Ehe* prototypische Begriffe und Bedingungen für eine funktionierende heterosexuelle Ehe vorzustellen, in der beide, Partnerin und Partner, die Betonung auf Respekt, Nachsicht und Flexibilität (innerhalb klar definierter Grenzen) legen. Dennoch kann die leidenschaftliche und überzeugende Darstellung der Liebesszenen zwischen Vita und Violet durch den Hinweis auf das zerbrechliche Gleichgewicht der Ehe im 20. Jahrhundert nicht einleuchtend erklärt werden. Die Szenen, in denen eine sexuelle Begegnung stattfindet, verdienen mehr Aufmerksamkeit, denn sie demonstrieren, meines Erachtens, was es heißt, *ein Geschlecht zu haben*, und zeigen einen eindeutigen Unterschied zwischen Männlichkeit und Weiblichkeit.

Biologisches Geschlecht und der dramatische Unterschied

Daß das Fernsehspiel *Porträt einer Ehe* womöglich mehr von Heterosexualität als Homosexualität handelt, haben sowohl Elizabeth Wilson (1990) als auch Mandy Merck (1993) erörtert. Beide Autorinnen ziehen den Schluß, daß die dramatische Geschichte ein Mittel ist, um Heterosexualität und die brüchige Konstruktion der modernen Ehe mit Hilfe der zutage tretenden Perversität unter die Lupe zu nehmen. Wilson fragt: Könnte es nicht sein, daß gleichgeschlechtliche Liebe die Linse ist, durch die eine heterosexuelle Gesellschaft verzweifelt ihre eigenen heterosexuellen Praktiken betrachtet? (S.31) Wilson zufolge wurde *Porträt einer Ehe* angesichts einer »starken kulturellen Ambivalenz« ausgestrahlt, die sich durch eine »deutlich vermehrte Darstellung« der Homosexualität in den britischen Medien in einer Zeit antihomosexueller repressiver Tendenzen (Artikel 28) entwickelt hatte. Merck fügt dieser These hinzu, daß die Institution Ehe gerade durch »die eigentlich existenzbedrohende Homosexualität« sowie die Erfindung des »neuen Mannes« und der »neuen Frau« gestärkt werde (S.116). Mercks Analyse verlangt jedoch, detailliert zu betrachten, wie gewisse Darstellungsweisen lesbischer Sexualität zur Neudefinierung des Geschlechtsunterschieds und zur Stärkung heterosexueller Beziehungen beitragen.

Porträt einer Ehe hat wahrscheinlich viel weniger über Lesben als über Heterosexuelle ausgesagt. Doch meines Erachtens war die dort gezeigte Dramatisierung »lesbischer Liebe« nicht so leicht zu durchschauen, wie die Metapher der Linse glauben macht; statt dessen wurde lesbischer Sex exakt durch die gleiche Thematisierung in den Brennpunkt gerückt und sichtbar gemacht, durch die auch die Krise der heterosexuellen ehelichen Beziehungen verdeutlicht wurde.

In diesem Fernsehspiel waren die lesbischen Sexszenen weder Auswüchse noch Ausrutscher sexueller Vielfalt, sondern durchgängig negative Gegenbilder der achtbaren Ehe. Das Drama unterschied beharrlich zwischen sexueller Lust und Ehe, Verliebtheit und Liebe. Lust wurde im großen und ganzen als homosexuell dargestellt, Liebe als Bestandteil der heterosexuellen Ehe. Lust war trügerisch, infantil und egoistisch, die Ehe demgegenüber treu und sicher, geschützt durch Pflicht- und Verantwortungsgefühl. So als Gegensätze inszeniert, war Vitas und Violets Affäre die Bühne für die ständige Wiederaufführung von Sex als Handlung, Identität und gesellschaftlicher Position. Die Darstellungen lesbischer Sexualität in *Porträt* ermöglichten eine Neudefinierung nicht nur der Grenzen der Ehe, sondern auch der Bedeutung der Geschlechtszugehörigkeit, oder genauer gesagt, der Bedeutung, weiblich zu sein.

Aber *wie* bewirkten einzelne Darstellungen lesbischer Liebe gleichzeitig unterschiedliche Charakterisierungen der »Frau«? Und wie trug dies wiederum zur Reproduktion heterosexueller Beziehungen bei? Das Drama taumelte von einer Episode des »Genderbending« zur nächsten, benutzte dabei das bewährte Mittel des »Drag«. Jeder der lesbischen Sexszenen ging ein theatralischer »Crossover« Vitas voraus, in dem sie ihre Kleidung, Haltung und ihr Betragen dramatisch verwandelte. Genauer gesagt, sie wurde *maskulinisiert.* Als Vita plötzlich in Reithosen auftauchte, erklärten sowohl Harold als auch Violet unabhängig voneinander, daß sie draufgängerisch und einnehmend aussehe. Ihre sexuelle Zustimmung schien damit zusammenzuhängen, daß Vita weniger weiblich und somit als potentielle Verführerin wirkte. Harolds und Violets Kommentare gingen davon aus, daß sie durch ihre Maskulinisierung deutlicher ein sexuelles Wesen geworden war. Angesichts des von Harold und Violet bereits geäußerten Interesses an gleichgeschlechtlichem Sex zielten die kurzen Beifallsbekundungen zum Thema Reithosen auf eine Verwirrung der Geschlechterrollen und auf eine Diskontinuität zwischen Sex und Geschlecht. Die ZuschauerInnen mußten sich fragen, ob Harold Vita als Frau oder als quasi-Mann begehrte. Violet, die Vita schon immer begehrt hatte, konnte nun offen feststellen, daß Vita weniger wie eine Frau und mehr wie ein Mann sei. Violet war von Vitas unweiblichem Benehmen ganz besonders angezogen. Also war Vitas maskuline Verwandlung ein grelles Signal für eine neu entdeckte Perversität. Mehr als zuvor war Vita nun in der Lage, eine sexuelle Beziehung zu Violet zu pflegen. Den ZuschauerInnen wurde nahegelegt, daß sie Violet mit maskulinem Blick begehrte.

Am Beispiel des »Drag« wurden das aktive Begehren und seine Erfüllung im Sex ganz und gar zur maskulinen Domäne und lesbische Beziehungen nur durch diese Butch/Femme-Klischees verkörpert. Diese Version des Lesbischseins und die eng definierte Interpretation von Weiblichkeit, die sie beinhaltet, unterstrich eine Serie äußerst stilisierter Szenen. Als Vorspiel zum Sex rannte Vita über Felder, sprang sportlich, hemmungslos über Zäune, während Violet, weit weniger praktisch gekleidet, auf Vita als Kavalier hoffend, hilflos hinterherflatterte. Ähnliches spielte sich vor den Szenen ab, in denen beide Frauen nackt im Bett zu sehen waren: Als das Paar ausgerissen war und eine Nacht in einer kleinen Pension verbrachte, erschien Vita in der Uniform von Violets Ehemann, einem Unterschicht-Soldaten, und auf ihrer ersten Frankreichreise in einer Bar als ihr feuriger, galanter Tangopartner.

»Drag« kam in *Porträt einer Ehe* eine wesentliche Bedeutung zu, weil es sicherstellte, daß sich lesbische Beziehungen als Imitation heterosexueller Beziehungen erwiesen und Lust unausweichlich in ihrer heterosexuellen Ausprägung gesehen wurde. Außerdem wurde Heterosexualität als identisch mit einer von der männlichen Position bestimmten Lust dargestellt. Die »Heterosexualisierung« der Affäre zwischen Vita und Violet mündete logischerweise darin, daß Vita mit Denys Trefusis um ihren sexuellen Anspruch auf Violet schacherte. Vita bestand auf Violets sexueller Treue, auch nachdem diese Denys geheiratet hatte. Das Drama verfolgte diesen Anspruch, selbst mit Mitteln ausdrücklicher Gewalt: Als Vita erfährt, daß Violet mit ihrem Mann geschlafen hat, vergewaltigt sie ihre Freundin. So gesehen wurde in dieser Darstellung lesbischer Beziehungen die Betonung auf (hetero-)sexueller Treue, Besitz und deren gewaltsame Verteidigung gelegt. Natürlich heißt das nicht, daß Gewalt zwischen Lesben nicht existiert. Vitas und Violets Verhalten ließ sich jedoch leicht von einem bestimmten heterosexuellen Standpunkt her verstehen. Dieser Standpunkt wurde betont, indem einerseits Kuß- und Knutschszenen in den Vordergrund gestellt wurden, andererseits die Vergewaltigung; nichts zu sehen war dagegen von jenen offensichtlicheren Formen, wie Frauen womöglich sexuelles Vergnügen finden. Leidenschaftliche Kußszenen wurden gewöhnlich ausgeblendet, um Phantasien von heterosexuellem Geschlechtsverkehr Platz zu machen. Den ZuschauerInnen wurden Bilder heterosexueller Penetration suggeriert, oder sie durften rätseln – was tun Lesben im Bett? Die Antwort war vermutlich nichts als eine erneute Bestätigung der Heterosexualität als einzig wahrer Lustbekundung. Nirgends in *Porträt* wurde dem widersprochen. Im Endeffekt schienen Vita und Violet ein heterosexuelles Paar zu kopieren.

Die Logik der Heterosexualität geht davon aus, daß Männlichsein an das männliche Geschlecht und an den Mann gebunden ist und Weiblichsein an das weibliche Geschlecht und die Frau (Butler 1990). Diese Assoziationskette stützt die Form, wie sich bei heterosexueller Reproduktion Lust ausdrückt. In *Porträt einer Ehe* ist es vorzüglich gelungen, die zur Reproduktion der Heterosexualität notwendigen Gegensätze – männlich/weiblich, männliches Geschlecht/weibliches Geschlecht, Mann/Frau – aufrechtzuerhalten und zu verstärken. Das Drama sorgte dafür, daß die Verbindung zwischen Männlichsein und Mann, Weiblichsein und Frau unbestritten blieb. Das Geschlecht der Charaktere stand nie zur Debatte, auch nicht ihre gesellschaftliche Position als Mann oder Frau. Zusätzlich schien »das Geschlecht« unumstößlich festgelegt kraft der anscheinend flexibleren und plastischeren »Geschlechtsrolle« (Butler 1990). Homosexualität ließ sich als Resultat eines »Hineinschlüpfens« oder »Annehmens« der dem biologischen Geschlecht entgegengesetzten Geschlechtsrolle erklären. Homosexualität wurde so als offenkundig anormal dargestellt und der unterstellte Kausalzusammenhang zwischen Geschlecht und heterosexueller Reproduktion somit bestätigt. Wenn die Geschlechtsrolle schlüssig als flexibel und dehnbar dargestellt wurde, war sie folglich auch der Besserung und Regulierung zugänglich, in diesem Fall durch die (Wieder-)Aufnahme weiblicher Pflichten. So brachte Vita zwischen den Sexszenen ihre Kinder zu Bett oder gab ein Abendessen für Harolds Eltern, und Violet ging mit Denys zum Traualtar.

Die wahrscheinlichen Beziehungen und möglichen Nicht-Beziehungen zwischen Geschlechtsrolle und Geschlecht wurden offen in einer Szene zur Debatte gestellt, in der Harold seinem Freund Reggie anvertraut, daß Vitas Leidenschaft für Violet ihn unglücklich mache und er selbst kein »Frauenheld« sei. Reggie antwortete, Vita sei vielmehr ein »sogenanntes Mannweib«. Für ihn hieß das, sie sei »eine harte und vornehme Frau. Eher ein Weib als ein Weibchen.« Reggies Feststellung, eine Frau könne weiblich oder unweiblich sein, sagt auch, daß Weiblichkeit dehnbarer als das Geschlecht ist. Reggies Aussage festigt die Vorstellung, daß Männlichkeit der logische Effekt eines männlichen Körpers und Weiblichkeit der Effekt eines weiblichen Körpers sei. Variationen der kulturbedingten Spielarten des Geschlechts brachten als Gegensatz zu allen sonstigen Frauen »das Mannweib« hervor. Weiblichkeit schien nur insofern festgelegt, als sie mit einer vorgegebenen unzweideutigen anatomischen Morphologie gleichgesetzt wurde.

Die Unabänderlichkeit des Geschlechts ist dem weiblichen Wesen eingeprägt. Deshalb war es wesentlich, daß den ZuschauerInnen Vitas »Crossover« bewußt wurde und ihre »Maskulinisierung« schubweise vonstatten ging. Außerdem war wichtig, daß Vita unzweideutig im Besitz einer weiblichen Anatomie gezeigt wurde. Dies zeigte sich im Verlauf des Dramas immer wieder, indem ihr Körper in verschiedenen Stadien der Entblößung gefilmt wurde. Szenen, die sie nackt im Bett oder in Unterwäsche dasitzend darstellten, enthüllten und unterstrichen das Weibliche ihrer Körperformen. Die ersten Folgen schildern die logische und fruchtbare Konsequenz ihrer durch die weibliche Anatomie bestimmten, auf heterosexuelle Reproduktion abgestellten Geschlechtszugehörigkeit: Szenen zeigen sie als Harolds Ehefrau und Bens und Nigels Mutter. Wenn nicht in »Drag«, trägt Vita »ungemein fetischistische, weibliche Kostüme wie niemand sonst in diesem Drama«, Glitzergewänder, juwelenbesetzte Haarkämme, extravagante Pelze und Hüte (Merck, S.115). Der Akt des »Crossover« enthüllt, daß Männlichkeit und Weiblichkeit aus einer bestimmten Reihe von Investitionen in einen geschlechtsspezifischen Körper bestehen, der immer schon als unwiderruflich männlich oder weiblich akzeptiert ist. Die Tatsache, daß lesbische Liebe möglich wird, wenn ein weiblicher Körper in untypisch männlicher Ausstattung gezeigt wird, beinhaltet, daß Lesbischsein aus einer Unregelmäßigkeit oder Fehlverbindung der Beziehungen zwischen Geschlecht als Anatomie (Körper), Selbstgefühl (Identität) und sozialer Kategorie (Frau) herrührt.

Sexuelle Diskontinuität spiegelte sich auch in der Darstellung Harolds als sanft, duldsam und schwul wider. Seine Person war bis zu einem gewissen Grad entmännlicht. Immerhin brauchte er keinen Rock anzuziehen. Während des gesamten Dramas trug er eine väterliche Miene zur Schau. Ging es ihm zu weit, zog er die Bremse, brachte seine Autorität ins Spiel, verhinderte zum Beispiel ein Treffen Vitas mit Violet in Frankreich. Seine Homosexualität wurde als ein weitaus geringeres Problem dargestellt als Vitas Leidenschaft für Violet.

Harolds abweichende Sexualität äußerte sich in Begriffen wie Beichte und Vergebung, Krankheit und Heilung, immer andeutend, alles sei nur eine Frage des rechten Wortes, der richtigen Medizin. Anfänglich wird seine sexuelle Vorliebe für Männer durch sein Geständnis enthüllt, seine Syphilis würde auskuriert. Später, in Gesprächen mit Reggie, erklärt Harold seine Homosexualität als rein funktional, wie Essen oder Scheißen, die Ehe mit Vita gebe seinem Leben dagegen den Sinn. Woraufhin Reggie bemerkt, daß Sex zwischen Männern also genauso wesentlich wie die übrigen Funktionen sei. Sex zwischen Männern wurde sowohl als eine Frage des Geschmacks als auch der Notwendigkeit dargestellt. Im Gegensatz dazu war Sex zwischen Frauen keine Geschmacksvariante, sondern Ausdruck eines unersättlichen Appetits, der die potentielle Gefahr, außer Rand und Band zu geraten, in sich barg. Schwulsein schien die heterosexuelle eheliche Beziehung zu vervollständigen, während Lesbischsein sie bedrohte. Wichtig war auch Harolds Beteuerung, daß Vita als seine Frau und Mutter seiner Kinder der Mittelpunkt seines Lebens sei; so wurde folgerichtig Geschlecht (Männlichkeit und Weiblichkeit) an jenen Ausdruck der Sexualität gebunden, der durch eheliche Fortpflanzung hervortritt. Seine Seitensprünge mit Männern waren weniger bedeutsam als die Tatsache, daß er diesen einzig wichtigen Familienstatus erlangt hatte und aufrechterhielt. Das Familienleben füllte den Abgrund, der sich auftat, als Harold seine Geschlechtskrankheit gestand und daraufhin die eheliche Sexualität als Fiasko erschien. Harolds Gespräche mit Reggie und Vitas und Violets wiederholte Versicherung, daß Untreue, besonders die perverse, keine Rolle spiele und besser innerhalb der Ehe verfolgt werden sollte, dienten dazu, die abweichende Sexualität der heterosexuellen Ehe weiter unterzuordnen. Diese Aussagen unterstreichen die grundlegenden, wichtigen

Eigenschaften einer gelungenen, dauerhaften Ehe; in diesem Kontext: Liebe, entstanden aus Pflichtgefühl, eine gemeinsame (Oberschicht-)Werteorientierung und Kameradschaft.

Der offensichtliche Unterschied, der zwischen gleichgeschlechtlicher Liebe zwischen Männern und ebensolcher zwischen Frauen gemacht wird, ist von Bedeutung, weil er die Grenzen und Einschränkungen der Perversität definiert, aber mehr noch über die Frauen aussagt. Hier wird davon ausgegangen, daß Frauen eine wilde, unersättliche Sexualität besäßen und bar jeglicher Selbstbeherrschung seien. Mit diesem möglichen verheerenden Effekt der ungezügelten weiblichen Sexualität wird sich abgefunden, wenn Frauen sexuell zusammenkommen. Befreiung von dieser (phantasierten) weiblichen Destruktivität winkt, wenn ein männliches Subjekt einschreitet und das lesbische Tun unterbricht und in seine Schranken verweist; in diesem Falle der Bräutigam Denys, dem Harold diese Rolle zugespielt hat.

Porträt einer Ehe bietet eine doppelte Versicherung: erstens, daß Männlichsein und Weiblichsein grundsätzlich und auf Dauer eindeutig sind; und zweitens, daß Männlichkeit und Weiblichkeit dehnbare Begriffe sind und Abweichungen zulassen, daß sie aber auch in Ordnung gebracht und neu verhandelt werden können. So signalisiert lesbische Liebe die Grenzen der Geschlechtsrollen innerhalb der Ehe und eröffnet die Möglichkeit, die Grenzen der Ehe, Männlichkeit und Weiblichkeit, neu abzustecken.

Sicher hat *Porträt einer Ehe* auch Beifall verdient, schließlich hat es Lesben auf den Bildschirm gebracht und damit ein breiteres kulturelles Bewußtsein angezeigt im Hinblick auf die Akzeptanz lesbischer Beziehungen und des damit verbundenen Unterschieds. Immerhin überschritt es die üblichen Grenzen der Sexualität, an die sich sonst Fernsehspiele halten. Obwohl lesbische Liebe durch die Brille der Heterosexualität sichtbar gemacht wurde, war das gezeigte Drama auch für andere Interpretationen offen. Lesben, die sich *Porträt* ansahen – unabhängig davon, ob sie die leidenschaftlichen Endlosküsse und das zärtliche (nicht genitale) Streicheln »nachher« erotisch oder idiotisch fanden –, konnten mehr oder minder ihre eigenen Phantasien und Vorlieben in das Geschehen »hineinlesen«. Hinzu kommt, daß eine Untersuchung möglicher »lesbischer Lesarten« verdeutlichen würde, daß, wenn Frauen Sex mit Frauen haben, egal was sie anziehen oder tun, es immer anders ist, nie eine Kopie, ein Abklatsch heterosexuellen Sexes. Wenn Vitas und Violets Sex eher als Kopie denn als Original erschien, lag dies an der Tatsache, daß die Lust beider Frauen effektvoll aus heterosexueller Sicht gestaltet war. Was nicht heißt, daß die Vergewaltigung dadurch weniger brutal oder abstoßend wäre oder das Bild der Lesben weniger negativ, als bisher demonstriert. Diese Argumentation zeugt unvermeidlich andere Sorgen.

Die bloße Tatsache, daß BBC-Produzenten ein Massenpublikum für fähig hielten, geschmackvoll gefilmtes sexuell abweichendes Verhalten zu schlucken, besagt natürlich nicht, daß dieses Publikum das verstanden oder akzeptiert hätte. Solche Produktionen tragen immer die Möglichkeit der Gegenreaktion in sich, oder sie ermutigen die Ausbeutung derer, die als anders dargestellt werden. Die andere wesentliche Schwierigkeit, für BBC-Produzenten wie für lesbische Kritikerinnen gleichermaßen, liegt in der Tendenz, Homo- und Heterosexualität, ebenso wie Sub- und Mainstream-Kulturen als direkte Gegensätze darzustellen, in der Annahme, daß jede von ihnen ein einheitliches, eindeutiges Ganzes sei. Dies wiederum setzt den sexuellen Abweichungen Grenzen, indem von der Prämisse ausgegangen wird, daß alle Lesben und Schwulen im Grunde gleich seien und alle Heteros ebenso.

In einem kürzlich erschienenen Artikel mit dem Titel »Doing It: Representations of lesbian Sex« argumentieren Kitzinger und Kitzinger (1993), daß die Kosten der Darstellung lesbischer Sexualität in den Medien den Nutzen bei weitem übersteigen. Sie geben zu bedenken, daß es womöglich wünschenswerter ist, wenn die Medien lesbischen Sex ignorieren, als wenn Frauen, die mit Frauen schlafen, durch die Bank als »geile, besessene, psychopathische Sadistinnen« und lesbische Sexualität als »gefährlich und pervers, in Gewalt und Verzweiflung verstrickt, dargestellt werden« (S.10). Außerdem seien Darstellungen lesbischer Sexualität in heterosexueller männlicher Pornographie weitverbreitet, oft genug als »Vorspiel« oder Einstimmung auf die Männer: »Ein Lesbenpaar widersteht selten, wenn ein Mann ins Spiel kommt« (S.11). Ohne Eingreifen eines Mannes ist lesbischer Sex angeblich ein trauriger Ersatz, sexuelle Bedürfnisse bleiben unbefriedigt, das bestärkt die Stammtischansicht, daß alle Lesben erst mal »gut gevögelt« werden müßten (von einem Mann). Kitzinger und Kitzinger weisen auch darauf hin, daß Lesben nicht nur durch die Männerbrille porträtiert werden, sondern ihnen häufig ein männlicher Standpunkt unterstellt wird. Die Behauptung, daß Lesben auch Filme genießen, die für den Konsum heterosexueller Männer gedacht sind, führe zwangsweise dazu, daß sie andere Frauen durch die männliche Brille sähen und zum Objekt machten. Kitzinger und Kitzinger weisen den Gedanken zurück, daß sich Lesben diese Bilder aneignen und zum eigenen Lustgewinn modifizieren könnten und daß dies bereits an sich eine radikale Transformation sei. Sie argumentieren, daß, indem Lesben sich Unterwerfungssymbole aneigneten, heterosexuelle Praktiken und Gewalttätigkeiten eher verstärkt als überwunden würden. Sie stellen von Lesben produzierte lesbische Sexdarstellungen in Frage und geben zu bedenken, daß alle »lesbisch-orientierten Bilder« Gefahr laufen, von Männern angeeignet und pornographisch interpretiert zu werden. Als Lösung schlagen sie vor, »schlicht die Zusammenarbeit bei jeglicher Produktion und jeglichem Vertrieb lesbischer Sexszenen zu verweigern.« Sie fragen:

> Wenn wir lesbische Darstellungen lesbischer Sexualität schaffen, woher wissen wir, daß wir dies als *Lesben* und aus »lesbischer Sicht« tun im Gegensatz zur Männersicht und bei Anwendung der Gepflogenheiten männlicher Pornographie? (S.20)

Kitzinger und Kitzinger erwägen, ob Lesben nicht vielmehr Initiative ergreifen sollten, Frauenfreundschaften zu porträtieren. Zum Beispiel unterstützende, enge und warmherzige Beziehungen zwischen Frauen wie in *Thelma und Louise, Out of Rosenheim* und *Salmonberries*. Nur weil lesbischer Sex unterdrückt wurde, argumentieren sie, muß er jetzt nicht ausdrücklich vorgeführt werden.

Ich habe verschiedene Probleme mit dieser Argumentation. Hauptsächlich beunruhigt mich zum einen die Vorstellung, es existiere *eine* definitiv *lesbische* Sicht, auch wenn sie von der männlichen Sicht negativ beeinflußt werden könnte; und zum anderen, daß *lesbische* Darstellungsweisen möglich seien, auch wenn sie der Gefahr unterlägen, daß Männer sie sich unter den Nagel reißen. Diese Ideen gehen von Kategorien wie »lesbisch«, »lesbischer Sex« und »Männern« als singulären, in sich geschlossenen Phänomenen aus und schließen damit andere sexuelle Abweichungen sowie die vielschichtigen (Macht-)Beziehungen aus, durch die sie BetrachterInnen unterschiedlicher Standpunkte deutlich werden. Diese Tendenz wird verstärkt, wenn Authentizität, Motivation und Interpretation zur Diskussion gestellt werden. Daher fragen sich die Kitzingers, ob gewisse lesbische Charaktere richtig oder verzerrt gezeichnet werden. Sie wollen wissen, welche Intentionen hinter einem bestimmten Porträt einer lesbischen Lebensweise stehen und wie dieses Porträt die öffentliche Wahrnehmung von Lesben beeinflußt. Als Konsequenz fördert ihre Analyse die Vorstellung, daß eine gemeinsame und generell abweichende »Erfahrung« existiert, daß sie sich darstellen läßt und eine einzigartige Betrachterinnenposition bietet. Diese Art der Analyse ist am Ende diskriminierend, verteidigt eine »einzig wahre« Sexualität gegenüber einer falschen und stellt dabei Lesbischsein als »anders« und eng eingegrenzten Gegensatz zu einer unangenehmen Form von Heterosexualität dar. Außerdem werden durch die Unterstellung, Bedeutungen seien an Dinge und kulturelle Erscheinungen fest gebunden, wie zum Beispiel eine männliche Sicht oder männliche Aneignung, die Chancen politischer Veränderung, um so neue Darstellungsweisen zu ermöglichen, dermaßen beschnitten, daß sie eigentlich null und nichtig sind. So benutzt, führt männliche Sicht zu einer ebenso abstrakt verzerrten Version von biologischem und sozialem Geschlecht, wie es zur Zementierung von heterosexuellen Beziehungen eingesetzt wird.

Eine Analyse der Darstellung lesbischer Lebensformen in der Unterhaltungskultur muß sich davor hüten, einem lesbischen Publikum eindeutige Positionen zuzuweisen. Das gleiche gilt für jede andere Personengruppe. Der Gebrauch von Begriffen wie »wir« und »lesbisch« als selbstverständlich und bindend basiert auf der Annahme, daß diese sich gleichzeitig sowohl auf ein Individuum oder eine Identität als auch auf eine kollektive politische Position beziehen. Der politische Reiz der Identität und das so ermöglichte kollektive Handeln mögen manchmal ausschließen, daß andere politische Positionen zum Ausdruck kommen (Butler 1990b). Nicht alle Frauen, die mit anderen Frauen sexuelle Beziehungen haben, nennen sich Lesben; und wenn, dann sind sie nicht notwendigerweise im gleichen Sinne lesbisch. Lesbisch kann eine von vielen Identitäten sein, die ein Individuum für sich beansprucht, und nicht unbedingt die wichtigste und öffentlichste. Alt sein, schwarz oder arbeitslos sein mag für manche ein viel naheliegenderer

Bezugspunkt sein. Wie das Fernsehen der BBC die sexuelle Anziehung zwischen Vita und Violet darstellte, war in sofern zutreffend, als es verdeutlichte: sexuelles Zusammensein, egal wie leidenschaftlich und ergriffen, führt nicht notwendig zu einer individuellen oder kollektiven lesbischen Identität. Statt dessen zeigte dieses Drama eindringlich, daß eine lesbische Beziehung nicht einmal genügend Basis bietet für eine gemeinsame Weltsicht. Die Ehe dagegen verkörperte ein solides und verläßliches Repertoire an gemeinsamen Werten. Aus diesem Grund muß der Ausgangspunkt der Analyse bei der Bewertung von *Porträt einer Ehe* eine bestimmte und singuläre Variante lesbischer Sexualität sein und *nicht* Lesbischsein als Identität oder Bezeichnung einer sozialen Gruppe.

Ich habe bereits argumentiert, daß die Dramatisierung von *Porträt einer Ehe* eine Trennung von biologischem und sozialem Geschlecht verdeutlichte und damit eine Version der Homosexualität hervorbrachte, die sich gut zur Stützung heterosexueller ehelicher Beziehungen benutzen ließ. Das gezeigte Drama verstärkt die Vorstellung, das biologische Geschlecht stehe fest und hänge ursächlich mit dem Geschlecht als soziale Position zusammen. Meine Betonung der Vielfalt sexueller Abweichungen und meine Weigerung, das Lesbischsein als eigene Identität anzusehen, übertrage ich auch auf das Geschlecht. Meiner Ansicht nach ist das Geschlecht (das heißt der Besitz einer weiblichen Anatomie) genausowenig konstant und abstrakt wie das soziale Geschlecht. Es gibt vielmehr verschiedene Spielarten; folglich beinhaltet das Drama in seinem Verlauf häufige Bilder der »Frau« als (nackter) weiblicher Körper sowie der sozialen Position, besonders als Mutter und Ehefrau. Wiederholt wird der Schwerpunkt auf die körperlichen Grenzen des Geschlechts gelegt, als Grundlage des Geschlechts als Sozialstatus; dies unterstreicht die grundsätzliche Instabilität des »Geschlechts«. Es weist darauf hin, daß Frausein genauso variabel und unbeständig ist wie Lesbischsein oder eine noch andere Identität. Die Weigerung, Perversität als sicheren und verläßlichen Gegenpol zu allen Spielarten der Heterosexualität zu sehen, muß logischerweise zu einer Weigerung führen, die Vorstellung von der Frau ein für allemal festzulegen.

Darstellungen lesbischer Sexualität, egal von wem, beinhalten immer bestimmte, beschränkte, bedingte Bilder von Lesben und Frauen, errichten Schranken und begrenzen Bedeutungen. Die

Bilder lesbischer Sexualität, die sich durch *Porträt einer Ehe* zogen, sind tief verwurzelt in einem kulturellen und historischen Kontext. Bei Frauen, die 1990 Frauen lieben, erzeugen diese Bilder ein unterschiedliches Echo, je nach ihren materiellen und politischen Lebensbedingungen und den verschiedenen politischen Positionen, die sie aufgrund ihrer Hautfarbe, Klassenzugehörigkeit und ihrer sexuellen Orientierung einnehmen. Insofern ist es politisch bedeutsam, die Bilder lesbischer Sexualität, die uns *Porträt einer Ehe* vorgesetzt hat, zur Diskussion zu stellen und unterschiedlichen ZuschauerInnen in unterschiedlichem Kontext mögliche Bedeutungen darzulegen. Auf diese Weise finden deren unterschiedliche, bisher ausgeschlossene Positionen und Ansichten der Perversität ihren Ausdruck. Selbst die Erörterung der Mängel und Beschränkungen von *Porträt einer Ehe* führte dazu, daß unterschiedliche Aspekte sexueller Vielfalt zutage traten. So kann der Tendenz entgegengewirkt werden, daß sich »homosexuell« zum Gegensatz und Regulierungsmechanismus heterosexueller Beziehungen entwickelt.

Übersetzt von Christine Frick-Gerke

Die Prachtlesbe in *LA Law*

Nie zu sehen, dennoch immer da?

Rosanne Kennedy

Daß es in der beliebten nordamerikanischen Fernsehserie *LA Law* eine bisexuelle Heldin gibt – die prachtvolle, sexy C.J. Lamb –, ist keine Überraschung. In der Tat entspricht C.J.s Bisexualität völlig dem fortschrittlichen Image des Programms. Obwohl an ein vorwiegend weißes, heterosexuelles Aufsteigerpublikum adressiert, fällt es durch seine Bandbreite ethnischer, sexueller und schichtenspezifischer Identitäten sowie die Liberalität auf, mit der kontroverse Themen angeschnitten werden. Die eigentliche Überraschung liegt darin, daß es der Sendung mit großer Glaubwürdigkeit gelungen ist, eine ›lesbische‹ Figur in die Handlung einzuführen, ohne lesbische Sexualität oder auch lesbische Probleme darzustellen. Amanda Donohoe, die C.J. Lamb spielt, ist erst in der fünften Staffel zur Serie gestoßen und hat sie, zusammen mit anderen Darstellern, in der sechsten Staffel wieder verlassen. Von etwa vierzig Folgen in diesen zwei Staffeln spielte sie nur in acht Folgen die Hauptrolle, und nur fünf davon drehten sich um ihre Sexualität. Keine dieser fünf Folgen zeigte C.J.s erotisches Zusammensein mit einer anderen Frau. Wir sehen lediglich den enttäuschend keuschen Drei-Sekunden-Kuß zwischen C.J. und Abby, dem heterosexuellen Mauerblümchen bei McKenzie Brackman, und erleben eine gute Portion Anmache und Anspielungen. Die Szenen, in denen C.J. besonders sexy erscheint, sind dann jene beiden letzten, in denen sie eine romantische Affäre mit einem Mann hat. Wie war es angesichts dieser Statistik möglich, daß *LA Law* zur Kultsendung lesbischer Fernsehzuschauerinnen wurde? Und was hat *LA Law* letztlich gebracht? Sollen wir C.J.s Existenz als ein Zeichen werten, daß sich das Fernsehen zunehmend und wohldurchdacht sexueller »Flexibilität« öffnet – symbolisiert durch C.J.? Kann C.J., die weder als lesbisch noch als heterosexuell zu identifizieren ist, als Darstellung einer Sexualität gelten, die »queer« ist?

Der bisexuelle Fall

C.J.s Sexualität kommt als »Problem« in der fünften Staffel der Serie auf den Bildschirm, und das im Zusammenhang der sich vertiefenden Freundschaft mit Abby. Ihre Freundschaft erreicht einen kritischen Punkt in der berühmten »Kußszene«, in der C.J. Abby zum Abschied auf den Mund küßt. Die überraschte Abby erwidert den Kuß und eilt von dannen. Ängstlich wie sie ist, rätselt Abby, was dieser Kuß bedeutet, und fragt C.J. später direkt, warum sie sie geküßt hat. C.J. gibt die Frage zurück, und sie legen, was ihre Sexualität betrifft, die Karten offen auf den Tisch: heteroflexibel – C.J. wehrt sich gegen eine Festlegung. Als Abby schließlich ihre Bereitschaft andeutet, sich einzulassen, erklärt C.J. pädagogisch, sie sei für Experimente nicht zu haben und stehe zu Abbys Bedingungen nicht zur Verfügung. Ende gut, alles gut, sie beschließen, »nur Freundinnen« zu sein.

Die Folge mit der Kußszene, in der C.J.s Bisexualität offenkundig wurde, zog unzweifelhaft lesbische Zuschauerinnen in der Erwartung an, in weiteren Folgen C.J. in Frauenbeziehungen zu erleben. Letztendlich sind die Folgen mit C.J. und Abby jedoch enttäuschend, verschenkt, und verdeutlichen die Grenzen der Programmpolitik. Verglichen mit den erotischen Szenen zwischen den heterosexuellen Darstellerinnen und Darstellern, ist der Kuß zwischen C.J. und Abby extrem zurückhaltend, ja geradezu asexuell. Offenbar kann die Möglichkeit einer sexuellen Beziehung zwischen C.J. und Abby in der heterosexuellen Welt von *LA Law* nur als *Problem* dargestellt werden und das auch nur, wenn die sexuelle Komponente beseitigt wird. Schwerwiegender ist, daß diese sexuelle Enthaltsamkeit dem Stellenwert lesbischer Sexualität als Outsider-Sexualität zu entsprechen scheint und weniger der bewußten Strategie seitens der Produzenten. Nach der Logik der Zwangsheterosexualität ist es nur natürlich, daß Abby rätselt, wieso sie und C.J. sich geküßt haben, anstatt sich hinzugeben und das Denken auf später zu verschieben. Aber ihre Reaktion ist offensichtlich das Resultat einer Reihe von Entscheidungen seitens der Produzenten, die das mögliche Geschehen zwischen den beiden Frauen eingrenzen. Zum Beispiel findet der Kuß in aller Öffentlichkeit statt; dort werden sich Abby und C.J. kaum gehenlassen. Noch bedeutsamer: Die Programmentscheidung für eine Figur wie Abby, die wahrscheinlich kein erotisches Objekt für C.J. ist, und die Bindung des Programms an die Vorstellung einer essentiellen Identität grenzen den Verlauf der Handlung allein durch das fehlende Potential dieser Figur ein. *LA Law* hätte seinen Ruf untermauern können, eher »queer« als liberal zu sein, hätte die Beziehung zwischen der temperamentvollen C.J. und der schüchternen Abby ihren Lauf genommen – das wäre »queer« gewesen!

Zufällig enthüllt ein kleines »Mißgeschick« in einer der letzten Ausgaben der australischen Zeitschrift *Cleo* (Oktober 1993) die Grenzen der »Sexualpolitik« in *LA Law* und ist womöglich ein Hinweis darauf, daß wir als Zuschauerinnen der Geschichte zuviel Bedeutung beimessen. In einem Artikel über »Hollywoods heißeste Lesben« identifiziert die Autorin fälschlich ein Foto von Donohoe und Cecil Hoffmann, die die Zoey in *LA Law* spielt, als Foto von Donohoe und Michelle Green, der Darstellerin der Abby. Während alle übrigen Fotos berühmter Hollywood-Lesben diese in erotischer Pose zeigen, grinsen C.J. und Zoey in die Kamera, C.J. Kopf an Kopf mit Zoey, freundschaftlich albern. Ironischerweise illustriert das verwechselte Foto die Relevanz der Lesbenthematik in *LA Law*. Zoey kann Abbys Stelle einnehmen, weil zwischen C.J. und Abby nichts stattgefunden hat; folglich hätte jedes Foto von C.J. und *irgendeiner* Darstellerin aus *LA Law* den Zweck erfüllt, weil das Foto ebenso wie die Freundschaft zwischen Abby und C.J. höchstens potentiell und nicht tatsächlich lesbisch ist. Tatsächlich kann man Zoey und Abby leicht verwechseln, angesichts der Eröffnungsszene der sechsten Serie, in der C.J. und Zoey, beide lachend in Bikinis am Swimmingpool gezeigt werden, wie sie Aerobicübungen machen.

Der Fall vom lesbischen Sorgerecht

Wie Bisexualität in der Folge mit Abby behandelt wird – eher als Problem denn als sexuelle Praxis –, setzt den Maßstab, wie in anderen Folgen Homosexualität dargestellt wird. Die nächste Folge, in der C.J.s Sexualität eine Rolle spielt, findet in der Mitte der sechsten Serie statt. C.J. hat ihren Kollegen, Scheidungsanwalt Arnie Becker, gebeten, ihre Freundin Maggie Barnes in einem Sorgerechtsfall zu vertreten. C.J. erzählt Arnie, daß Maggies Ex-Mann herausgefunden hat, daß sie schon vor ihrer Scheidung vor zwei Jahren eine Affäre mit einer Frau hatte und noch hat. Also versucht er, das Sorgerecht für die beiden Kinder einzuklagen. Während der allmorgendlichen Besprechung im Anwaltsbüro, in der Arnie von seiner lesbischen Mandantin und deren Sorgerechtsstreit berichtet, erklärt C.J. den daraufhin irritierten Kanzleipartnern, sie sei die Geliebte der Mandantin.

Die Anwälte überspielen die peinliche Situation. Während der Gerichtsverhandlung wird der Vater als unangenehm dargestellt – ein Ex-Alkoholiker, der seine Kinder mißhandelte und sie während des ersten Trennungsjahrs nur zweimal besuchte. Als sein Verhalten als Mann hinterfragt wird, behauptet er, die Streitigkeiten mit seiner Frau hätten sich um Sex, nicht um sein Trinken gedreht, und seine Frau hätte ihn hinsichtlich ihrer sexuellen Vorlieben getäuscht. Der gegnerische Anwalt, James Pavlik, verhört Maggie zu ihrer lesbischen Beziehung und deren Auswirkungen auf ihre Kinder. Ein Psychologe sagt aus, daß eine lesbische Mutter ihre Kinder negativ beeinflussen kann, gibt aber zu, daß ein homosexueller Elternteil nicht zwangsläufig bedeutet, daß das Kind homosexuell wird. Als Pavlik C.J. in den Zeugenstand ruft, gesteht sie, sie habe während ihrer Beziehung mit Maggie andere sexuelle Beziehungen gehabt und habe sich, wie andere sexuell aktive Personen, einem HIV-Test unterzogen – mit negativem Ergebnis. Die Frage nach AIDS scheint darauf abzuzielen, C.J. als sexuell »locker« darzustellen; durch ihre offene Antwort wird sie jedoch glaubwürdig. Dann kommt Maggies acht Jahre alte Tochter in den Zeugenstand und erklärt, sie vermisse C.J., und daß ihr Vater nur eifersüchtig auf C.J. sei, weil Mama C.J. und nicht ihn liebe. In der Schlußszene taucht C.J. zu Hause bei Maggie mit einem Weihnachtsgeschenk auf. Beide werfen sich verliebte Blicke zu, Maggie bittet C.J. herein und schließt die Tür. Ende der Geschichte. Die Botschaft: lesbischer Sex gehört hinter verschlossene Türen.

Auf einer anderen Ebene läßt sich diese Folge um lesbisches Sorgerecht als gelungener Versuch interpretieren, den Körper einer Mutter als »queer« darzustellen und so zu unterstreichen, daß die

Sexualität einer Mutter sich nicht auf reproduktive Heterosexualität reduzieren läßt. Wie in der Folge mit Abby lautet die liberale Botschaft der Sendung: Probleme, die durch Lesbischsein entstehen, sollten diskutiert werden; so die Frage, ob Lesben gute Mütter sein können oder ob die Sexualität eines Elternteils die Sexualität eines Kindes beeinflußt. Allerdings sollten zwei Frauen nicht gezeigt werden, wenn sie es »miteinander treiben«; die visuelle Darstellung lesbischer Sexualität gehört nicht auf den liberalen Bildschirm. Außerdem: während die Beziehungen der heterosexuellen Paare sich über mehrere Programmfolgen entwickeln, hat C.J.s Beziehung zu Maggie keine Fernsehgeschichte. Chronologisch gesehen, paßt sie nicht zu Serie fünf: Als sich C.J. mit Abby anfreundete, war nie die Rede von einer Beziehung zu Maggie, was angesichts ihrer Ehrlichkeit eigentlich merkwürdig ist.

Der heterosexuelle Fall

Während in den Folgen mit Abby und Maggie Barnes den Produzenten der Vorwurf gemacht werden kann, daß Lesbischsein lediglich als politisches oder moralisches Problem statt als zeigbare Praxis dargestellt ist, kommt die eigentliche Wende in den letzten beiden Folgen von Serie sechs, in denen sich C.J. mit David McCoy einläßt. McCoy, gegnerischer Anwalt in einem Prozeß, mit dem C.J. zu tun hat, ist nicht der erste Mann in der Serie, der sich für sie interessiert. Mikhail, Susan Blooms Ehemann, macht C.J. einen Antrag, den sie zurückweist. Aber bei McCoy liegen die Dinge anders: Er ist blind. Angesichts der symbolischen Bedeutung von Blindsein als einem der typischsten konventionellen Signifikanten für Kastration kann C.J.s Einlassen mit dem blinden McCoy nicht ohne Hintergedanken sein. Im Hinblick auf die Programmgeschichte hat es eine Logik und ist kunstvoll erdacht. Während McCoys Blindheit ihn nicht als tatsächlich impotent kennzeichnet, hebt es ihn aus der heterosexuellen Männerwelt heraus. Seine Blindheit bedeutet, daß er an einer ganzen Reihe von Männlichkeitsritualen nicht teilgehabt hat, wie Gruppensport, Kämpfen mit anderen Jungen, Militärdienst, Betrachten von Pornographie. Es bedeutet auch, daß C.J. nicht durch den männlichen Blick zum Objekt gemacht wird. C.J. ihrerseits zeigt offen ihr Interesse – es stört sie nicht, daß er blind ist. Im Hinblick auf die Sexuallogik in *LA Law* ist es plausibel, daß C.J. mit einem Mann davongeht, er muß nur ebenfalls Außenseiter in der normativen heterosexuellen Welt sein. Insgesamt zwei von drei Folgen, die sich um die »Lesbenproblematik« drehen, scheinen darauf zugeschnitten zu sein, dem heterosexuellen Publikum zu versichern, daß es nicht von Bisexualität »infiziert« wird (sowohl Abbys wie Maggies Kinder sind, zumindest gegenwärtig, »nicht infiziert«). Die letzte Folge mit McCoy macht C.J. fit für Heterosexualität. Was wir aber nie zu Gesicht bekommen, ist C.J. in einer verbindlichen Beziehung zu einer Frau.

C.J. ist nie offen sexuell engagiert. Wieso gilt sie dennoch von allen Darstellerinnen der Sendung als diejenige, die besonders sexy und »queer« ist? C.J.s sexuelles Image wird am eindeutigsten im Vorspann geprägt – in den kurzen Einstellungen, in denen jeder Darsteller in einer typischen Pose oder denkwürdigen Szene gezeigt wird. Als ihre Person ein fester Bestandteil der Sendung und beliebt bei allen Zuschauerinnen war, wurde ihr Bild sexualisiert. In Serie fünf taucht C.J. dreimal im Vorspann auf, und jedesmal trägt sie ihrem Beruf angemessene, ihre Sexualität verhüllende Kleidung. In Serie sechs jedoch erscheint sie im Kostüm, ebenso am Swimmingpool in einem grün-schwarzen fluoreszierenden Bikini, und mit noch mehr Sex-Appeal, in einem kurzen schwarzen schulterfreien und tief ausgeschnittenen Lycrakleid. In diesem Bild zeigt sie sich in eindeutiger Pose, mit stilisierter Hand- und Körperhaltung wirft sie einen wissenden Blick in die Kulisse. Ich behaupte einfach, C.J.s Erfolg liegt darin, daß sie alle Frauen anspricht, unabhängig von deren Sexualität. C.J. ist schlicht die temperamentvollste Frau in der Sendung, sexy und befreit.

Doch was sie wirklich von den anderen Frauenrollen unterscheidet, ist: sie läßt sich nichts gefallen, ist klug und hat Humor. Männer mögen in Fernsehsendungen die Frau, die sie selbst gern hätten, Frauen mögen die Frau, die sie selbst gern wären. C.J. würde, ohne einen Finger zu rühren, alle Frauenstimmen gewinnen. Ich wäre auch lieber C.J. als Grace Van Owen, die sich immer müht, es allen recht zu machen, aber nicht weiß, was ihr selbst guttäte; oder Anne Kelsey, der zwanghafte Abklatsch glücklicher Heterosexualität. Zoey ist wie Grace verkniffen und vom Leben im Büro des Bezirksstaatsanwalts völlig erschöpft, sie scheint in einer Dauerkrise zu stecken. Verglichen mit diesen Frauen, ist C.J. flott, sexy, pfiffig, optimistisch und genießt das Leben. Folglich identifizieren sich auch Zuschauerinnen mit C.J., die sich sonst nicht mit Lesben identifizieren. Und obgleich C.J. durch ihre Bisexualität aus der Rolle fällt, erscheint sie so nicht weniger ernst und rechtschaffen als die übrigen Personen. Der Grund, warum C.J. beim Publikum so beliebt ist, liegt nicht in ihrer Sexualität. Ihre Rolle findet Anklang bei der Mehrzahl der Zuschauerinnen, ungeachtet ihrer Sexualität. Gleichzeitig findet sie bei lesbischen Zuschauerinnen Anklang, weil diese sich von ihr eine zukünftige lesbische Beziehung versprechen. Aber die Tatsache, daß lesbische Zuschauerinnen ihr Herz für C.J. erwärmen, ist eher ein Zeugnis der fehlenden Darstellung lesbischer Beziehungen auf dem Bildschirm als eine Huldigung der Radikalität von *LA Law.*

Lesbisch contra »queer«

Wie sollen wir also in der abschließenden Analyse die Rolle C.J.s in *LA Law* einschätzen? Und wo rangiert *LA Law*, wenn sexuelle Fragestellungen aufgeworfen werden? Paradoxerweise sind die Folgen, die eine eindeutig lesbische Thematik haben, immanent konservativ, denn die Rolle lesbischer Sexualität wird wiederholt aus ihrem eigentlichen Kontext herausgenommen und mit einer politisch-ethischen Problematik in Zusammenhang gebracht. Zum Beispiel ist Maggies und C.J.s Beziehung nur die Kulisse für die politische Frage lesbischen Sorgerechts. Der gleiche Trick wird in den Folgen mit schwuler Thematik angewandt – bei AIDS und dem schwulen Polizisten. Schwulensexualität wird zu einem politischen und ethischen Inhalt; lesbische und schwule Praktiken können zwar erwähnt und sogar debattiert, jedoch, im Gegensatz zur Heterosexualität, nicht gezeigt werden.

Ähnlich kann die Folge mit Abby kaum als lesbisch oder bisexuell gewertet werden; eher geht es um heterosexuelle Panik und die Angst vor der Erkenntnis, daß die Grenzen der Sexualität durchlässig sind. Anstatt bisexuellen Frauen einen angemessenen Raum in der Darstellung zu geben, widerlegt die Folge mit Abby die lesbische Variante der *Harry-und-Sally*-These, daß »ein Mann und eine Frau nie einfach Freunde sein können, weil der Sex immer dazwischenkommt.« Statt dessen wird behauptet, daß eine eindeutig heterosexuelle und eine lesbische Frau natürlich Freundinnen sein können; Bisexualität wird als legitime sexuelle Identität bestätigt, gleichzeitig werden eindeutig heterosexuelle Zuschauerinnen beruhigt, sie bräuchten keine »Infizierung« ihrer Heterosexualität zu befürchten. Abbys Heterosexualität bleibt unangetastet, und das Anwaltsbüro wird nicht durch suspekte Beziehungen infiziert. Die Darstellung lesbischer und schwuler Sexualität als »Problem« bekräftigt die »Normalität« der Heterosexualität; Heterosexualität wird nur zum Problem, wenn sie exzessiv oder transgressiv ist – im Fall von Inzest oder Vergewaltigung zum Beispiel. Gewöhnlich ist Heterosexualität jedoch die alltägliche, gelebte Wirklichkeit. *LA Law* sammelt politische Punkte, indem die Sendung schwule und lesbische Probleme darstellt, ohne sie jedoch zu revolutionieren oder etwa eine Plattform zu schaffen für die visuelle Darstellung schwuler, lesbischer oder bisexueller Sexualität im Massenmedium Fernsehen. Was natürlich eine klassische liberale Strategie ist, die einem heterosexuellen Publikum ermöglicht, Unterschiede zu dulden, ohne die Arroganz der eigenen Heterosexualität in Frage zu stellen.

Die obige Analyse erklärt jedoch nicht, warum die *LA-Law*-Autoren mit C.J. eine Rolle schufen, die potentiell »queer« ist, deren Darstellungsmöglichkeiten dann aber so dramatisch beschnitten? Ich möchte vorab erklären, was ich meine, wenn ich C.J. als »queer« bezeichne. »Queer Politik« steht gegen »Identitätspolitik«; das »Queer-Konzept« verwirft die Vorstellung einer schwulen oder lesbischen Identität, weil diese ungewollt die binäre Logik der Zwangsheterosexualität stützt; im Gegensatz zur binären Logik Homosexualität – Heterosexualität unterstreicht »Queersein« das, was die Selbstgefälligkeit der Opposition irritiert. »Queer« verschiebt den Blickwinkel von sexueller Identität auf sexuelle Performativität und behauptet, »Queersein« existiere überall, nicht nur in den Randzonen. Folglich taucht Sex, der »queer« ist, an unerwarteten Stellen auf – in der Freundschaft zwischen Zoey und C.J. –, eher als zwischen zwei sich eindeutig als Lesben identifizierenden Frauen. »Queersein« steht als andere Identität nicht in Opposition zur Heterosexualität. »Queersein« stellt alle sexuellen Grenzen in Frage und auf den Kopf, so daß jedes Individuum jede sexuelle oder geschlechtliche Identität besetzen oder annehmen kann; so gesehen unterminiert »Queersein« die Vorstellung einer fixierten

Sexualität. C.J. ist die Verkörperung von »queer«, weil sie jede Identifikation, ob als heterosexuell, lesbisch oder bisexuell, verweigert; sie verweigert eine Selbstidentifikation, legt sich nicht fest, erklärt sich statt dessen als sexuell »flexibel«. Abby als Verkörperung heterosexueller Logik fehlinterpretiert »Flexibilität« als Bisexualität und versucht, C.J.s Sexualität als Identität statt als Performanz festzulegen.

Diese Analyse erklärt jedoch nicht, warum *LA Law*, nachdem dort eine Rolle geschaffen wurde, die sich als »queer« oder bisexuell interpretieren ließ, nicht im Einklang mit *LA Law*'s liberaler Toleranz als relativ sichere Alternative eine lesbische Beziehung entwickelte, ohne die Heterosexualität in Frage zu stellen. Die Antwort, glaube ich, lautet, daß sich C.J.s Rolle sowohl als »queer« als auch als bisexuell interpretieren läßt. Sie kann jedoch nur »queer« sein, solange sie nicht offenkundig sexualisiert wird, und sie kann nur bei sexuellen Aktivitäten gezeigt werden, die nicht »queer« sind – zum Beispiel, als sich eine heterosexuelle Beziehung zwischen ihr und McCoy anbahnt. C.J.s »Queersein« muß in Grenzen gehalten werden; sonst wird riskiert, daß die gesamte Sendung »queer« wirkt. Während die sexuelle Identität einer Rolle wie der C.J.s sich nicht in eine Schublade stecken läßt, funktioniert sie im Sinne der Sendung als Symbol einer sexuellen Identität, nämlich von Bisexualität.

Folglich wird ihr »Queersein« als Identität dargestellt, in jeder Hinsicht parallel zur Heterosexualität, ohne die Heterosexualität in Frage zu stellen. Indem C.J. zum Inbegriff der Bisexualität wird, gibt das Programm nicht-heterosexuellen Orientierungen angemessen Raum und setzt gleichzeitig Bisexualität und Heterosexualität als sexuelle Identitäten fest. Deshalb brauchen die eindeutig heterosexuellen Personen der Sendung ihre sexuelle Identität nicht zu hinterfragen. C.J.s sexuelles Anderssein wird weiterhin unterstrichen, indem die Tatsache, daß sie Engländerin ist, herausgekehrt wird – das heißt, ihr »Queersein« ist akzeptabel, solange es woanders stattfindet und nicht die gesunde amerikanische Heterosexualität infiziert. Wenn C.J. zum Inbegriff für Bisexualität wird, etikettieren die ZuschauerInnen außerdem die anderen Personen und Situationen weniger leicht als »queer«. Durch die angedeutete, aber nicht entwickelte Beziehung zwischen C.J. und Maggie werden wir davon abgehalten, das Verhältnis zwischen C.J. und Zoey als lesbisch zu deuten. Der liberale Eifer von *LA Law* ist darauf ausgerichtet, zu zeigen, daß alles, was nicht heterosexuell ist, nur als bemitleidenswert und nicht als Vergnügen dargestellt werden kann. C.J. ist »queer« und läßt sich nicht einschüchtern, folglich kann sie nicht als Person dargestellt werden, die sexuelle Beziehungen hat, Spaß hat, die anzüglich ist – das wäre subversiv.

Es hätte in *LA Law* nur eine lesbische Beziehung geben können, wenn C.J. als eindeutig lesbisch dargestellt worden wäre und nicht als »queer«. C.J.s »Queersein« hatte jedoch in der für die liberale Welt von *LA Law* möglichen eingegrenzten lesbischen Beziehung keinen Platz und demonstrierte damit die Grenzen der Sexualpolitik von *LA Law*. C.J. konnte nur in dem Umfang »queer« sein, wie ihre Sexualität außerhalb des Bildschirms stattfand. Ihre Sexualität ist also einerseits permanent gegenwärtig, andererseits bekommt das Publikum sie nie zu Gesicht: Sie fungiert als Berechtigung, um heikle Themen anzuschneiden, kann aber nicht dargestellt werden. Die einzigen Personen, die sich anzüglich verhalten, sind seltsamerweise der extrem eindeutig heterosexuelle Brackman und seine Exfrau. Als sie beschließen, wieder zusammenzuleben, führen sie sich verrückt, romantisch, überschwenglich auf – machen sexuelle Anspielungen, lecken sich gegenseitig die Ohren, sind geil –, ganz im Gegensatz zu dem soliden Sex, den wir sonst in *LA Law* zu Gesicht bekommen. Doch bei Brackman und seiner Frau ist dieses Verhalten tragbar, weil es die heterosexuelle Monogamie nicht in Frage stellt. Würden wir Brackman und seine Frau allerdings durch C.J. und Zoey ersetzen, wären diese Szenen subversiv und schlüpfrig. Schließlich müssen wir zugeben, daß C.J. im Rahmen der Sexualpolitik des gegenwärtigen Fernsehens eine großartige Person ist. Dennoch verkörpert sie eine verpaßte Gelegenheit.

Ich danke Judith Ion, Lissa O'Neil und Emma Partridge, daß sie ihre Ansichten zu *LA Law* mit mir diskutiert haben.

Übersetzt von Christine Frick-Gerke

Von der Knotenschnur zur Apfelsinenkiste:

Lesben zur Hauptsendezeit

Margaret Marshment und Julia Hallam

Geschichte ist eine Schnur voller Knoten, das beste, was man tun kann, ist, sie zu bewundern und sie vielleicht ein bißchen mehr zu verknoten.[1]

Jeder, der eine Geschichte erzählt, erzählt sie anders, nur um uns daran zu erinnern, daß jeder sie anders sieht.[2]

Zu einer Zeit, in der Postmodernismus und Polysemie (das Vorhandensein mehrerer Bedeutungen zu einem Wort) die gefeierten Moden der Kulturproduktion sind, klingt ein realistischer Text, der auf eine Änderung der Publikumsmeinung zu einem gesellschaftlichen Problem abzielt, in gewisser Weise altmodisch. Jeanette Wintersons erster Roman, *Orangen sind nicht die einzige Frucht*, war *kein* solcher Text, doch die Fernsehversion, die 1990 von der BBC ausgestrahlt wurde, war es. Winterson sagte zu *Orangen*, daß das Buch »die häuslichen Tugenden, die Macht der Kirche und die angebliche Normalität der Heterosexualität angreift« und daß sie, wenn sie ihren Roman in eine Fernsehserie umwandelt – »die die Zuschauerinnen von der Straße holt« –, dies unter der Bedingung geschieht, »daß der Roman in keiner Weise verwässert wird«, in der Hoffnung, »das Fernsehen könne sowohl eine moralische als auch eine gesellschaftliche Funktion erfüllen.«[3]

Der Erfolg der Fernsehversion deutet darauf hin, daß eine Kulturproduktion mit dem Ziel, gängige Vorurteile anzugreifen, nur gewinnen kann, wenn sie sich der Formen populärer Kultur bedient, und daß die Mechanismen der Geschlossenheit, charakteristisch für die populäre Darstellung, die Kommunikation über radikale Ideen erleichtern können.

Auf den ersten Blick scheint Jeanette Wintersons Roman für die Adaption als Fernsehdrama zur Hauptsendezeit nicht in Frage zu kommen: Er enthält brillante Personendarstellungen, doch die Handlung ist nichtlinear, mit Fabeln und Meditationen durchsetzt und dreht sich um den Verrat einer religiös fanatischen Mutter an einer jungen Lesbe. *Orangen* ist ein Roman, dessen ästhetische Zugkraft eher von formaler und linguistischer Akrobatik als vom Erzählen und Beschreiben abhängt. Sein Status als Kultbuch bei frauenidentifizierten Frauen rührte von seinem komischen und sensiblen Porträt einer lesbischen Heldin. Das Buch hatte 1985 den Whitbread Award gewonnen und damit für einen lesbischen Roman ungewöhnliche Anerkennung seitens des britischen Literaturestablishments erhalten. Doch die dort thematisierte lesbische Liebe schien kaum geeignet, bei der BBC auf offene Ohren zu stoßen zu einer Zeit, in der die Kampagnen der moralischen Mehrheit Großbritanniens gerade zu einem Gesetz geführt hatten, das Gemeinden untersagte, Projekte finanziell zu unterstützen, die »die Homosexualität förderten.«[4] Dennoch wurde im Januar 1990 im britischen Fernsehen *Orangen sind nicht die einzige Frucht* für ein Publikum von etwa sechs Millionen ausgestrahlt, in der Presse hochgelobt und später im Jahr noch einmal gezeigt. Unser Ziel ist nicht, diesen Erfolg zu erklären, sondern zu analysieren, wie die Fernsehadaption dies erreichte und dennoch die Integrität der lesbischen Botschaft bewahrte.

Feministische Kritik betrachtete die Popularisierung feministischer Werke häufig mit Mißtrauen, fand unausweichlich bestätigt: je größer das Publikum, desto größer der Zwang, die feministische Botschaft zu verwässern. Das mag teils darauf zurückgehen, daß Erfolg selbst als verdächtig erschien, und teils auf die verbreitete Vorstellung, daß Formen und Kontext populärer Kultur und radikale Botschaften einander ausschließen. Wir möchten beide Behauptungen diskutieren.

Die Fernsehadaption von *Orangen sind nicht die einzige Frucht* benutzt erfolgreich populäre Erzählstrategien, um eine Lesart des Textes sicherzustellen: die positive Darstellung lesbischer Identität als normativer Sexualität. Dies erfordert die Produktion eines »geschlossenen« Textes. Weil »Geschlossenheit« für gewöhnlich unter dem Gesichtspunkt analysiert wurde, wie sie bestehende Bedeutungen reproduziert und den ideologischen Status quo festigt, wurde ihr die Polysemie als radikalerer, demokratischer, viele, oft gegensätzliche Bedeutungen ermöglichender Darstellungsmodus vorgezogen. Doch wir behaupten, daß die polysemische Textproduktion als Politik ein selbst-vernichtendes Unterfangen ist, da Geschlossenheit an sich eine wichtige und erfolgreiche Strategie zur Schaffung gegensätzlicher Bedeutungen ist.

Von den LeserInnen des Romans *Orangen sind nicht die einzige Frucht* – einer sozialen »Minderheit« frauenidentifizierter Frauen und Lesben – war zu erwarten, daß sie positiv auf die Konzentration des Romans auf Frauenexistenzen und die Bestätigung der lesbischen Identität seiner Heldin reagieren. Aber ein Fernsehdurchschnittspublikum ist eine andere Sache. Was auch immer zwanzig Jahre feministischer Aktivismus im Hinblick auf soziale Gerechtigkeit und Repräsentationsmöglichkeiten gebracht haben, das Wort »Feminismus« hat in der Gesellschaft keinen positiven Klang. Und was für »femistisch« gilt, trifft hundertmal mehr auf »lesbisch« zu. (Wenn beide im allgemeinen nicht sogar in einen Topf geworfen werden.) Feministische und schwullesbische Politik wurde in der Kulturproduktion von positiven Lesbendarstellungen in der Literatur, den bildenden Künsten, in Dichtung und Film begleitet; doch sehr wenig davon findet Eingang in Massenmedien wie das Fernsehen und schon gar nicht zur Hauptsendezeit. Daß *Orangen* zur Hauptsendezeit und im Winter von der BBC (wenn auch auf dem weniger populären Kanal Zwei) ausgestrahlt wurde, ist als bedeutende feministische/lesbische Einmischung in die Sexualitätenpolitik populärer Kultur zu werten.

Jeanette Winterson hat das Drehbuch für *Orangen* selbst verfaßt, in Zusammenarbeit mit der Regisseurin Beeban Kidron, der Produzentin Philippa Giles, der Komponistin Rachel Portman und der Bühnenbildnerin Cecelia Brereton. Wir können voraussetzen, daß sich dieses weibliche Team der »sexualpolitischen Aspekte« seines Projekts bewußt und bemüht war, mit seiner Produktion zur feministisch/lesbischen Politik positiv beizutragen.[5] Für unsere Zwecke gehen wir davon aus, daß der Text bewußt die potentielle thematische Polysemie ausschließt, um eine Lesart lesbischer Identität gegen die sonstigen vorherrschenden ideologischen Definitionen »normaler« Sexualität bei einem Durchschnittspublikum sicherzustellen. Unser Ziel ist es, die Mechanismen der geschlossenen Form auszumachen, die der Text anwendet, um eine angebliche

Homophobie des Durchschnittspublikums zu unterwandern und gleichzeitig sein ursprüngliches frauenidentifiziertes Publikum anzusprechen. Auch wenn die Produktionsentscheidungen nicht so gefällt wurden – wir jedenfalls erzählen die Geschichte so.

Realismus und Vergnügen

Um einen Text populär zu machen, muß er sowohl zugänglich als auch vergnüglich sein. Die Geschichten, die zur Hauptsendezeit im Fernsehen gezeigt werden, sind offensichtlich zugänglich. Programme, die zur Hauptsendezeit ausgestrahlt werden, sind, anders als die auf einen »Minderheiten-Geschmack« ausgerichten Spätprogramme, fast per definitionem von generellem Interesse. Das birgt bereits eine Tendenz zur »Normalisierung« der Programmthemen in sich. Außerdem wurde *Orangen* auf BBC 2 in der Sparte »Quality Drama« aufgeführt. Mit diesem literarisch ambitionierten Etikett, hohem Produktionsanspruch und provokanter Thematik folgt der Film den Traditionen dieses Prestige-Nischen-Programms, und damit ist gewährleistet, daß seine Belange ernst genommen werden.[6]

Realismus ist in unserer Kultur die vertrauteste Erzählform. Der Modernismus hat diese Dominanz im Roman vor fast einem Jahrhundert angefochten, doch in den populären Erzählungen ist der Realismus weiter die herrschende Form. Sein immanenter Anspruch, die Realität einfach zu spiegeln und dabei ein empirisches Projekt zu sein, das auf transparente Weise das bereits Transparente – die Tatsachen – spiegelt, wird besonders deutlich in den fotografischen Medien Film und Fernsehen, die selbst als Fiktion nur aufzuzeichnen scheinen, was »da« ist. Es wurde diskutiert, daß der Realismus, indem er scheinbar »den Zugang zur Wahrheit garantiert« und so seine eigene Konstruiertheit verschleiert, formal unfähig ist, die Realität als widersprüchlich darzustellen und demnach immanent konservativ ist.[7] Dies ist eine seit langem währende und komplexe Debatte, und obgleich hier nicht der Ort ist, die philosophischen Aspekte der »Angemessenheit des Realismus im Hinblick auf die Realität«[8] zu diskutieren, möchten wir auf der Basis unserer Analyse von *Orangen* behaupten, daß er durchaus in der Lage ist, die dominante Ideologie in Frage zu stellen.

Bei *Orangen* handelt es sich im wesentlichen um einen realistischen Text, der innerhalb der Regeln konventioneller Film- und Fernsehfiktionen funktioniert. Er ist mit viel Detailtreue in Szene gesetzt, so daß er als eine überzeugende Rekonstruktion einer bestimmten sozialen Gruppe in einer bestimmten Zeit an einem bestimmten Ort erscheint; er benutzt Szenenfolgen, um einen räumlichen und zeitlichen Zusammenhang aufrechtzuerhalten, und entwirft in sich geschlossene Personen innerhalb einer logisch zusammenhängenden Geschichte. Er bietet das Vergnügen vertrauter ästhetischer Formen, was der »Normalisierung« des Themas dient.

Auf dieser konventionellen realistischen Basis manipuliert der Text jedoch Bezüge zu nicht-realistischen Genres und Darstellungsweisen und kommentiert dann thematisch die sichtbare Handlung. Am deutlichsten ist dies im Vorspann, in dem die ältere und die jüngere Jess in surrealistischen Szenen auf dem Jahrmarkt und in der Kirche verzerrt gezeigt werden, wodurch die Themen Leid und Verlust beim Prozeß des Erwachsenwerdens sowie das Trauma des Verrats symbolisch anklingen. Ähnlich wird an den Höhepunkten der Geschichte eine überhöhte emotionale Stimmung geschaffen, und zwar durch Weitwinkeleinsatz, extreme Nahaufnahmen und Zeitlupe, Techniken, die den lyrischen Liebesszenen einen bedrohlichen Unterton geben. Wenn die kleine Jess im leuchtend weißen Krankenhaus aufwacht, verbildlicht dies die Unwirklichkeit ihres Erlebens. Ihr fratzenhaftes Gesicht in der Exorzismus-Szene symbolisiert ihren Ausschluß aus der Kirche. Das erstarrte Bild des Begräbnisessens, das an Peter Greenaways Filmstil erinnert, richtet das Augenmerk auf das unmenschlich reglementierte Verhalten der Sektenmitglieder. Letzteres ist Teil einer generellen Übertreibung bei der Personendarstellung, wodurch Elemente der Karikatur und das spitze, manchmal bizarr Komödienhafte des Drehbuchs eine Dickenssche sozialkritische Qualität annehmen, die auch bei Autoren wie Naipaul und Rushdie eine Rolle spielt und die uns auf das brutale Melodrama des Exorzismus vorbereitet.

Die schlaglichtartigen Einstellungen, in denen sich die Handlung verdichtet (besonders in der ersten Folge), verkörpern das Interesse des Werks an Erinnerung und Darstellung. Dies gibt dem Film eine besondere Qualität, unterscheidet ihn vom »üblichen Fernsehen«, wobei er sich gleichzeitig durchaus im konventionellen

Rahmen des Realismus bewegt, wie er sich nicht nur in Romanen und Film entwickelt hat, sondern auch in der Tradition des »Quality«-Fernsehspiels.[9] Es gibt Züge, die den Realismus populärer Formen transformieren, ohne grundsätzlich die Wirkung des durch den vertrauten Kommunikationsmodus geprägten Vergnügens zu stören.

Diese Wirkung wird gesteigert, wenn der Realismus gut ausgeführt ist.[10] Ein hoher Produktionsstandard bietet nicht nur das Vergnügen eines gutgemachten Fernsehspiels, sondern zeugt auch von Achtung vor den Zuschauerinnen, was in Produktionen, die Frauenfragen behandeln, von besonderer Bedeutung für die Frauen ist, an die sich diese Produktionen wenden. Vergnügen wird für gewöhnlich nicht als Mechanismus der »Geschlossenheit« definiert, doch es ist klar, daß Zuschauerinnen sich kaum von etwas überzeugen lassen, das ihnen im weitesten Sinne kein Vergnügen bereitet. Wir fassen das beim Betrachten von *Orangen* erzeugte Vergnügen als etwas auf, das die Akzeptanz der Botschaft befördert.

Die Geschichte

Orangen sind nicht die einzige Frucht erzählt die Geschichte von Jess, einem Mädchen, das in einer kleinen nordenglischen Industriestadt von einer streng christlich-fundamentalistischen Mutter erzogen wird. Im Alter von sechzehn Jahren verliebt sie sich in Melanie, ein etwa gleichaltriges Mädchen. Diese Beziehung wird durch die Mutter und andere Mitglieder der Evangelistengemeinde brutal zerstört: Die Mädchen werden öffentlich gedemütigt, und Jess wird einem Exorzismusritual unterzogen. Nach einer zweiten, weniger traumatischen Beziehung weigert sich Jess, ihre Sexualität weiterhin zu verleugnen, verläßt die Kirche und ihr Zuhause und geht schließlich zur Universität. So der Kern der Handlung, der sich der eher thematischen Gliederung des Romans entnehmen läßt und der die Erzählstruktur der Fernsehversion liefert. Die lose Chronologie des Romans wird zur gradlinigeren und vertrauteren Form der biografischen Erzählung umgestaltet.

Die Struktur von *Orangen* folgt jedoch nicht ganz dem traditionellen Muster von Exposition, Störung, Krise und Lösung. Sie ist eher wie ein Triptychon gegliedert, ein feingezeichnetes Porträt von

Jess und ihrer Umgebung umrahmen die zentrale Handlung in der zweiten Folge. Das »Vorher«, das durch eine Serie von Szenen und Ereignissen in Jess' siebtem Lebensjahr den physischen und moralischen Raum ihrer Kindheit markiert, entspricht der üblichen Struktur biografischer Einleitungen in Fernsehspielen. Dargestellt wird, wie gewöhnlich Jess' Kindheit verlief, so wie im »Nachher« dargestellt wird, wie gewöhnlich die Ablösung in der Pubertät passiert, als Jess eine eigene Identität entwickelt. Die Krise der Geschichte ist in der zweiten Folge enthalten, wenn das Gleichgewicht von Jess' biographischer Entwicklung – von Kindheit durch Jugend zur Reife – durch ihre Beziehung zu Melanie und ihren Konflikt mit Familie, Kirche und Gemeinde gestört wird. Diese Folge endet mit einer unsicheren Lösung; trotz ihrer äußerlichen Reue bleibt Jess ihrer Liebe zu Melanie treu. Die vollständige Lösung enthält erst die dritte Folge, in der Jess' lesbische Identität durch ihre Beziehung zu Katy und ihren späteren Austritt aus der Kirche bestätigt wird. Die eher typischen Ereignisse und Situationen um die Krise in Jess' biographischer Entwicklung betten das Außergewöhnliche ins Gewöhnliche ein und fördern ein Sympathisieren des Publikums mit der Heldin.

Brave und Böse

Der Konflikt der Erzählung ist um den Widerspruch zwischen Jess' Sexualität und der Evangelistensekte, in der sie aufgewachsen ist, konstruiert. Dies kann als Sonderfall der weitverbreiteten Diskussionen um die moralische Bewertung der Homosexualität in christlicher Schrift und Praxis gesehen werden. Das »Besondere« in *Orangen* ist jedoch, daß die Diskussion umgangen und statt dessen eine Strategie entwickelt wird, die das Durchschnittspublikum ermutigt, mit der lesbischen Heldin zu sympathisieren und sich so gegen die Kirche zu stellen. Dies wird durch die bewährte Methode erreicht, die eine Seite im Konflikt positiv und sympathisch darzustellen und die andere negativ und unsympathisch.

Die Evangelistensekte wird in *Orangen* als so dogmatisch und intolerant gezeigt, daß ein Bild von Fanatismus entsteht. Probleme werden hier nicht diskutiert. Als die Beziehung zwischen Jess und Melanie entdeckt wird, verdammt man sie vorbehaltlos als

»Todsünde«, unzweideutig heißt es: »Diese Kinder sind voller Dämonen.« Daß Lesbischsein dämonisch ist, nehmen wohl nicht viele britische ZuschauerInnen an; der Text bietet also für Jess' Sexualität keine erkennbar »normalen« Interpretationen, an denen sich die Darstellung von ihrem Standpunkt aus messen ließe. Auch die Art, wie die Sektenmitglieder mit dem sexuell »abweichenden Verhalten« umgehen, ist inakzeptabel. Melanie wird bald durch die öffentliche Demütigung gefügig gemacht. Jess muß sich einem Exorzismusritual unterziehen, wird vom Pastor und anderen Sektenmitgliedern gefesselt, geknebelt, und im Gebet wird ihr »der Dämon ausgetrieben.«

Die Szene ist furchterregend, viel gewalttätiger als im Buch. Jess trägt ihre Schuluniform, inklusive weißer Kniestrümpfe, wodurch sie eher einem Kind als einer sexuell aktiven Jugendlichen gleicht. Die Sektenmitglieder, mit deutlich gestiegenem Adrenalinspiegel, führen sich moralisch abstoßend auf: Vier Erwachsene grunzen und stöhnen, terrorisieren dabei ein junges Mädchen. Die moralische Häßlichkeit wird auch durch Jess' zur Fratze verzerrtes Gesicht angedeutet und durch die Tatsache gesteigert, daß Jess' Mutter sich an den Gewalttätigkeiten beteiligt, wodurch auf den mächtigen Einfluß extremer Ideologien, bis hin zur Korruption familiärer Beziehungen, hingewiesen wird. In diesem Konflikt zwischen Lesbianismus und Kirche ist letztere eindeutig eine grausame und gewalttätige Unterdrückerin und der Lesbianismus das Opfer. Mit anderen Worten, hier ist das Christentum »abweichend«.

Als Beispiel für die Unterdrückung lesbischer Frauen ist diese Szene sehr wirkungsvoll. Manch einer könnte behaupten, die Welt sei zu sogenannten Abweichlern freundlicher als jene Gläubigen zu Jess. Ein Vergleich mit dem Roman erinnert jedoch daran, daß diese Unterdrückungsszene konstruiert ist. Mit ihren frauenidentifizierten Leserinnen kann Winterson in ihrem Roman durch Ironie und Understatement kommunizieren, weil sie eine Wissens- und Gefühlsebene voraussetzen kann, die diese für ihr Anliegen sensibilisiert. Ein weniger klar definiertes Fernsehpublikum bedarf vielleicht mehr der Überredungskünste. Es liegt also nicht nur an den unterschiedlichen Anforderungen von Fernsehspiel und Prosa, daß die Jess angetane Gewalt so bildlich-physisch dramatisiert wird; hier findet auch eine rhetorische Strategie Anwendung, die darauf abzielt, den Zuschauerinnen keine andere Wahl der Reaktion zu lassen als uneingeschränkte Sympathie mit Jess und Empörung gegenüber den Gläubigen.

Im Kontext britischer Kultur scheint diese Strategie erfolgreich. Die lange Geschichte der feindlichen Haltung britischer Medien gegenüber religiösen »Minderheiten«, von der Moon-Sekte über islamische Fundamentalisten bis zu New-Age-Anhängern, läßt die Darstellung einer Evangelisten-Sekte als »verrückt und böse« ganz im Sinn kultureller Vorurteile gegenüber religiösem »Extremismus« erscheinen. Die in *Orangen* porträtierte Sekte kann deshalb kaum viel Zustimmung seitens des britischen Publikums erwarten. So betrachtet, benutzt die Textstrategie eine unpopuläre Minderheit, um eine andere unpopuläre Minderheit in ein vorteilhaftes Licht zu stellen.[11]

Natürliche Leidenschaften

Die lesbische Beziehung zwischen Jess und Melanie ist, im Gegensatz dazu, exakt innerhalb der kulturell konventionellen Darstellungen »erster Liebe« angesiedelt. Die ZuschauerInnen folgen Jess, wenn sie Melanie zum erstenmal trifft, die Kamera nimmt ihren Standpunkt ein, indem sie Melanies Arm hinauf zu ihrem engelsgleichen blonden Lockenkopf schwenkt. Ein klassischer »männlicher Blick« wird lesbisch umgemünzt.[12] Es ist die einzige Beziehung in diesem Werk, die jene Verbindung von Kameradschaft, Zuneigung und sexueller Leidenschaft zeigt, die in unserer Kultur als »Liebe« gilt. Im Text gibt es keine heterosexuelle Beziehung, die in der Weise »normal« ist, daß sich Jess' lesbische Beziehung davon als »abweichend« abheben könnte. Die einzigen dargestellten heterosexuellen Beziehungen sind die zwischen ihren Eltern und zwischen Melanie und Ian. Letztere wird lediglich skizziert, um Melanies Verrat an Jess anzudeuten. Die Dominanz der Mutter über den unerträglich passiven William kann in unserer Kultur nicht als Modell für eheliches Glück gelten, an dem sich Jess' Beziehung messen ließe. Im Gegenteil, der Vergleich mit Jess' Beziehung läßt die anderen mangelhaft erscheinen.

Orangen findet also selbstverständlich, was die herrschende Ideologie an den Rand drängen würde; die Erzählung stattet die »abweichende« Beziehung mit allen hochkarätigen angeblichen

Qualitäten »normaler« Beziehungen aus und verweigert sie jenen Beziehungen, die landläufig als »normal« definiert werden. So wird eine in sich stimmige oppositionelle Basis geschaffen, die den Anspruch erhebt, eine lesbische Beziehung zwischen zwei jugendlichen Mädchen sei die moralische und deshalb kulturelle Norm. Auf dieser als selbstverständlich angesehenen Basis ist nun Raum für Differenzierungen: Jess ist engagierter als Melanie; Jess ist mehr in Melanie verliebt, als sie in Katy verliebt ist. Lesbische Beziehungen sind nicht insofern besonders, als sie einzigartig oder völlig gleich sind; sie sind so verschieden, belastet und zerbrechlich, wie unser gesunder Menschenverstand uns annehmen läßt, daß alle jugendlichen Leidenschaften sind. Dies macht sie »normal«, und der herrschenden Ideologie zufolge ist normal, was natürlich ist, und was natürlich ist, ist richtig.

Philippa Giles, die Produzentin von *Orangen*, hat gesagt: »Wir wollten offenkundig machen, daß die Mädchen eine sexuelle und nicht irgendwie eine Beziehung haben.«[13] So ist es jedoch nicht überall angekommen. In der britischen Presse wurde die Beziehung zwischen Jess und Melanie entweder als komische, aber wohlverdiente Strafe für Jess' religiös fanatische Mutter besprochen oder als »unschuldige« Romanze.[14] In der zweiten Folge sind zwei Szenen, die wegen ihrer polysemischen Möglichkeiten einer näheren Betrachtung wert sind: Wir nennen sie »die Verführungs-« und »die Liebesszene«.

Die erste findet in der evangelistischen Kirche statt, in der Jess Predigerin ist, kurz nachdem Jess und Melanie sich kennengelernt haben. Melanie ist infolge Jess' missionarischer Bemühungen »errettet« worden. Das Kirchenlied »Er hat mich berührt« wird gesungen, langsam und verführerisch, während Melanie wie in Trance wirkt und die ganze Zeit nur Jess in die Augen schaut. Als religiöse Bekehrung und sexuelle Verführung einander überlagern, brechen die beiden emotionalen Welten, in denen Jess lebt, zusammen – die ihres religiösen Glaubens und die ihrer erotischen Liebe. Jess beherrscht eindeutig beide Sphären. Dies läßt sich als Ausbeutung der Sexualität für religiöse Zwecke oder auch als Ausbeutung der Religion zum Vorteil der Sexualität oder als demonstrative Verschmelzung religiöser und sexueller Leidenschaft in Jess interpretieren. Eine zusätzliche Lesart wäre, die Szene als Schilderung der gemeinsamen Subversion einer Situation zu verstehen, die die (männliche) Macht der Institution Kirche verkörpert. Während der Pastor und die Gemeinde erwarten, daß Melanie sich ihrer Autorität unterwirft, definieren die Mädchen selbst die Bedeutung des Geschehens um und stellen sicher, daß die Gemeinde ihre sexuelle Beziehung im Augenblick ihres Beginns feiert – was sicher nicht im Sinne der Gemeinde ist.

Die »Liebesszene« findet kurz danach statt. Die Mädchen verbringen die Nacht zusammen im Haus von Jess' Freundin Elsie, einem älteren Gemeindemitglied, und lieben sich. Ihr Liebesspiel, porträtiert mit einer Mischung aus Humor, Leidenschaft und Romantik, ist auch durch Wildheit und sogar Gefahr gekennzeichnet. Gespräche über Männer als Ungeheuer, die Zeitlupenaufnahmen der lachenden Mädchengesichter sind bedrohlich surreal, und die untermalende Titelmusik läßt alptraumartige Sequenzen anklingen. In die Szene werden Bilder der schlafenden Elsie und der Mutter geschnitten, die im Bett die Bibel liest. Diese Schnitte lassen sich als ironischer Hinweis interpretieren, daß die Mädchen die Erwachsenenvorstellung von allgemeingültiger Heterosexualität für sich umnutzen – eine Vorstellung, weit davon entfernt, die sexuelle Verbindung der Mädchen zu verhindern, sondern sie eher erleichternd. Oder sie deuten die mütterliche Wachsamkeit als für den Fall bedrohlich an, daß die Beziehung entdeckt wird. Daß die Lösung dieser Spannung nicht als Orgasmus gezeigt wird, mag an einer Selbstzensur liegen, wirksam bleibt eine Atmosphäre der Gefahr, die in der Gewalt des Exorzismus gipfeln wird. Die Szene endet romantisch, als die beiden jungen Frauen nackt gemeinsam den Sonnenaufgang betrachten. An dieser Stelle fragt Jess: »Das können doch keine unnatürlichen Leidenschaften sein, oder?« Die Antwort lautet offensichtlich »ja« *und* »nein» – abhängig vom Antwortenden.

Die augenscheinliche Sexualität der Szene, vielfach kommentiert von der Presse, ist im Buch nicht vorhanden – ein Beweis für die Intention des Fernsehdrehbuchs, vorgefaßte Meinungen über »Unschuld« oder »Nettigkeit« sowohl der Jugend als auch der Weiblichkeit in Frage zu stellen. Hier wird lesbische Sexualität nicht verniedlicht; es wird nicht versucht, sie als »netter« als heterosexuellen Sex darzustellen oder anzudeuten, daß Leidenschaft nicht in jedem Fall Spannung, Begierde und Überschwang bedeutet.

Frauen an erster Stelle

Reaktionen auf die Darstellung des Konflikts zwischen Religion und Sexualität werden auch durch die Personencharakterisierung kontrolliert. Unmittelbares Vergnügen bietet sich den Zuschauerinnen, wenn sie sich mit einer der Heldinnen identifizieren. Im Roman wird dies durch die Ich-Erzählung erleichtert, die ermöglicht, alle Ereignisse mit den Augen der Erzählerin zu sehen. Das Fernsehen kann Ich-Erzählungen nur durch »Voice-over«, einen eingesprochenen Erzähltext, darstellen, was kurz, aber einprägsam zu Anfang und Ende von *Orangen* geschieht. Sonst wird die Erzählperspektive durch die Zentralität der Hauptfigur und durch die Kameraführung gewährleistet.

Jess ist die zentrale Figur des Dramas wie des Romans (sie heißt lediglich nicht mehr wie die Autorin); es ist ihre Geschichte, die erzählt wird, und sie ist es, die die meiste Zeit auf dem Bildschirm zu sehen ist. Eine solche Zentralität fördert an sich bereits die Identifikation des Publikums, Jess' Rolle bestärkt sie zusätzlich: Sie wird als intelligent, sensibel und prinzipientreu dargestellt und besitzt die Kraft, über ihre Mißhandlung zu triumphieren.

Wie Jess visuell dargestellt und wie ihre Rolle verkörpert wird, hat wesentlichen Einfluß auf die Reaktion des Publikums. In der ersten Folge spielt Emily Aston die siebenjährige Jess, mit ihrem Können gewinnt sie die Herzen der Zuschauerinnen sowohl als Schauspielerin in einer anspruchsvollen Rolle als auch als Hauptperson in einer schwierigen Situation. Sie verkörpert eine unbestechliche kindliche Wahrnehmung, die (vielleicht unbeabsichtigt) die Heuchelei der Erwachsenen bloßstellt und die Scheuklappen, die ihnen die Systeme verpaßt haben, denen sie angehören. Ihre unschuldige Logik, die sie von der Logik der durch ihre Mutter vermittelten Sekte ableitet und gleichzeitig in Widerspruch dazu stellt, ist Quelle eines immer für sie sprechenden Humors. Sie nimmt die religiöse Ausdrucksweise der Mutter wörtlich, hält zum Beispiel die »unnatürlichen Leidenschaften« der Frauen im Süßigkeitenladen für Chemikalien in den Süßigkeiten; oder verdeutlicht, wie abgedroschen die Bemerkung der Lehrerin ist, daß »Gewinnen unwichtig« sei, indem sie erwidert: »Warum verteilen Sie dann Preise?« Die kleine Jess ist liebenswert, weil sie eine kindliche Verletzlichkeit besitzt, die die Sympathie der Erwachsenen weckt; aber wichtiger ist vielleicht ihre bewundernswerte Fähigkeit, sich im Leben zurechtzufinden. Diese Mischung aus Sympathie und Bewunderung kann auf die ältere Jess übertragen werden, als diese sich den feindseligen Angriffen der Gemeinde auf ihre Sexualität ausgesetzt sieht.

Der eindrucksvollste Wesenszug der jungen Jess ist ihre frühe geistige Unabhängigkeit, ihr unbestechliches Beharren darauf, daß ihre Sexualität keine Sünde ist, wie die Kirche behauptet. Dies wird in der zweiten Folge dramatisch deutlich, als sie sich gegen die Verunglimpfung ihrer Beziehung wehrt, indem sie dem Pastor erklärt, sie liebe Melanie, und mit einem Bibelspruch kontert: »Der heilige Paulus sagt bei den Römern, Kapitel Vierzehn: Ich weiß und bin's gewiß in dem Herrn, daß nichts unrein ist an sich selbst; nur dem, der es für unrein hält, dem ist's unrein.« Dies und Jess' Erklärung, daß sie nie »lernen wird, das Gute zu verbergen«, sind die eindeutigsten Aussagen zur Moral lesbischer Sexualität. Sie werden durch Jess' Reue und ihre Wiedereingliederung in die Kirche ein wenig getrübt: Ist die Heimlichkeit ihres Treffens mit Melanie und ihrer späteren Beziehung zu Katy ein Beweis von Heuchelei, Verwirrung oder innerer Stärke? Die hier geweckten Zweifel werden wohl durch die Gewalttätigkeit des Exorzismusrituals aus dem Wege geräumt sowie durch den moralischen Vergleich zwischen Jess und Melanie (die ihre Beziehung verleugnet) und zwischen Jess und Miss Jewsbury (die als konsequente Taktik ihre Sexualität verbirgt).

Unnatürliche Leidenschaften

Eine im Buch eher schemenhaft dargestellte Person, die nun eine tragende Rolle spielt, ist der Pastor, der die Autorität und die Werte verkörpert, mit denen Jess in Konflikt gerät. Er ist es, der Jess und Melanie öffentlich denunziert, der das Exorzismusritual leitet und mit dem es letztlich keine Versöhnung gibt. Er repräsentiert die Macht der religiösen Institution und deren patriarchalische Wurzeln. Als Jess' Hauptgegner, sowohl von der Erzählung her als auch ideologisch, ist seine Darstellung ausgesprochen wichtig: Sie stellt die Weichen, wie Jess und ihr Wertesystem beurteilt werden.

Er hat die deprimierend vertraute Stellung des einzigen Mannes und Führers der Gruppe inne, eine Position, die ihn bei einem modernen weiblichen Publikum nicht beliebt macht, allein schon weil er so eindeutig in seiner Macht und dem damit verbundenen Prestige schwelgt. Stiernackig und glattrasiert – als hätte man ihm die Haare abgeschrubbt –, ein zu enger Anzug, dröhnende Stimme oder sülziges Flüstern: In die Gedanken des Pastors werden wir nicht eingeweiht, wir müssen ihn so nehmen, wie wir ihn sehen, und wir sehen einen Heuchler übelster Sorte. Die Heuchelei mag nicht bewußt sein, sondern die Sublimierung physischer Begierde in ein selbstgerechtes Machtgefühl. Sein Angriff gegen die »unnatürlichen Leidenschaften« überzeugt nicht: Jess ist so eindeutig im Besitz der natürlichen Leidenschaft, verglichen mit seiner vor unterdrückter Lust triefenden angeblichen Asexualität. Als er Jess anklagt, »Männergelüsten« anheimgefallen zu sein, wirkt er unglaubwürdig, denn der Pastor ist der einzige Mann, dem die Gier ins Gesicht geschrieben steht, und Jess ist eindeutig nicht wie er. Seine fromme Wut zeigt viel offensichtlicher das Patriarchat in Bedrängnis. Der Pastor wird zum Bösewicht des Stücks aufgebaut, und zwar mit überwältigendem Erfolg, wobei die Darstellung durch Kenneth Cranham beinah übertrieben wirkt. Bei einem solchen Gegner kann sich Jess, ohne auch nur einen Finger zu rühren, der Sympathien des Publikums gewiß sein.

Was für eine Frau!

Vielschichtiger ist Jess' Beziehung zu ihrer Mutter, unzweifelhaft der eindrucksvollsten Gestalt der Geschichte. Die Wirkung der Mutter entspringt ihrer Monstrosität, durch die sie gleichzeitig unter die Haut geht. Diese Monstrosität ist das Resultat ihrer engstirnigen Religiosität, die sämtliche Aspekte ihres Lebens und Umgangs beeinflußt. Als Tochter einer so durch und durch dogmatischen Mutter hat Jess unser ganzes Mitgefühl. Vielleicht besitzen alle Mütter in den Augen der Kinder eine monströse Dimension, allein durch ihre Allgegenwart, so daß dieses Mitgefühl auf eigene Kindheitserinnerungen der ZuschauerInnen zurückgeht – die Aufforderung zur Identifikation wird in der ersten Folge durch die häufige Kameraführung in Bodennähe, also aus Jess' Blickwinkel, verstärkt. Vielleicht erscheint die Mutter auch ungewöhnlich überwältigend, weil ihre Weltsicht oppositär ist und so die »Indoktrination« der Tochter verdeutlicht. Zum Beispiel ist ihr

Wunsch, daß Jess Missionarin wird, einerseits unglaublich autoritär, andererseits unterscheidet er sich eindeutig, auch in seiner Ausdrücklichkeit, von den Hoffnungen anderer Mütter. Sicher hätten viele von uns wie Jess erklärt: »Ich bin nicht, was sie gern möchte. Ich bin nicht so, wie sie will. Ich bin einen anderen Weg gegangen.«

Die Figur der Mutter bereitet dem weiblichen Publikum jedoch auch Vergnügen. Ihr starker Glaube ist der Ursprung ihrer Macht; beseelt von Vertrauen und Entschlossenheit, die er ihr verleiht, führt sie anscheinend mit der linken Hand den Haushalt und erzieht Jess, widmet der Kirche Zeit und Energie und baut obendrein ein Badezimmer. Ihre geistige und körperliche Energie sind beträchtlich und unwiderstehlich. Geraldine McEwan spielt die Rolle mit großer Eindringlichkeit. McEwan, bekannt aus anderen Fernseh- und Bühnenrollen, verkörpert offenkundig eine Person, die anders als sie selbst ist; dies ist bereits ein Vergnügen an sich, und gleichzeitig verleiht es einer Rolle Distanz, die sonst engstirnig, feindselige Reaktionen hervorrufen könnte.

Im Patriarchat kann weibliche Macht nur im Kampf und durch großen Energieeinsatz, wie ihn die Mutter aufbringt, erreicht werden. Dies hat bestimmt einen wichtigen Anteil am Vergnügen, das sie dem weiblichen Publikum bereitet. Abgesehen von den Zweifeln am Sinn ihres Energieeinsatzes, die das Publikum haben muß, ist das Spektakel ihrer Selbstbeherrschung und Herrschsucht furchterregend. Die Logik ihres Glaubens entspricht nicht dem, was gemeinhin als gesunder Menschenverstand gilt, so daß ihr Benehmen oft komisch und unpassend, wenn nicht sogar schlicht verrückt wirkt. Sie baut ein Badezimmer, nicht weil sie es braucht, sondern weil der Herrgott es ihr befohlen hat. Für sie ist Jesus die sinnvolle Alternative zu einer Stellage zum Hyazinthenzüchten. Sie wünscht ihren lärmenden Nachbarn »ägyptisches Geschwür« und »unheilbare Beulen, Krätze und Grind«. (Schließlich treiben sie sonntags »Unzucht«!)

Aber der Humor geht nicht auf ihre Kosten, denn sie siegt immer: Sie baut das Badezimmer, die Hyazinthen wachsen ohne Stellage, die von nebenan sind sowohl zum Schweigen gebracht als auch verpickelt – für sie ein Glaubensbeweis. Viele ihrer Widersacher rufen kaum Sympathie seitens des Publikums hervor: Die Gläubigen sind stereotype ältliche oder alte Damen ohne Verstand und Überzeugung; die Nachbarin ist eine unansehnliche trostlose junge

Frau; die Lehrerin kann nicht aus ihrer angepaßten Haut heraus. Sie alle bilden keine überzeugende Gegenposition, von der aus die Figur der Mutter ins Lächerliche gezogen oder verurteilt werden könnte. Dies trifft sogar auf liebenswertere Personen aus Jess' Freundeskreis zu, deren Funktion eher darin liegt, die Unzulänglichkeiten der Mutter zu unterstreichen, als eine Alternative zu bieten.

Es ist keinesfalls weit hergeholt, die Figur der Mutter mit populären Darstellungen von Margaret Thatcher als Premierministerin zu vergleichen. Als dogmatische und mächtige ältere Frauen rufen beide die gleiche Mischung aus Bewunderung, Ungläubigkeit, Abneigung und leidenschaftlichem Haß hervor. Doch die Mutter hat, wenn sie Jess bemuttert, eine zusätzliche Dimension – sie liebt ihre Tochter. »Paßt gut auf sie auf«, sagt sie, als sie sie zeitweilig in die Obhut einer anderen Frau gibt, »sie ist meine ganze Freude.« Und es gibt Augenblicke, in denen ihre eigentümlichen Ansichten durchaus etwas Kritisches haben, zum Beispiel, wenn sie eine Klassenarbeit als unwichtig abtut: »Wie einer sein Leben lebt, das ist wichtig.«

Und Jess ist, wie es so schön heißt, »ganz die Mutter«. Sie hat den Dickkopf der Mutter geerbt, ihr öffentliches Beharren auf ihren Ansichten, ihre Leidenschaft, ihr konsequentes Denken und ihre Streitbarkeit. Ob Jess, wie sie behauptet, wie ihre Mutter »*gern* Ringkämpfe austrägt« oder nicht – jedenfalls legt sie sich mit ihrer Umgebung an. Indem sie ihre lesbische Identität bejaht, wird sie, wie Winterson von ihr sagt, zur Missionarin. Folglich ist sie die einzig ebenbürtige Gegnerin ihrer Mutter in einem unentschiedenen Kampf. Das macht die Bindung zwischen ihnen aus, das Vermächtnis der Mutter an die Tochter. Verrat ist ein Hauptthema in Wintersons Roman:

> Es gibt verschiedene Arten von Gemeinheit, aber ein Verrat ist ein Verrat, wo immer man ihn findet. Sie verbrannte an jenem Abend auf dem Hof weit mehr als nur ein paar Briefe. Ich glaube nicht, daß sie sich dessen bewußt war. In ihren eigenen Augen war sie immer noch die Königin, aber nicht mehr meine Königin ...[15]

Zweifellos ist das Zerwürfnis zwischen Mutter und Tochter in der Fernsehversion von *Orangen* tief. Durch die zentrale Rolle des Pastors entsteht der Eindruck, als sei dieses Zerwürfnis jedoch ein

Teil des Konfliktes zwischen Jess und der Kirche. Das Romanende läßt zwar das Zerwürfnis zwischen Mutter und Tochter als nicht wiedergutzumachen erscheinen, doch die nichtlineare Erzählweise erleichtert eine emotional komplexe Lesart der Beziehung. In der chronologisch einfacheren Struktur des Fernsehdramas gibt die Betonung des Verrats dem Konflikt zwischen den beiden Frauen gegenüber ihrer engen Bindung augenscheinlich zuviel Gewicht.

Die Versöhnung in der Schlußszene der Fernsehversion wirkt stärker betont als die Unzufriedenheit, mit der der Roman endet. Wie im Buch gibt es keine Abrechnung zwischen Mutter und Tochter, doch in der Fernsehversion implizieren sowohl der Dialog als auch die mimische Darstellung, daß die Mutter das Zerwürfnis nicht überspielt, sondern eindeutig versucht, es zu beenden. Mimik und Körpersprache drücken auch ihre Distanzierung von der Feindseligkeit des Pastors gegenüber Jess aus. Das Werk endet also mit dem Vergnügen beidseitiger Anerkennung. Jess' Lächeln spiegelt sich in den Brillengläsern der Mutter, die gerade über das CB-Funkgerät, das sie sich gebaut hat, »elektronische Gläubige überall im Nordwesten« aufruft. Sie hat ihre Mutter nicht geküßt, hat aber eingesehen, daß diese immer so, wie sie ist, bleiben wird, und die versöhnliche Geste der Mutter akzeptiert. Diese Lösung ist nicht vollkommen, läßt aber mit ihrer immanenten zärtlichen Komik eine Hoffnung für die ZuschauerInnen bestehen.

»Vaterschaft ist eine Fiktion«, erklärt Stephen Daedalus in *Ulysses*[16] und meint damit, daß Frauen sich der von ihnen geborenen Kinder bewußt sind, wohingegen die biologische Verbindung zwischen Vater und Kind nur eine Annahme sein kann, so daß Vaterschaft eine »Wahlverwandtschaft« ist, eher geistig als genetisch. Vaterschaft ist für Jess eine Fiktion, weil William in ihrem Leben keine aktive Rolle spielt. Aber Jess ist ein Adoptivkind, für sie ist also auch Mutterschaft eine Fiktion, eine Wahl, eine geistige Verbindung. Nichtsdestoweniger wahr und mächtig.

Orangen ist in seiner Absage an die Rolle der Natur in der Mutter-Tochter-Beziehung kompromißlos. Die Autorin lehnt sie als so grausam und konsequent ab, wie die Mutter Jess' biologische Mutter ablehnt. »Ich bin deine Mutter«, sagt sie, und im Text bewahrheitet sich ihre Aussage – über die natürliche Mutter wird nie wieder ein Wort gesprochen. In der Dynamik der Mutter-Tochter-Beziehung zwischen Jess und ihrer Mutter spielt die Tatsache der fehlenden Blutsverwandtschaft keine Rolle; sie ist nicht die Ursache für ihre Differenzen. Diese Botschaft, daß wir das Produkt unserer Umwelt und nicht der Vererbung sind, wirkt stark und befreiend; die Wahlfreiheit ist es, die unsere engsten Beziehungen formt.

Frauen und Kinder zuerst

Jess' Beziehung zu ihrer Mutter, ihrer Geliebten und den Freundinnen spielt auf dem Hintergrund einer vorwiegend weiblichen Gemeinschaft – schon an sich ein Vergnügen für ein weibliches Publikum. Sowohl in der Kirche als auch andernorts besteht die Gemeinde fast ausschließlich aus Frauen. Kein feministisches Utopia wird dargestellt: Neben Freundschaft, Hilfsbereitschaft und Liebe gibt es Neid, Vorurteile und Grausamkeiten. Das Entscheidende ist nicht, ob Beziehungen zwischen Frauen idealisiert werden, sondern daß sie wichtiger genommen werden als Beziehungen zwischen Männern und zu Männern.

Die Geschichtsschreibung hat das Erbe der Frauen unsichtbar gemacht. Das Fernsehspiel *Orangen* stellt Aspekte dieser weiblichen Geschichte dar. Durch Elsie, Jess' ältere Freundin, durch Cissy, die ihr nach dem Bruch mit der Mutter ein Zuhause und Arbeit im Beerdigungsinstitut gibt, und vor allem durch die Mutter selbst ist Jess Erbin generationenalter weiblicher Erfahrung. Dies zeigt sich besonders im reichen Schatz an Geschichten, die die Mutter Jess erzählt; Bibelgeschichten, Geschichten von Bekehrungen, über ihre eigene Bekehrung, über die Vergangenheit, als sie »noch dünn« war. Weibliche Tradition wurde vorrangig mündlich überliefert; weibliche Werte wurden in Geschichten weitergegeben, wie sie Mütter ihren Kindern im Alltag erzählen. Nicht die offizielle Geschichte der Männer, sondern vertrauliche Frauengeschichten.

Die Geschichte von Jess bietet dem Fernsehpublikum nie eine männliche Sichtweise, und auch die Kamara bietet sie kaum – nur in kurzen Einstellungswechseln. Abgesehen vom Pastor spielen männliche Darsteller und Belange in *Orangen* eine Nebenrolle. William, Jess' Vater, schweigt die ganze Zeit, nur in der letzten Szene sagt er »Amen«. Graham, vor dessen Reizen Jess gewarnt wird, dient nur als Hintergrund ihrer Beziehung zu Melanie; Ian, Melanies Verlobter, symbolisiert nur Melanies Verrat an Jess; beide spielen eine geringe Rolle. Jess und Melanie lachen in den Liebesszenen über die Ungeheuer Männer und weisen eine Ehe weit von sich – wie Melanie es ausdrückt: »Die ganze Zeit mußt du nur kochen und saubermachen.« Sie vergleichen ihre Beziehung mit der zwischen David und Jonathan, die nicht verheiratet waren, aber sich »sehr mochten«. Diese Vernachlässigung, sowohl in der Darstellung als auch in den Dialogen, führt dazu, daß Männer in Jess' Bewußtsein, was auch im Buch deutlich ist, nur Nebenrollen einnehmen.

Soweit es mich betraf, waren Männer etwas, was man im Haus hatte, nicht sonderlich interessant, aber relativ harmlos.[17]

Jess' wirklich wichtige Beziehungen sind sämtlich Beziehungen zu Frauen und Mädchen. Zusätzlich wird keine der Frauen in einer wichtigen Männerbeziehung gezeigt; die Frauenbeziehungen sind wichtiger, die lesbischen Beziehungen finden also nicht in einem Kontext statt, in dem heterosexuelle Institutionen wie Ehe oder Familie vorherrschen.

Du siehst es ihnen immer an

Homophobe Ideologien behaupten, Homosexuelle ließen sich aufgrund ihres Aussehens identifizieren. Im Roman bestreitet Wintersons Erzählerin ausdrücklich, daß ihre sexuelle Neigung »Männernachmacherei« sei.[18] In der Fernsehdramatisierung wird dies durch die Rollenbesetzung und -darstellung verdeutlicht.

Keine der lesbischen oder in lesbische Beziehungen verwickelten Figuren entspricht visuell dem »butch«-Klischee; sie scheinen im Gegenteil darauf angelegt, ihm entgegenzuarbeiten. Im Fall von Jess ist dies besonders wichtig, die als Kind und Jugendliche visuell als »normal« kodiert wird: Während es im Roman heißt, sie trüge nie Röcke[19], hat sie in der Fernsehversion nur einmal Hosen an – vermutlich, um jede Assoziation mit dem »butch«-Typus auszuschließen. Melanie gleicht einer präraffaelitischen Heldin, eine Verkörperung von Weiblichkeit in krassem Gegensatz zum »butch«-Klischee, das frauenidentifizierte Frauen vielleicht als »femme« deuten, andere jedoch als Grund, daß jeder, auch ein Mädchen, sich in sie verlieben muß. Katy, zu der Jess eine weniger intensive

Beziehung hat, wird demgegenüber als Sechziger-Jahre-Teenager dargestellt, der sich für Popmusik begeistert und modisch gekleidet ist, auch wenn sie »asiatischer« Herkunft ist (wie die Briten sagen).

Die Botschaft ist eindeutig: »Typisch lesbisch« gibt es nicht. Darüber hinaus wird durch die Tatsache, daß dies die einzigen weiblichen Jugendlichen im Drama sind, impliziert, daß Lesbischsein nicht nur normal, sondern normativ ist. Die beiden Jungen, die Katy und Jess auf dem Jahrmarkt treffen, werden freundlich scherzend davongeschickt. Graham ist für Jess nicht von Interesse, trotz der Mutmaßungen der Gläubigen. Und aus Jess' Sicht ist Melanies bevorstehende Hochzeit mit Ian, der als ruppiger und arroganter Jüngling dargestellt wird, ein Verrat, nicht nur an Jess, sondern an der schwesterlichen Solidarität.

Bedeutungsvoll ist die Darstellung von Miss Jewsbury, der einzigen erwachsenen Lesbe der Geschichte. Sie ist jünger als die übrigen Gemeindemitglieder und Jess' einzige aktive Verbündete, als sie wegen ihrer »unnatürlichen Leidenschaften« denunziert wird. Hier zeigt sich die schwesterliche Solidarität als Beispiel für das lesbische Solidaritätsnetz; es wäre zu erwarten gewesen, daß die Beziehung zwischen ihr und Jess als eng dargestellt wird. Doch als Miss Jewsbury ihr bei Elsies Beerdigung ihre Freundschaft anbietet, weist Jess diese heftig zurück. Warum? Die Leserinnen des Buchs können dies als Reaktion auf den Vertrauensmißbrauch werten, den Miss Jewsbury beging, als sie Jess nach der öffentlichen Denunziation verführte. Doch im Drama findet diese Verführung nicht statt.

Wenn der Grund für diesen Mangel an Vertrautheit zwischen den beiden nicht ganz klar ist, sagt dieses dennoch etwas über Beziehungen zwischen Frauen aus. Wenn alle engen Freundschaften in der Geschichte zwischen Frauen bestehen, heißt dies noch lange nicht, daß alle Frauen automatisch Freundinnen sind. Genauer gesagt wird behauptet, daß nicht alle Lesben Freundinnen sind, geschweige denn sich lieben. Gängige Klischees über Schwule gehen oft genau von dieser Annahme aus – so als würden Homosexuelle, anders als Heterosexuelle von jedem/jeder sexuell angezogen, der/die die gleichen sexuellen Neigungen hat. Wahrscheinlich ist das der Grund, warum die Szene, in der Miss Jewsbury Jess verführt, in der Fernsehversion ausgelassen wurde. Sie würde nur ein gängiges Vorurteil bedienen.

Der Mangel an Vertrautheit zwischen Jess und Miss Jewsbury ist auch eine Absage an ein anderes homophobes Vorurteil: daß Kinder riskieren, von erwachsenen Homosexuellen verführt zu werden. Frauenidentifizierte Leserinnen sind bereit, zu akzeptieren, daß zwischen Frauen die gleichen ausbeuterischen Beziehungen wie zwischen Männern und Frauen bestehen können, doch ein breiteres Publikum wird dies wahrscheinlich anders interpretieren. Statt dessen werden die Versuche der Mutter, Jess von Miss Jewsbury fernzuhalten, gegenstandslos, weil diese eindeutig keinen Einfluß auf Jess hat und ihr kein Rollenvorbild bietet. Im Gegenteil, Miss Jewsbury dient als Folie für Jess' prinzipielle Weigerung, ihre Sexualität zu verbergen. Miss Jewsbury ist eine Schranklesbe; ihr Lesbischsein ist das »Problem«, die »falsche Sorte Leute zu lieben«. Visuell zeigt sich diese kleinlaute Haltung in ihrer altjüngferlichen Schlampigkeit und ungelenken Körpersprache. Im Verlauf der Geschichte wird ihre Verschleierungstaktik eindeutig nicht durch die Akzeptanz der Gläubigen, die sie »unheilig« finden, belohnt.

Elsie dagegen ist Vertraute und Freundin zugleich. Stereotyp dargestellt als närrische, aber freundliche und kluge alte Dame, ist Elsie eine frauenidentifizierte Frau. Sie war eine militante Frauenrechtlerin und ist sogar einmal eingesperrt worden; sie riskiert einen Gewissenskonflikt, als sie versucht, Jess und Melanie vor dem Zorn der Gemeindemitglieder zu schützen, und macht abschätzige Bemerkungen über Männer (Ärzte sind »Messerwetzer«), Gott nicht ganz ausgenommen. Offenbar ist sie Witwe, doch ihr früheres Eheleben hat keinen Einfluß auf die Darstellung ihrer Figur. Es ließe sich folgern, daß sie womöglich lesbisch ist, doch es reicht, sie als festen Bestandteil dessen zu sehen, was Adrienne Rich »das lesbische Kontinuum« nennt.[20]

Lesbischsein wird demnach als bei allen Frauentypen üblich dargestellt, unabhängig von Aussehen, Persönlichkeit, Alter oder ethnischer Herkunft. Die Geschichte behauptet, daß Lesben sich nicht aufgrund eindeutiger Wesenszüge identifizieren lassen; daß sie miteinander – als Geliebte, Freundinnen oder Lesben – in Beziehung treten oder auch nicht. Die darin enthaltene Wahrheit weicht jedoch einer spezifischen lesbischen Identität aus; sie umgeht ein lesbisches Gemeinschaftsgefühl sowie die Entscheidungen, die Lesben bezüglich ihres Erscheinungsbildes, ihrer Körpersprache oder ihres Lebensstils treffen. Vermutlich fällt dies unter den Tisch, weil alles auf die Botschaft angelegt ist, Lesbischsein und Lesben seien »etwas ganz Gewöhnliches«.

Radikaler Realismus

Die einzige und wichtigste Behauptung, die im Text über das Lesbischsein vorgebracht wird, ist die, daß es etwas ganz Gewöhnliches sei, eine normale Art des Zusammenseins; kurz, das Lesbischsein wird »naturalisiert«. Wir wollen damit nicht sagen, daß der Text in die Angeboren-anerzogen-Debatte eingreift; Jess' Sexualität wird weder zur Diskussion gestellt noch erklärt oder gerechtfertigt – nicht im Hinblick auf Hormone, Biographie oder »Sexualpolitik«. Die Begriffe »lesbisch« oder »homosexuell« fallen nicht. Es wird keine liberale Textstrategie angewandt, die sich in Debatten mit der dominanten Ideologie einschaltet und deren gesunden Menschenverstand zwar als gegeben ansieht, dennoch modifiziert oder in Frage stellt, Mängel und Widersprüche erklärt und Alternativen verteidigt. Der Film *Lianna* ist, im Hinblick auf das Lesben-Thema, ein Beispiel für diese Strategie: Die Freundinnen der Frau, die ihren Mann wegen einer Frauenbeziehung verläßt, werden gezeigt, wie sie mit deren »anderer« Sexualität zurechtkommen und die Frau *trotz* ihres Lesbischseins akzeptieren.

So arbeitet *Orangen* nicht. Statt dessen wird Jess' Lesbischsein als etwas dargestellt, was aus ihrer Sicht – und damit auch aus der Sicht der ZuschauerInnen – einfach *ist*. In unserer Kultur wird als natürlich angesehen, was »einfach ist« – was offensichtlich der Fall ist und was weder erklärt noch diskutiert werden muß. In fiktionalen Darstellungen müssen heterosexuelle Beziehungen nie erklärt oder diskutiert werden. Wenn es im Hinblick auf eine heterosexuelle Beziehung zum Konflikt kommt, dann nicht über die Frage, ob Männer und Frauen sich überhaupt ineinander verlieben sollten. Ähnlich stellt *Orangen* nicht zur Debatte, warum sich Jess in Melanie verliebt oder ob dies angebracht ist: Sie ist es einfach. In diesem Sinn wird ihr Lesbischsein genauso als natürlich dargestellt wie die Heterosexualität in den meisten anderen Texten.

Dies geschieht, obwohl der Konflikt der Handlung der feindlichen Haltung der Sekte gegenüber Jess' Sexualität entspringt. Zentral bei der Schilderung dieses Konflikts zwischen Fundamentalismus und Lesbischsein ist die kontrastierende Darstellung beider im Hinblick auf »Normalität«. Beide werden dem gegenübergestellt, was die herrschenden ideologischen Formationen britischer Kultur als »normale« Sexualität und »normale« Religion definieren. Doch während Jess' Lesbischsein im Rahmen moralischer Beziehungsnormen porträtiert wird, stellt die Darstellung der fundamentalistischen Sekte deren Werte und Praktiken in Frage und beurteilt sie auf dem Hintergrund einer humaneren und intelligenteren Moralität – die Homosexualität nicht ahnden würde. Die Problematik des Textes ist also nicht der Lesbianismus, sondern der Fundamentalismus, dem es offensichtlich an jenen moralischen Normen mangelt, die Jess verkörpert.

Dieses Zum-Natürlich-Erklären des Lesbischseins gründet auf seiner Darstellung innerhalb der Konventionen eines Realismus, der auch und üblicherweise ideologische Normen übermittelt. Dies ist vielleicht eine »illiberale« Strategie: Ein erzählerischer Konflikt, Personen und Ereignisse werden konstruiert, um eine spezielle Lesart zu erreichen und alternative Lesarten auszuschließen (oder zumindest einzuschränken). Dies ist keine Frage der Darstellungstreue; wir können davon ausgehen, daß in der historischen Realität immer mehr Exzesse stattgefunden haben als in der Fiktion; und auch Dokumentarfilme können »Geschlossenheit« erwirken. Es ist auch keine Frage von Parteilichkeit, denn alle Darstellungen erfordern eine Auswahl und die Einnahme einer Perspektive, auch nicht-realistische »offene« Texte. Wie Winterson sagt: »Ich lüge euch an, aber ich sage auch die Wahrheit.«[21]

Die Konventionen des Realismus sind nicht an das gebunden, was sie als »real« darstellen. In seinen formalen Transformationen hat der Realismus als Medium des Radikalismus und Angriffs auf herrschende Realitätsversionen eine lange Geschichte. Von Emile Zola bis Robert Tressell, von Richard Wright bis Alice Walker, von Bessie Head bis Chinua Achebe ist der Realismus das Mittel im Roman, um Kapitalismus, Rassismus, Sexismus und Kolonialismus anzugreifen. Und von *Cathy Come Home* bis *Boys from the Blackstuff* haben britische Fernsehspiele Realismus-Varianten eingesetzt, um den Status quo anzugreifen und eine andere Weltsicht, eine andere Moral als Grundlage des gesunden Menschenverstands zu etablieren.

Das Fernsehspiel *Orangen* nimmt diese Tradition auf und etabliert eine lesbische Identität als Grundlage seines gesunden

Menschenverstands. Im Kontext des heutigen Großbritanniens ist dies ein hoher Anspruch.

Weit davon entfernt, das Infragestellen herrschender ideologischer Positionen zu attackieren, bleibt der Realismus in unserer Kultur das vorrangige Mittel, das solch ein Infragestellen ermöglicht. Die Avantgarde in all ihren Formen kann »gesunden Menschenverstand« beleidigen, verhöhnen, in Frage und auf den Kopf stellen. Was sie nicht hervorbringen kann, ist ein neuer »gesunder Menschenverstand«. Das schafft nur der Realismus. Genau dies erreicht die Fernsehversion von *Orangen* in bezug auf das Thema Lesbischsein; als realistisches Drama ist der Text radikaler, formal und sozial, als die ihm zugrundeliegende nicht-realistische Romanform.[22]

Übersetzt von Claudia Frick-Gerke

Pussy Galore:

Lesbische Rollenbilder und lesbische Lust im populären Kino

Yvonne Tasker

Was ist ein »lesbischer Film«?

Ich will versuchen, diese Frage zu beantworten, indem ich lesbische Rollenbilder und das weniger leicht faßbare lesbische Begehren im zeitgenössischen Mainstream-Kino unter die Lupe nehme.

Wenn auch stark verschlüsselt und »maskiert«, so sind doch lesbische Charaktere und Vorstellungen von lesbischer Lust (häufig in Form einer beängstigenden Kraft) in populären westlichen Filmen eine regelmäßig wiederkehrende Erscheinung. Verschiedene feministische Kritikerinnen haben populäre Filme wie *Lianna*, *Schwarze Witwe* und *Desert Hearts* verächtlich abgetan. Dennoch strömten die Frauen, feministisch oder nicht, in Scharen in die Kinos. Handelt es sich hierbei nun schlicht um kulturellen Snobismus seitens der Kritikerinnen? Wohl kaum, denn derartige Filme werden auf ziemlich komplexe Weise zugleich als interessant und als unzureichend empfunden. Diese Zwiespältigkeit zeigt, wie das Interesse, das die Kritikerinnen dem populären Kino entgegenbringen, und die Erwartung, die sie daran haben, immer wieder enttäuscht wird, hauptsächlich deshalb, weil diese Filme keine »positiven Rollenbilder« zeigen. Bei Teilen der feministischen Kritik besteht die Tendenz, sich den Lesbianismus als einen hehren Raum vorzustellen, fern aller Machtspiele und Hierarchien, die das Leben normalerweise bestimmen. Da Filme (genau wie Frauen) dieser Phantasievorstellung kaum gerecht werden können, wird das populäre Kino häufig einfach als *unzureichend empfunden*. Ich will hier nicht behaupten, die unten besprochenen Filme seien auch nur annähernd perfekt, sondern ich möchte nur darauf hinweisen, wie wichtig es ist, von der zwanghaften Suche nach positiven Rollenbildern, die sich ohnehin kaum finden lassen, wegzukommen.

Der vorliegende Text ist in vier Abschnitte gegliedert: Lesben im populären Kino; Anspielungen auf sexuelle Andersartigkeit im populären Film; »lesbische« Filme, die Mainstream-Techniken benutzen; lesbischer Camp und das populäre Kino. Mit diesen unterschiedlichen Kategorien soll den verschiedenen Wirkungen und Wechselwirkungen von drei Schlüsselfaktoren Rechnung getragen werden, nämlich Filmtexten, Filmemacherinnen/Filmemachern und dem Publikum des populären Kinos.

Lesben im populären Kino

Obwohl es sich in vieler Hinsicht um eine konservative Zeit handelte, kam es in den achtziger und frühen neunziger Jahren zu einer verstärkten Präsenz von Lesben in der britischen und amerikanischen populären Kultur. Auch die schwere Faßbarkeit von Sexualität als Identitätskategorie und die perversen Formen des Verlangens wurden in einer Reihe von Filmen thematisiert. Zwei neuere Mainstream-Filme, *Das Schweigen der Lämmer* und *Basic Instinct*, waren auf Grund ihrer Repräsentation perverser Formen von Sexualität besonders umstritten.[1] Beide Filme werfen eine Reihe interessanter Fragen auf, sowohl über lesbische Identitäten als auch über ihre Darstellung in populären Filmen. Auch wenn *Basic Instinct* zum Gegenstand von Protestaktionen seitens homosexueller Aktivisten in den USA wurde, genießt die polymorphe Perversität in dem Film ein sichtlich hohes Renommee. Catherine Tramell (Sharon Stone), die zwielichtige Heldin des Films, besteht auf ihrem Recht, zu ficken, mit wem sie will. Für J. Hoberman ist Stones Filmfigur das *bad girl* schlechthin, das bei jeder Gelegenheit »seine perverse Potenz demonstriert«.[2] Sie wird zu einer faszinierenden Figur für den Polizisten Nick, den männlichen Helden des Films, der sich in bewährter Manier an die Aufklärung eines Mordes macht und schließlich vom Mysterium *Femme fatale* in Verwirrung gestürzt wird. Bei dieser mörderischen Frau haben wir es nicht nur mit einer gefährlichen Serienkillerin zu tun, sondern mit einer Frauenfigur, die keine Identitätsgrenzen kennt. Für Theoretikerinnen und Kritiker stellen solche Grenzverwischungen ein dankbares Untersuchungsgebiet dar. Dagegen ist es für Aktivistinnen und Aktivisten häufig nötig, die Grenzen wieder neu festzulegen.

Die Tatsache, daß Catherine (wahrscheinlich) eine Mörderin ist, hat wütende Protestaktionen gegen die Negativzeichnung einer »lesbischen« Protagonistin ausgelöst. Die Aktionen, denen das Paradigma positiver Rollenbilder zugrunde liegt, knüpfen an eine wichtige Protesttradition gegen bestimmte Formen der Repräsentation an. Doch sie führen gleichzeitig weg von den kniffligen Fragen, die der Film im Hinblick auf den Status von Catherines Sexualität aufwirft. Sofern man Catherine als »lesbische« Figur begreift, kann *Basic Instinct* auf verschiedene Weise interpretiert werden: etwa als reaktionäre Geschichte, in der die Heldin »geheilt« wird, indem Michael Douglas sie mit seiner sexuellen Anziehungskraft zur Heterosexualität bekehrt. Eine ähnliche Geschichte rankt sich um die Figur der Pussy Galore in *Goldfinger*, die in Flemings Roman wohl auch ganz ernst gemeint war, obwohl der Film scherzhaft damit umgeht. Von James Bond verführt, läßt sie ab von ihren lesbischen Begierden. Während Catherine in *Basic Instinct* am Leben bleibt, werden ihre Freundinnen auf unschöne Weise umgebracht, ergo, ihre Bekehrung fordert ihren Preis. Zwar läßt sich *Basic Instinct* durchaus als eine Geschichte der Bekehrung zur Heterosexualität verstehen, andererseits läßt sich die Vorstellung von einer starken männlichen Sexualität mit einigen Bildern im Film nur schwer in Einklang bringen. Die Komik eines solchen Szenariums wird besonders in der Szene deutlich, in der Douglas gegenüber Catherines Freundin mit seinen sexuellen Heldentaten angibt. Einerseits prahlt Nick mit seiner Potenz, andererseits werden in diesen beiden Einstellungen ein Spiegel und eine Topfpflanze eingesetzt, um seine verwundbare Blöße zu verdecken.

In der beherrschenden Rolle der Catherine Tramell sehen viele eine grandiose Rechtfertigung von Perversion. Sie ist eine Heldin, die auf äußerst eindrucksvolle Weise ihre Existenz, ihre Macht und ihr Recht auf sexuelle Lust verteidigt. Catherine ist unabhängig, reich und schön, dazu Schriftstellerin und als solche Schöpferin von Rollenbildern. Sie erfindet ihre Geschichten anhand von Menschen, die ihr begegnen und die sie (möglicherweise) tötet. Sie vereinigt und transformiert verschiedene Identitäten, die hinter den diversen Masken und Posen, die sie der Polizei vorführt, frech hervorschauen. Sie macht sich lustig über Douglas' Beziehung zu seinem Polizeikollegen und fordert das Gesetz heraus, ihre Schuld zu beweisen. Stones »Repertoire von Lilith-Listen und Vampirlächeln« begegnet uns in dem Film auf Schritt und Tritt, selbst auf den Filmplakaten.[3] Die letzte Szene bleibt ohne große Spannung, und es findet keine Enthüllung statt. Vielmehr schwenkt die Kamera von Catherine und Nick nach unten unter das Bett, in dem die beiden liegen, und zeigt den dort versteckten Eispickel, der als letzter visueller Gag die Leinwand füllt.

Das Schweigen der Lämmer hat *wie Basic Instinct* eine beträchtliche Zahl von Rezensionen und Reaktionen gezeitigt. Die Kritiken konzentrierten sich hauptsächlich auf die Darstellung des »schwulen« Serienkillers Buffalo Bill. Aktivisten, die gegen den Film protestierten, wandten sich gegen die Verwendung von Attributen, die mit schwuler Sexualität assoziiert werden. Den Schurken als Schwulen zu sehen ist einerseits möglich und andererseits unmöglich, sozusagen zwingend und absurd zugleich. Die beunruhigende sexuelle Dysfunktion, die für Bills Andersartigkeit kennzeichnend ist, besteht in dem Wunsch, seinen Körper zu verändern. Er versteckt zum Beispiel seinen Penis zwischen den Beinen und versucht überhaupt seinen Körper in etwas anderes zu verwandeln. Kritiker meinten, daß solche Nuancen vom normalen Publikum kaum erkannt würden und es einfach einen »schwulen Mann« sehen würde. Wenn aber alle sexuellen Dysfunktionen als entweder »schwul« oder »lesbisch« verstanden werden, welche sexuellen Identitätskategorien bringt dann ein Film wie *Das Schweigen der Lämmer* hervor? Die »lesbische« Frage entzündete sich interessanterweise am Star des Films, Jodie Foster. Sie ist unser Identifikationspunkt in dem Film, in dem sie eine junge FBI-Ermittlungsbeamtin spielt, die ihre liebe Not hat, innerhalb des männerdominierten FBI ein Identitätsgefühl zu entwickeln. Den Kritiken ging es nicht etwa um Fosters eindrucksvolle schauspielerische Leistung, sondern sie kritisierten ihr unterlassenes Coming-out, ihre Weigerung, sich öffentlich zu der Identität »lesbisch« zu bekennen.

Wie Catherines Sexualität in *Basic Instinct* wirft auch die Debatte um Fosters Rolle in *Das Schweigen der Lämmer* die alte Frage nach einer primären Identität auf. Doch wie Kritikerinnen wie Suzanne Moore anmerkten, bringen diese Filme mit ihren provokanten, abnormen Heldinnen vielen Frauen großen Lustgewinn.[4] Wie Linda Hamilton in *Terminator 2*, Sigourney Weaver in den *Alien*-Filmen oder Jamie Lee Curtis in *Blue Steel* spielen diese Filme mit geschlechtlichen und sexuellen Identitäten, indem sie sie zweideutig und unklar lassen. Diese Phantasie-Repräsentationen führen zu den unterschiedlichsten Interpretationen, und das Publikum zieht daraus Genuß. Dieser kann nicht einfach nur als Sehnsucht nach einer schwulen oder lesbischen Version des biederen heterosexuellen Familienmodells abgetan werden. Auch reflektieren solche Rollenbilder nicht einfach eine imaginäre stabile Geschlechtsidentität.

Es ist also nicht einfach, sich mit der Figur der Lesbe im populären Kino zu befassen. Wie die feministische Kritik herausgefunden hat, können die Darstellung und der Genuß, den diese Filme bereiten, nicht danach beurteilt werden, ob sie einer imaginären primären Identität – »Frauen« – entsprechen. Die Beschäftigung mit der Figur der »Lesbe« ist kein besonders lohnendes Projekt, wenn man es loslöst von den allgemeineren Problemen der Sexualität und Repräsentation.

Um Filme wie *Basic Instinct* gab es die kontroversesten Diskussionen, auch haben sie eine ganz besondere Entstehungsgeschichte. Ihre Attraktivität läßt sich nicht so leicht erklären, da die unterschiedlichen Zuschauerinnen und Zuschauer Verschiedenes daraus machen. Es sieht ganz so aus, als ob der populäre Film der achtziger und neunziger Jahre einen fließenderen Identitätsbegriff habe und abgerückt sei von den Versuchen, die Identitäten »homo« und »hetero« als unerschütterliche, im binären Gegensatz zueinander stehende Kategorien zu fassen. Es ist kein Zufall, daß diese fließenden Rollenbilder gerade zu einer Zeit auftauchen, in der in verschiedenen radikalen Schriften versucht wird, das binäre Sexualitätenkonzept in Frage zu stellen.[5]

All das führt zu einer Reihe von wichtigen Fragestellungen, die sich in die Rubriken lesbische Kulturkritik bzw. lesbische Filmkritik einordnen lassen. Sie stehen am Beginn eines institutionalisierten kritischen Forschungsvorhabens, das mit der Einrichtung von Studiengängen für *lesbian and gay studies* im Entstehen begriffen ist.

Anspielungen auf sexuelle Andersartigkeit im populären Kino

Obwohl das populäre Kino, wie andere narrative Medien auch, ein Gebiet ist, wo sich alle um das Thema Identität reißen, ist es dennoch nicht ohne Reiz, plötzlich zu erkennen, daß das eigene Äquivalent auf der Leinwand eine Frau ist. Dieser Reiz resultiert teilweise daraus, daß lesbische Frauenfiguren im Film etwas relativ Seltenes sind. In einigen neueren Filmen wie *Thelma and Louise* wird das Thema weibliche Freundschaft behandelt. Die Anspielungen auf Andersartigkeit, die diese Filme enthalten, wirken äußerst reizvoll. Schließlich sind »Flirts« zwischen jungen Frauen und Mädchen ein überaus wichtiger Bestandteil der populären weiblichen Kultur. Der Film *Schwarze Witwe* spielt mit diesem Element weiblicher Freundschaft, indem er einen sexualisierten Aspekt solcher Beziehungen zwischen Frauen ziemlich deutlich hervorkehrt. Da es dem Film jedoch eher um die lesbische Begierde geht als um die Darstellung einer lesbischen Beziehung, empfanden viele die sexuell aufgeladenen Szenen nur als reißerisch, sie deuteten lesbische Sinnlichkeit zwar schüchtern an, zeigten sie aber letztlich nicht.

Die Fabel von *Schwarze Witwe*, die die Verkörperung und Identifikation verschiedener Persönlichkeiten behandelt, streift auch den Vampir-Mythos, in dem lesbische und schwule Sinnlichkeit häufig auftaucht. Der Film *Schwarze Witwe* läßt sich in erster Linie dem Genre Thriller zuordnen, aus dessen Tradition er – zuweilen mit Anklängen an den *film noir* – schöpft. In diesem Genre werden die fast übernatürlichen Eigenschaften der gefährlichen Frau am beharrlichsten dargestellt. *Schwarze Witwe* zeigt die Beziehung zwischen Alex (Debra Winger), einer gelangweilten Regierungsangestellten, die sich alsbald als Ermittlerin betätigt, und der mysteriösen Catherine (Theresa Russell), die eine Reihe von reichen Männern heiratet und umbringt. Catherines (sie hat in dem Film noch einige andere Namen) Identität und Motivation bleiben unklar, wechselt sie doch vom einen Rollenbild (oder dessen Parodie) begehrenswerter Weiblichkeit zum anderen. Der Film zeigt, wie Alex, während sie Catherine mit großer Besessenheit verfolgt, in diese Persönlichkeitstransformationen immer mehr verwickelt wird.

In einer Szene am Anfang des Films projiziert Alex Bilder von Catherines unterschiedlichen Persönlichkeiten, die von Fotografien und Zeitungsausschnitten stammen, an die Wand ihres Apartments. Dann liebkost sie die Wand, auf der die Bilder erscheinen, bevor sie ihr eigenes Gesicht im Spiegel betrachtet. Sie gibt ihre Arbeit und ihr bisheriges Leben auf, um dieser mysteriösen Frau zu folgen. Diese zentrale Beziehung zwischen den Protagonistinnen ist nicht nur eine Neubearbeitung der *film-noir*-Thematik, die die unter Verdacht stehende, gefährliche Frau zum Inhalt hat, sondern greift auch das alte Thriller-Thema vom erotisierten Mann auf, der gleichzeitig auf beiden Seiten des Gesetzes steht.[6] Bei dieser recht gängigen Fabelstruktur ist der Held in der Regel ein Polizist, der sich auf einen Kriminellen einläßt bzw. von diesem nicht mehr loskommt und zunehmend als dessen Double agiert. Er verquickt seine Ermittlungen mit seinem Begehren, ein Vorgang, der die eigentlichen Identitäten im buchstäblichen Sinne verschiebt und in Frage stellt, wobei verschiedene Identitäten durch Grenzverwischungen zu einer verschmelzen. Das ist genau die Art Handlung, die *Basic Instinct* in Form von Nicks und Catherines Beziehung in Szene setzt, indem er deren gegenseitige Verfolgung mit ihrem sexuellen Verlangen verquickt. Anhand solch gängiger Erzählhandlungen werden in Filmen Prozesse der Identifikationsformung und -verwischung dargestellt, die wiederum dazu dienen, eine Ungewißheit zu erzeugen, die zugleich beunruhigend und, vielleicht noch wichtiger, lustvoll ist.

Die Tatsache, daß *Schwarze Witwe* eindeutig dieser männerzentrierten Darstellungstradition folgt, hat vielleicht etwas mit der Skepsis und der Unsicherheit zu tun, die es um diese und ähnliche Filmprojekte gegeben hat.[7] Solche Skepsis entsteht zum Teil auf Grund der Kategorien, die Feministinnen (und andere) Kritiker und Kritikerinnen besonders mit ihrer Theoriebildung über geschlechtsspezifische Genres aufgestellt haben. Diese Theorien haben zwar teilweise dazu beigetragen, bis dato vernachlässigte populäre Kulturformen, die mit Frauen zu tun haben, für die Forschung zu erschließen, haben aber auch behindernd gewirkt, indem sie behaupteten, daß manche Kulturformen mehr Männern und andere mehr Frauen angemessen seien.[8]

Leider hat die Erforschung weiblicher Kultur meist deren Überwindung zum Ziel, und das an ihr interessierte Publikum wird hoffnungsvoll auf den Bereich der Avantgarde verwiesen. Gegenüber diesem Bereich muß das Populäre immer als Kompromiß erscheinen. Außerdem hat das Avantgarde-Kino häufig genau in jenen Identitätsverwischungen geschwelgt, über die ich im Zusammenhang mit dem populären Bereich gesprochen habe. Wenn ich von »Anspielungen auf sexuelle Andersartigkeit« im populären Kino spreche, will ich damit nicht sagen, daß ich einen Film wie *Schwarze Witwe* für keinen »echten« lesbischen Film halte, einer, der lesbische Themen nur suggeriert und es nicht wagt, deutlich zu werden. An diesem Film ist fast nichts echt, greift er doch das vertrackte Wechselspiel zwischen Identifikation und sexuellem Verlangen auf, die Verdoppelung und Aushöhlung von Identitäten. Die starken Wandlungen, die Alex durchmacht, werden der changierenden Figur der Catherine gegenübergestellt. Alex wird am Ende zu einer beharrlichen Ermittlerin, sie gibt ihre langweilige Büroangestelltenexistenz auf und legt sich eine Reihe von Identitäten zu, um an Catherine heranzukommen. Die Tatsache, daß sie sich die filmischen Codes für Männlichkeit und Weiblichkeit aneignet, macht sie zu einer eher komplexen als konzilianten Figur in einem Film, der die Grenzen und Genüsse dieser Kategorien auslotet. Die Vorstellung von positiven Rollenbildern »echter Lesben« in »echten lesbischen Filmen« geht von einem Entwicklungsmodell aus, das zu einer erwachsenen sexuellen Identität – homo oder hetero – führt, die genau definierbar und stabil ist. Das populäre Kino ist dabei, die Genüsse, die außerhalb solch klar abgegrenzter politischer Identitätskategorien zu finden sind, herauszufordern und zu ergründen.

»Lesbische« Filme, die Mainstream-Techniken benutzen

Während der achtziger Jahre wurden im Westen verschiedene erfolgreiche Mainstream-Filme gespielt, die sich ausdrücklich um lesbische Beziehungen und lesbische Sinnlichkeit drehten. Wenn es im populären Kino überhaupt Filme gibt, die man »lesbisch« nennen könnte, dann diese. Der Film *Desert Hearts*, der nicht nur äußerst populär war, sondern wegen seiner konventionellen Handlung auch ziemlich kritisiert wurde, nimmt hierbei eindeutig eine Schlüsselstellung ein. Mit seiner Geschichte einer sich anbahnenden Liebesaffäre zwischen zwei Frauen benutzt der Film Themen und Rollenbilder des Frauenfilms im Stile einer Rhetorik der Selbstfindung.

Desert Hearts hält sich nicht an Definitionen von lesbischem Kino und dessen »lesbischem Subjekt«.[9] In einem Aufsatz zum Thema Frauenfilm in den achtziger Jahren lobt Teresa de Lauretis Sheila McLaughlins *Die Last der Gefühle* als einen Film, der »historisch und politisch in der gegenwärtigen nordamerikanischen Lesbenbewegung mit ihren widersprüchlichen Diskursen angesiedelt ist, da er das Problem des Begehrens und seiner filmischen Repräsentation im Kontext der tatsächlichen lesbischen und filmischen Praxis zeigt.« Gegenübergestellt werden dem derart gepriesenen Film »die Liebesromanze bzw. die Märchenschemata von Filmen wie *Lianna*, *Desert Hearts* oder *Der Gesang der Meerjungfrauen*«.[10] Damit will ich keinesfalls McLaughlins faszinierenden Film kritisieren, ich möchte nur darauf hinweisen, daß hier zwei völlig unterschiedliche Arten von Kino verglichen werden. *Desert Hearts* steht in der Tradition des populären Kinos und weniger in der des Kunstfilms des Underground. Er bedient sich der gängigen Formen des Liebesfilms und Frauenromans, um eine *lesbische* Liebesgeschichte zu erzählen. Die Regisseurin Donna Deitch hält die Tatsache, daß es sich um eine lesbische Liebesgeschichte handelt, zugleich für entscheidend und unbedeutend für die Geschichte, die erzählt wird.[11] Der Film durchleuchtet die Beziehungen zwischen einer Reihe von Frauen in einem imaginären Kontext, der die Restriktionen und Spannungen aufweist, unter denen Begehren gedeiht. Im Klima der achtziger Jahre mußte *Desert Hearts* geradezu zum politischen Film, zum Streitobjekt werden. Auch wenn Deitch sich dessen bewußt war, versucht sie trotzdem, die Geschichte, die auf Jane Rules Roman basiert, gemäß den Regeln populärer Kinofreuden zu erzählen.

Man sollte meinen, daß es im Bereich des lesbischen Kinos Platz für einen solchen Film gibt. Nicht so für eine Kritikerin wie de Lauretis, die den Begriff »lesbisch« mit dem radikalen Terrain des »Guerilla-Kinos« assoziiert, einem Kino, das um die verschiedenen Sehweisen weiß, sich der voyeuristischen Kraft des Filmbilds bewußt ist und es manipuliert. Wohl noch bedenklicher als de Lauretis' Ablehnung populärer lesbischer Filme ist aber, daß sie die Vielfalt lesbischer Identitäten zugleich beschwört und vernachlässigt. Zwar weiß sie um die Kontroversen und die Mannigfaltigkeit innerhalb dieser Kategorie, dennoch stellt sie eine Formel auf, wie Kino und wie das lesbische Einheitssubjekt sein sollten.

Haben wir es hier, wie im Falle der feministischen Kritik, etwa mit der Entstehung einer lesbischen Kritik zu tun, die sich nicht auf die Praxis eines lesbischen Publikums bezieht, sondern die den Stimmen, die ohnehin marginalisiert sind, etwas diktiert statt ihnen zuzuhören? Ähnliches macht Suzanne Moore in ihrer Rezension von *Desert Hearts*, in der sie behauptet, daß durch »die Ansiedlung der Geschichte in den fünfziger Jahren und die Loslösung der Hauptfigur Vivian von jedweder sozialen Herkunft der Film die große Herausforderung der Nicht-Heterosexualität geschickt umgeht.«[12] Lesbisch oder schwul zu sein hat allein noch nichts Radikales, impliziert keine Wesenheit, die »uns« außerhalb des Machtspiels positioniert. Indem de Lauretis eine lesbische Sehweise beschwört, die »weder maskulin ist, das heißt, eine Aneignung männlichen heterosexuellen Begehrens voraussetzt, noch feminin, das heißt eine narzistische Identifikation mit der anderen Frau unterstellt«, nimmt sie diesen Begriffen gewissermaßen ihre Problematik. Identifikation schließt Begehren nicht aus, wie der Film *Schwarze Witwe* zeigt. Solcherart Identitäten sind vielfältig und hart umkämpft und nicht nur einfache monolithische Kategorien. Auch gibt es nicht notwendigerweise einen Zusammenhang zwischen einer modernistischen Ästhetik und einem »lesbischen« Film. Die Ablehnung eines Films wie *Desert Hearts* ist nicht nur deshalb bedauerlich, weil dadurch die Lust am Text negiert wird, sondern auch weil die ganz realen Mühen nicht gewürdigt werden, die die Produktion eines solchen Films in Anbetracht der risikoscheuen Filmindustrie bedeuten.[13]

Ein Sicheinlassen auf die Formen und Genüsse der populären Kultur war und ist ein wichtiger Aspekt der vielfältigen lesbischen Identitäten. Die populäre Kultur ist Teil der Struktur des gesellschaftlichen Lebens. Filme wie *Desert Hearts*, die nicht die Kohärenz des »lesbischen Publikums« im Blick haben, bemühen sich, solche populären Kulturgenüsse innerhalb eines lesbischen Films zu bereiten.

Lesbischer »Camp«

Beim »Camp« handelt es sich um eine Reihe von Stilen und Praktiken, die aus der populären Kultur übernommen und im Kontext der Schwulenkultur umgeformt wurden.[14] Der Begriff »Camp« beinhaltet auch einige interessante Ideen, die bei der Definition eines lesbischen Kinos hilfreich sein können, das nicht von einer imaginären Sehweise ausgeht, sondern von dem Wechselspiel zwischen populärem Kino und lesbischer Lebensweise. Das soll nicht heißen, daß ein Film allein deshalb schon zum lesbischen Film wird, weil er von einem lesbischen Publikum gesehen wird. Ich möchte vielmehr darauf hinweisen, daß es schon immer populäre Filme in der Art von *Schwarze Colts in zarter Hand* oder *Thelma and Louise*, um einen neueren Streifen zu nennen, gab, die das Publikum begeisterten und die es sich aneignete. Teresa de Lauretis spricht in ihrer Rezension von *Desert Hearts* auch von der für das Schema des Films entbehrlichen Frau, dem Äquivalent der »Hure«, hier eine Frau, die von Cay zugunsten der gebildeten Vivian abserviert wird. Bei de Lauretis heißt es:

> *Desert Hearts* verfremdet oder revidiert dieses Bild und diese Rolle nicht etwa in der lesbischen Camp-Tradition oder in der lesbischen Geschichte der vierziger und fünfziger Jahre, was naheliegend gewesen wäre, sondern der Film verbreitet lediglich eine allgemeine fünfziger-Jahre-Atmosphäre, die für viele Filme aus den achtzigern typisch ist.[15]

Möglich, daß sie damit sagen will, der Film sei nicht »feministisch«. Doch interessant sind gerade die Verbindungslinien zwischen einem solchen Film und anderen populären Filmen aus dieser Zeit, da gerade sie auf die Berührungspunkte zwischen den vermeintlich separaten Kulturen der »lesbischen« und »Mainstream«-Repräsentationen hinweisen. *Desert Hearts* verdeutlicht auch den Bezug zur Tradition des lesbischen »Camp«, der aus einer Reihe von Aneignungen populärer Formen hervorgegangen ist. Nur auf Grund dieser Tradition kann eine Fernsehserie wie *Golden Girls* mit ihrem astreinen Mädels-halten-zusammen-Humor als lesbischer Text gelesen werden. *Desert Hearts* weist eindeutige Bezugspunkte zur populären Kultur auf. Zu behaupten, ein Film, wo am Anfang Patsy Cline »Leavin' on Your Mind« singt, sei nicht in der lesbischen Kultur angesiedelt, scheint ziemlich abwegig. De Lauretis mag zwar recht haben mit ihrer Feststellung, daß der Film keine lesbische Erfahrung aus den fünfziger Jahren historisiert, doch der Film kann sehr wohl der zeitgenössischen lesbischen Kultur zugerechnet werden, die ihn hervorgebracht hat, verrät er doch eine Vorliebe für die überspannten Songs, Stile und Posen der Country-and-Western-Musik.

Auch *Thelma and Louise* greifen das Cowboy/Cowgirl-Rollenbild auf, ein Thema, das den Nachdruck auf die besondere weiße Südstaaten-Kultur legt, der die Protagonistinnen angehören. Selbstverständlich kann *Thelma and Louise* nicht im selben Maße wie *Desert Hearts* als lesbischer Film gelten. Doch indem der Film die sich entwickelnde zentrale Beziehung zwischen Thelma und Louise ins Zentrum stellt und Musik und Stilformen des Country-and-Western neben Songs wie Marianne Faithfulls »The Ballad of Lucy Jordan« stellt, benutzt er eine ähnliche Ikonographie. Beide Filme verwenden jene Art Musik, Stil und Bildersprache des Pop, die sich das lesbische Publikum in anderen Kontexten bereits angeeignet hat. In diesem Sinne steht *Thelma and Louise* zur Disposition, als lesbischer Film angeeignet zu werden.

Die Verwandlung von Vivians Charakter in *Desert Hearts* manifestiert sich auch in den Kleidern, die sie trägt; sie wechselt vom City-Kostüm zum flotten Cowgirl-Dress. Es ist kein Zufall, daß mit der Kleidung der Protagonistinnen des Films unterschiedliche sexuelle Identitäten umrissen werden, daß mit dem Crossover zwischen männlicher und weiblicher Kleidung gespielt wird. Die Vielfalt lesbischer Identitäten bringt es mit sich, daß sich Lesben verschiedene populäre Kulturformen aneignen, wovon das Kino nur eine ist. Es ist wichtig, daß von dieser Geschichte der Aneignung und des Genusses Notiz genommen wird. Judith Butler findet, daß die »Vorstellung von der ursprünglichen, primären Geschlechtsidentität innerhalb der kulturellen Praktiken des ›drag‹, ›cross-dressing‹ sowie sexueller Stilisierungen von ›butch/femme‹-Identitäten oft parodiert wird.«[16] Sie lehnt eine feministische Kritik solcher Praktiken ab, sofern sie ihren Bezugspunkt in dem Gegensatz zwischen Original und Imitation findet. Vielleicht handelt es sich bei solch jüngeren Arbeiten um die Anfänge eines neuen filmkritischen Paradigmas, dessen wir uns beim Nachdenken über die Repräsentation der unterschiedlichen sexuellen Andersartigkeiten auf der Leinwand bedienen können.

Übersetzt von Bruni Röhm

Schön wär's:

Coming-out mit Jodie Foster

Clare Whatling

Als Lesben[1] sind wir alle Expertinnen in der Kunst, uns in die Texte von Mainstream-Filmen einzubauen, deren Erzählhandlungen selten etwas anderes als heterosexuell sind. Dieser Prozeß wird besonders deutlich im Werk der Fotografin Deborah Bright, die sich buchstäblich selbst in die Standfotos von Filmen einfügt, indem sie sich etwa frech zwischen Spencer Tracy und Katherine Hepburn plaziert, unerwartet neben einer liegenden Vanessa Redgrave auftaucht oder George Segal die Schau stiehlt, weil sie die umherschweifenden Blicke einer gelangweilten Glenda Jackson auf sich zieht.[2] Sie sagt dazu: »Das lesbische Subjekt zieht von Standfoto zu Standfoto, von Film zu Film, unterbricht die Erzählhandlung und ändert sie so, daß sie seinen Zwecken dient, so wie ich es gemacht habe, als ich diese Filme zum ersten Mal sah.«[3] Brights Arbeiten stellen einfach auf witzige Weise etwas nach, was wir alle im Dunkel des Kinoraums oder zu Hause auf dem Sofa machen. Bei jedem Film, den wir uns ansehen, bauen wir uns in den Filmtext ein, indem wir uns mit der einen oder anderen Figur auf der Leinwand identifizieren.

Ein Großteil der feministischen Filmkritik steht jedoch nicht im Einklang mit solchen Sehstrategien und hat die Identifikationsmöglichkeiten für Frauen von jeher eingeschränkt. In den Arbeiten von Mulvey, Kaplan, Doane und anderen wird die Zuschauerin auf die masochistische Position der Gesehenen beschränkt, die nur als Objekt für den sadistischen oder fetischisierenden männlichen Voyeur existiert.[4] Nur wenn sie sich eine »transvestitische« Maskulinität zulegt, kann eine Frau die Position eines Subjekts/einer Voyeurin einnehmen. Es gibt nur wenige Versuche, andere mögliche Sehstrategien für Frauen zu untersuchen, für Lesben gar noch weniger.

Wie wir aber am Beispiel von Brights Arbeiten gesehen haben, war das sich Hineinversetzen in den Mann, der die Heldin als erotisches Objekt verfolgt, schon immer eine gängige Strategie der lesbischen Zuschauerin. Eine solche Strategie gewährt ihr den identifikatorischen Zugang zu dem Film, während die erotische Bedeutung gleichgeschlechtlichen Begehrens erhalten bleibt. Doch die lesbische Identifikation ist nicht auf diese Position beschränkt, da auch der Held selbst offen ist für eine narzißtische Aneignung durch die lesbische Zuschauerin. Nehmen wir beispielsweise James Dean, eine Figur, die, als schwules männliches Idol bereits vereinnahmt, nun auch zu einem lesbischen Hermaphroditen geworden ist.[5]

Auch Filmheldinnen bieten Gelegenheit zur Identifikation; die starke Heldin stellt ein attraktives Rollenmodell für die lesbische Zuschauerin dar, das sie gegebenenfalls annehmen kann. In ihrer Gestalt können wir nicht nur den Wunsch ausleben, ebenso wie die Heldin zu sein – etwa eine vitale, forsche, peitschenknallende Doris Day –, sondern auch den Wunsch, so begehrt zu werden wie sie, mit der ganzen Intensität des damit einhergehenden Einsatzes heterosexueller Leidenschaft. Also ist die Zuschauerin eigentlich nie ausschließlich auf eine einzige Identifikationsmöglichkeit beschränkt. Wie Brights Arbeiten veranschaulichen, steht es jeder Zuschauerin frei, aus jedem Film praktisch zu machen, was sie will; selbst einen Text ohne eindeutig lesbische Bezüge kann sie in etwas verwandeln, was nur Lesben gehört. Dieser Prozeß beinhaltet, daß dem Text in gewisser Weise semantisch Gewalt angetan wird, um ihn so – zuweilen auf Teufel komm raus – einer lesbischen Erotik anzupassen. In diesem Aufsatz möchte ich eine neue Sehstrategie vorstellen, die uns als Lesben zur Verfügung steht. Ich möchte an einer Handvoll Filme, die keine eindeutigen lesbischen Bezugspunkte haben, untersuchen, wie diese für den Einsatz lesbischer Lust angeeignet wurden, und zwar auf Grund extratextueller Informationen über den Star bzw. die Stars des Films. Dieses extratextuelle Material wird meist als Gerücht oder Klatsch von der Boulevardpresse oder durch Mundpropaganda verbreitet und betrifft das Sexualleben einzelner Hollywoodstars. Ich stelle die Behauptung auf, daß das Wissen – und basiere es auch nur auf Gerüchten – um die lesbische Orientierung einer Schauspielerin die lesbische Aneignung der Filme, in denen sie mitspielt, ermöglicht, egal, welche Möglichkeiten die Filme selbst dafür bieten.

Diese Praxis wirft noch zwei zusätzliche Fragen auf, einmal die nach dem Outing von Hollywood-Berühmtheiten und zum andern nach dessen Korrelat, den positiven lesbischen und schwulen Rollenbildern in den Mainstream-Medien. Ich konzentriere mich bei meinen Ausführungen auf die nordamerikanische Schauspielerin Jodie Foster, ein Star, der vor kurzem geoutet wurde. An ihrem Fall lassen sich sehr gut sowohl die Vorzüge als auch die Tücken verdeutlichen, die im gegenwärtigen Insistieren auf Offenheit um jeden Preis liegen.

Hollywood hat uns schon immer mit lesbischen und schwulen Rollenbildern der unterschiedlichsten Art versorgt. Eines davon ist die pathologisierte homosexuelle Figur, deren Auftauchen die unheilbringenden Kräfte des Bösen oder Wahnsinns ankündigt. In neuerer Zeit begegnen sie uns als kaschierte Rollenbilder, und zwar in Filmen, die an der Oberfläche heterosexuell bleiben, aber dennoch einen vieldeutigen, wenn auch provokant kurzen Blick auf etwas gewähren, was man als lesbische Lust bezeichnen kann. Bei derartigen Filmen bedarf es lesbischerseits weniger einer semantischen Gewalttat als einer interpretatorischen Anstrengung. Die Filme *Julia*, *Die Damen aus Boston* und der neuere Streifen *Grüne Tomaten* sind nur einige der Filme, die diese Art Zugang ermöglichen. Die Zuschauerin, die die Anspielungen versteht und die textuellen Fingerzeige mitbekommt, muß sich die Verbindungsglieder im Text selbst ausdenken, die die kaschierten lesbischen Komponenten zu einer lesbischen Erzählhandlung zusammenfügen.

Diese Texte sind alle mehr oder weniger darauf bedacht, die Zuschauer und Zuschauerinnen, die sich als heterosexuell betrachten, nicht zu kränken oder unangenehm zu berühren. Es kann passieren, daß das Publikum das Kino kein bißchen weiser verläßt, nämlich dann, wenn die andersartige Liebe durch edlen Verzicht auf sexuelles Begehren sublimiert und in Freundschaft verwandelt wurde. Für viele ist dies ein Zeichen dafür, daß etwas mißglückt ist. Eine neuere Besprechung von *Grüne Tomaten* kritisiert den Film beispielsweise wegen seiner verschlüsselten lesbischen Botschaft.[6] Solche Filme können allerdings der wissenden Zuschauerin auch als verführerische Vorlagen dienen, sofern sie, trotz platonischer gleichgeschlechtlicher Darstellung, die lesbische Sinnlichkeit wieder hinzufügt. Eine der erfreulichsten Seiten dieser Filme ist, daß sie der Phantasie der Zuschauerin freien Lauf lassen, ja, geradezu auf sie angewiesen sind. Sie spornen die Zuschauerin an, die Verbindungen selbst herzustellen und das Verschwiegene hinzuzufügen. Es ist ein besonderer Genuß, die sehnsüchtigen Blicke, ein leichtes Lächeln, Augenblicke, wenn Fingerspitzen sich kaum berühren, zusammenzufügen; alles Dinge, die den verdeckten lesbischen Subtext solcher Filme ausmachen.

Und dann ist da natürlich *Basic Instinct.* Dieser Film steht in vielerlei Hinsicht in der langen Hollywood-Tradition, homosexuelle Charaktere als Signa der Kriminalität einzusetzen. Hier sind die Lesben alle Mörderinnen. In dieser Hinsicht bietet *Basic Instinct* trotz aller Täuschungsmanöver wenig Neues. Dennoch verdient der Film kommentiert zu werden, denn schließlich hat er die gegenwärtige Debatte um positive Rollenbilder angefacht. Was *Basic Instinct* von anderen Filmen dieser Art unterscheidet, ist, daß die lesbischen Charaktere von Glamour umgeben sind. Es ist natürlich ein Film, der auf höchst schockierende Weise (er will schockieren) mit seinem lesbischen Inhalt umgeht, was beweist, daß Hollywood Lesbianismus sehr wohl als Thema aufgreift, sofern es nur Geld bringt. Eigentlich sind die »lesbischen« Figuren des Films bisexuell, was eine lesbische Aneignung ja nicht ausschließt. Darüber, daß der Film bei Lesben sehr populär ist, ist viel geschrieben worden. Diese Popularität wird zweifellos durch das exzentrische Verhalten der Hauptdarstellerin, Sharon Stone, noch befördert, die in Interviews mit ihrer eigenen Bisexualität kokettiert hat.[7] Das alles mag zwar unlauter sein – der Publicity schadet es keineswegs –, dennoch gibt es hier einen himmelweiten Unterschied zu den Dementis, die Filme mit lesbischem Inhalt normalerweise begleiten. Denken wir nur an die Debatte in den Medien um *Desert Hearts* und ganz besonders um den Star des Films, Patricia Charbonneau, die nichts unterließ, um sich von der Figur, die sie in dem Film verkörperte, zu distanzieren.[8] Ein extratextueller Diskurs, der Filmen häufig aufgebürdet wird mit dem Ziel, den weiblichen Star, der in einem Film mit eindeutig lesbischem Inhalt auftritt, zu delesbianisieren, führt oft zur Delesbianisierung von Filmen, deren lesbische Referenzen ansonsten einwandfrei sind.

Zuweilen sind es aber gerade extratextuelle Diskurse, die zu einer lesbischen Interpretation bestimmter Filme anregen. Dies bringt uns, meine ich, noch zu einer anderen Art Filmtext, der uns als Lesben zur Verfügung steht. Es handelt sich dabei um Filme, die ziemlich sicher nichts mit Lesbianismus im Sinn haben, die aber von der Zuschauerin lesbisch interpretiert werden können, und zwar auf Grund von Informationen über den Star oder die Stars des Films, die nichts mit dem Film selbst zu tun haben. Diese Kategorie Filme unterscheidet sich von solchen, die sich die lesbische Zuschauerin einzig mittels ihres eigenen Begehrens aneignet, insofern, als hier ihr sinnliches Verlangen von einem externen Impetus begleitet wird.

Einen solchen Vorgang verdeutlicht der Film *Angeklagt*, dessen Stars, Jodie Foster und Kelly McGillis, auf Grund einer Klatschgeschichte über ihre angebliche Beziehung während der Dreharbeiten zum Gegenstand lesbischen Interesses wurden. Der Klatsch machte die Runde in Bars und auf Dinnerparties. Quellen und »Beweise« waren die Boulevardpresse, die Gerüchteküche und vor allem die Bereitschaft der Zuschauerinnen, die Geschichte zu glauben. Was ich damit sagen will, ist folgendes: Wird ein Film wie *Angeklagt* erst einmal im Kontext lesbischer »Hinterzimmer«-Spekulationen und -Intrigen diskutiert, ist er auch offen für eine positive Aneignung durch lesbische Zuschauerinnen.

Wenn man sich in den Bereich der filmischen Gerüchte vorwagt, empfiehlt es sich, ein paar Unterscheidungen zwischen den verschiedenen Kategorien filmhistorischer Personen zu treffen. In der Filmgeschichte hat es immer lesbische und schwule SchauspielerInnen gegeben, deren Neigungen unter Insidern bestens bekannt waren. Garbo, Bankhead, Waters, Dietrich, Crawford, Valentino und Dean blieben für den Mainstream immer heterosexuelle Ikonen, während Tuscheleien, Andeutungen und Anspielungen in Filmen den Mythos von ihrer homosexuellen Orientierung verstärkten. Anders als diese erste Kategorie von Stars liebäugelte meine zweite Kategorie nie mit ihrer sexuellen Ambivalenz, sondern leugnete sie. Dazu gehörten Schauspieler wie Rock Hudson oder Montgomery Clift, deren heterosexuelle Identität nie angezweifelt wurde. Dafür sorgten schon konzertierte Pressekampagnen zur Propagierung ihrer Heterosexualität, wie dünnwandig und wackelig deren Fundament auch immer gewesen sein mag. Hudsons Scheinehe mit Phyllis Gates, angeblich genau zu dem Zeitpunkt eingegangen, als er befürchten mußte, als Homosexueller entlarvt zu werden, ist ein Beispiel für diese Art Propaganda.[9]

Eine dritte und in diesem Zusammenhang letzte Kategorie von berüchtigten Stars umgibt ein Flair, das wir »erwünschte« Homosexualität nennen könnten. Zu dieser Kategorie gehören Stars wie Mae West, Bette Davis, Doris Day, Vanessa Redgrave, Sigourney Weaver, von denen wir praktisch *wollen*, daß sie lesbisch sind, weil sich ihr filmischer Status als starke, energische, eindeutige Heldin so leicht von einer lesbischen erotischen Phantasie vereinnahmen läßt. Bevor sie geoutet wurde, wäre Jodie Foster vermutlich in diese Kategorie eingeordnet worden. Seit ihrem Outing und dem Klatsch, von dem es begleitet wurde, fällt sie unter die zweite Kategorie. Indem sie die Gerüchte zwar nicht bestätigt, aber auch nicht richtig dementiert, bewegt sie sich immer mehr in Richtung erster Kategorie. Wie dem auch sei, als Hollywoods derzeitiges Lieblingskind trifft Fosters Outing mitten ins Herz von Hollywoods Star-System. Das hat im letzten Jahr Anlaß zu beträchtlichen Spekulationen über ihre sexuelle Orientierung gegeben.

Angeklagt ist ein Film über die Strafverfolgung der Täter einer üblen Gruppenvergewaltigung.[10] Es ist auch ein Film über ein sich entwickelndes Vertrauensverhältnis zwischen zwei Frauen, einer Rechtsanwältin und ihrer Klientin. Die Beziehung der beiden überwindet die Klassen- und Bildungsunterschiede wie auch die rechtlichen und ideologischen Differenzen zwischen den beiden Frauen. Bei ihrer Beziehung, deren Verlauf in vielerlei Hinsicht konventionell ist, handelt es sich, soweit sie auf der Leinwand gezeigt wird, um keine lesbische. Mir geht es in diesem Zusammenhang jedoch hauptsächlich um die Tatsache, daß wir schon allein auf Grund der kursierenden extratextuellen Informationen und der Klatschgeschichten Zugriff auf ein Begehren haben, das in den Dienst einer lesbischen Erotik gestellt werden kann. Ich glaube, daß diese extratextuellen Informationen zwar nicht den Fokus des Films, aber eine oder einige der Szenen semantisch verändern können. In der Schlußszene des Films haben wir – mit dem ganzen Wissen, das wir über die beiden Stars besitzen – die äußerst seltene Gelegenheit, Zeuginnen einer Manifestation gleichgeschlechtlichen Verlangens vor der Kamera zu werden. Sarah Tobias (gespielt von Jodie Foster) und Kathryn Murphy (Kelly McGillis) werden zusammen allein gelassen. Während sie warten, liest Sarah Kathryns Horoskop, eine bildliche Figur, die im Laufe des Films immer wieder auftaucht. Sie sitzen am Tisch und betrachten zusammen ihre zukünftigen Leben, die äußerst verschieden sind, aber für den Moment durch die Unterschrift, die Sarah als Geschenk und Dank für Kathys Hilfe leistet, zusammengeführt werden. Die Szene wird eingerahmt von einem Blickkontakt zwischen den beiden Frauen, ein intimer Augenblick, nicht mehr, aber auch nicht weniger. Dennoch wird damit ein Band besiegelt. Gefestigt wird das Band durch den erfolgreichen Abschluß des Falles, ein Anlaß, bei dem die beiden wieder Blicke wechseln, wobei die Kamera von einem Gesicht zum anderen wechselt, von Sarahs zu Kathryns und wieder zurück. Darauf folgt im Zeitraffer eine Zusammenschau konventioneller romantischer Rendezvous, die in einem kaum sichtbaren Händehalten gipfelt.

Natürlich basiert die Behauptung, den Blickwechseln zwischen den beiden Frauen unterliege ein lesbischer Subtext, nicht gerade auf der offenkundigsten oder naheliegendsten Lesart dieser Szene. Ich will damit auch nur sagen, daß die lesbische Zuschauerin mittels ihrer Phantasie den Blickkontakt zwischen den beiden Frauen in etwas verwandeln kann, das abweicht vom »sicheren« Kontext der eigentlichen Filmhandlung und ihrer eigentlichen Sinnlichkeit mehr entspricht. Was wir, gedrängt von unserem Wunsch, das Gerücht über Foster und McGillis zu glauben, als reizvolle Möglichkeit herbeisehnen, ist, daß sie – die Schauspielerinnen – *nicht nur so tun*. Man könnte mir vorwerfen, daß ich diesen Augenblick fetischisiere, ihm mehr Gewicht beimesse, als ihm zukommt. Einverstanden. An dieser Lesart interessiert uns jedoch in erster Linie, auf welche Art und Weise unser sinnliches Verlangen als lesbische Zuschauerinnen diesem Blickkontakt eine spezielle Bedeutung gibt. Und überhaupt, welchen Augenblick fetischisieren wir eigentlich nicht bei einem Medium, das geradezu auf dem Fetisch basiert und das uns seit der Erfindung der Stop/Pause-Taste am Videorecorder noch leichter zugänglich ist?

Die Tatsache, daß Jodie Foster zum Kreis der illustren Persönlichkeiten gehört, die derzeit in den USA durch eine Kampagne geoutet werden, kann der lesbischen Interpretation ihrer Arbeit nur Zunder geben. Uns kann das nur recht sein, wenn auch nicht unbedingt Foster selbst, die die Homophobie von Filmindustrie, Medien und »Fans im ländlichen Nebraska« zu fürchten hat.[11] Ihre Weigerung, sich zum Lesbischsein zu bekennen, bleibt eine Enttäuschung, wenn auch ihr Status als lesbische Ikone stabil zu sein scheint. Selbst eine Anzeige in der Zeitung *Pink Paper* mit dem Wortlaut: »Thirty-something [gemeint ist einer der Charaktere aus der Fernsehserie gleichen Titels, Anm. d.Ü.] sucht Frau, die aussieht wie k.d. lang oder Jodie Foster, zum Wein trinken, Sonnenuntergänge betrachten und sich Verlieben« scheint Fosters Stellung innerhalb einer konventionellen lesbischen Erotik zu bestätigen.[12] In ihrer Pressekampagne wird ihr Lesbischsein allerdings weiterhin hartnäckig als Unterstellung bezeichnet. In neueren Interviews konzentriert sich Foster auf ihr Image als »normales« Mädchen[13], in etwa vergleichbar der Kampagne zur Reheterosexualisierung von Jason Donovan.

Wie als Reaktion auf diese Spekulationen versprach Jon Amiel, der Regisseur ihres letzten Films, *Sommersby*, ihr Image »aufzupeppen«, das durch ihre Rolle als relativ asexuelle Clarice Starling in *Das Schweigen der Lämmer* etwas gelitten hatte. Amiel sagte voraus, daß die Liebesszenen zwischen Foster und ihrem Partner Richard Gere »höllisch heiß« werden würden.[14] Sie sind es – ein Bravo für die große Leistung der beteiligten Schauspieler. Angesichts von Fosters kürzlichem Outing (und den Gerüchten um Gere) fällt es schwer, diese obligatorische Reheterosexualisierung nicht als Folge einer tiefen, kulturell verwurzelten Angst zu verstehen. Diese Widersprüchlichkeiten zeigen, daß Stars auch zu Opfern ihrer Presseagenten werden können, die um die Rollenangebote fürchten, falls die heterosexuelle Identifikation nicht eindeutig erwiesen ist. Die Angst, die jede Unterstellung von Homosexualität mit sich bringt, sorgt dafür, daß das Sexualleben eines Stars fest in die heterosexuelle Ökonomie eingebunden bleibt, wenn es sein muß, bis zum Meineid.[15] Als Folge davon wird eine Erzählhandlung mit einem schlüssigen heterosexuellen Begehren präsentiert, das ironischerweise der ständig vorhandenen Mehrdeutigkeit der filmischen Sphäre entgegensteht.

Foster ist natürlich für das Anliegen dieses Aufsatzes auch deshalb wichtig, weil ihr Outing für die Diskussion um positive Rollenbilder zentrale Bedeutung erlangt hat. Die Fürsprecher von Outing sehen zwei Vorzüge. Erstens versorgt Outing »die Schwulen- und Lesbenszenen mit Rollenmodellen.«[16] Zweitens informiert Outing die Stars über ihre Verantwortung gegenüber der Schwulen- und Lesbenbewegung. Darüber, ob Outing diese beiden Erwartungen erfüllt, wird natürlich heftig gestritten. Auf jeden Fall erklärt es, warum Foster für ihre Rolle in *Das Schweigen der Lämmer* so scharf kritisiert wurde, einem Film, dem einige schwullesbische AktivistInnen »toxische Homophobie« vorwarfen.[17] Doch dieser Vorwurf sagt mehr über die Gesellschaft, in der der Film rezipiert und James Gumb eher durch ein externes Übereinkommen zum Schwulen wurde als durch einen homophoben Anstoß seitens des Regisseurs oder der Stars selbst.[18] An Fosters eigentlicher Rolle als unabhängige Clarice Starling, »Retterin von Frauen in Gefahr«[19], gibt es ansonsten nichts auszusetzen. Diese Formulierung stammt von Foster selbst, und sie richtet sich damit (oder wir bilden uns das ein!) in verschleierter Form an ihr lesbisches Publikum. Es handelt sich hierbei sicherlich um eine Rolle, die der Identifikation der lesbischen Zuschauerinnen eher förderlich ist als hinderlich, denn es wird eine Frau dargestellt, die auf eigenen Beinen steht und durch keine Bindung an einen Mann oder eine Familie eingeschränkt ist. Wie Diane Hamer bei einem Gespräch über den Film sagte:

> Fosters Rolle in *Das Schweigen der Lämmer* ist interessant, weil sie nirgends im Zusammenhang mit einem Mann sexualisiert wird, vielmehr ist sie diejenige Protagonistin, die die Erzählhandlung kraft ihrer Ermittlungen vorantreibt. Es ist eine aufregende Rolle und Clarice Starling eine spannende Figur, weil sie so unweiblich ist.[20]

Meiner Ansicht nach ist Clarice gar nicht so unweiblich – daß sie sexuell attraktiv ist, wissen wir schon von Anbeginn des Films –, vielmehr fühlt sie sich eher unbehaglich ob ihrer eigenen Femininität. Dieses Unbehagen hat, wie Lecter bei seinem ersten Zusammentreffen mit Clarice feststellt, sowohl etwas mit ihrer sozialen Herkunft zu tun als auch mit ihrem Geschlecht. Ja, es ist gerade das Zusammentreffen von beidem, das ihr Unbehagen ausmacht. An diesem Punkt seziert Lecter Clarices Herkunft mit schonungsloser Treffsicherheit:

> Wissen Sie, wie Sie aussehen, Starling, mit Ihrer schnieken Tasche und Ihren billigen Schuhen? Wie ein Bauerntrampel. Wie ein frisch gewaschenes, umtriebiges Bauerntrampel mit ein bißchen Geschmack. Weil Sie anständig zu essen gekriegt haben, haben Sie was auf den Rippen, doch Sie sind keine Generation entfernt vom Armeleutemief, hab ich recht,

Agentin Starling? … Sie wissen, wie schnell Sie die Jungs gefunden haben, das ganze langweilige, klebrige Gefummel auf Autorücksitzen, während Sie nur davon träumen konnten, abzuhauen, nichts wie weg, um schließlich beim FBI zu landen.[21]

Lecters Scharfblick wird durch Starlings Erwiderung bestätigt: »Sie sehen 'ne Menge, Doktor Lecter.« Clarice wird im Lauf des Films von einer Reihe von Männern verfolgt, angefangen vom schmierigen Dr. Chilton bis, wie könnte es anders sein, zu Lecter selbst und natürlich, bevor sich die Geschichte auflöst, vom Killer James Gumb. Jeder dieser Männer stellt entweder eine Gefahr für ihr Leben oder ihre Karriere dar, obwohl sie es im Verlauf des Films schafft, ihnen allen zu entkommen. Die einzige bedeutsame Beziehung, die sie hat – abgesehen von ihren berufsbedingten Zusammentreffen mit Crawford und ihrem geistigen Schlagabtausch mit Lecter –, ist die zu ihrer Freundin und Kollegin Ardelia Mapp.

Der Film zeigt, wie die beiden Frauen in entscheidenden Stadien der Ermittlungen zusammenarbeiten, wobei Mapp die unterstützende Rolle des häuslichen Partners übernimmt, die normalerweise dem mitfühlenden Freund oder Ehemann zukommt. Dem wird im Film keine weitere Beachtung geschenkt, ja, die Szenen mit den Freundinnen werden, wenn nötig, sogar ziemlich hochgespielt, ohne jedoch jemals anzudeuten, daß deren Beziehung etwas anderes als harmlos ist. Das Fehlen einer eindeutigen Liebeskomponente gibt Thomas Harris' Buch, auf dem der Film basiert, etwas Brisantes. Harris versucht dies zu korrigieren, indem er darauf achtet, daß jeder Kontakt zwischen Starling und Mapp in einer zwanghaften Heterosexualität banalster Art verbleibt; zusätzlich schmiedet er eine wenig überzeugende Allianz zwischen Starling und dem Entomologen Pilcher. Diese äußerst unwahrscheinliche Verbindung trägt nur zur Unglaubwürdigkeit der Geschichte bei – sie wird auch im Film nicht weiter verfolgt. All das macht natürlich Starling noch lange nicht zu einer Lesbe, hingegen schon zu einer Figur, die sich von einem heterosexuellen Paradigma nicht so leicht vereinnahmen läßt.

Fosters erste eigene Regiearbeit, *Das Wunderkind Tate*, trägt interessanterweise eher dazu bei, das Unbehagen aufrechtzuerhalten als zu zerstreuen, da sie jeden Hinweis auf Sexualität umgeht und das in einem Film, wo die (eigentlich unverzichtbare) Liebeskomponente fehlt und die einzigen »Liebesworte« an einen siebenjährigen Jungen gerichtet werden. Es heißt, die Geschichte von Fred Tate sei teilweise autobiographisch. Die Verwandlung von Jodie Foster in einen kleinen Jungen (»ein unbewußter Hinweis auf ihr Lesbischsein?«[22]) ist interessant, aber eigentlich eine reine Vermutung. Dennoch, vielleicht weisen die Einengungen der Rolle, die Foster als Tates Mutter spielt, auf ihre Schwierigkeit hin, angesichts ihres Outings eine befriedigende sexuelle Nische in Hollywood zu finden.[23]

Die Frage nach der Verantwortung, scheint mir, bringt uns auf eine falsche Fährte. Gabriel Rotello, Herausgeber der nicht mehr existenten Zeitschrift *Outweek*, ist der Meinung, daß bestimmte, in der Öffentlichkeit stehende Personen »zur Kenntnis nehmen müssen, daß sie Angehörige einer unterdrückten Minderheit sind und daß diese Zugehörigkeit einige Verantwortlichkeiten mit sich bringt.«[24] Für jemand wie Foster bedeutet dies, daß sie sich zuerst outen muß und dann ihre eigene Stellung benutzen kann, um im Film positive Rollenbilder für Lesben zu schaffen. Wie sie das in Anbetracht eines »unglaublich homophoben«[25] Klimas in Hollywood bewerkstelligen soll, ist mir schleierhaft. Nur wenigen Stars ist es vergönnt, sich durch ein so elegantes Vehikel wie Percy Adlons Film *Salmonberries* einen Namen zu machen, was k.d. lang schließlich auch Gelegenheit gab, sich in beredten Worten zu outen.[26]

Ein weit grundsätzlicheres Problem liegt in dem Begriff »positive Rollenbilder«; es besteht darin, daß der Begriff als kohärenter, kollektiver politischer Diskurs noch immer ein Mythos ist. Denn wie läßt es sich sonst erklären, daß wir es »lieben«, bestimmte Repräsentationen zu hassen, während wir andere mit Zähnen und Klauen gegen andere Lesben und Schwule verteidigen? Wenn eine Aktionsgruppe wie die *Gay and Lesbian Alliance Against Defamation* [Schwule und Lesbische Allianz gegen Verleumdung] aufschreit, weil »du dich auf der Leinwand nicht siehst«[27], ist es ihr nicht gelungen, die subjektiven Umstände zu erfassen, unter denen Anerkennung gewonnen wird. Zum einen lassen solche Gruppen die Unzahl von Subjektivitäten außer acht, die sich in einer Vielzahl von Situationen gespiegelt sehen wollen, auch wenn diese Situationen mit etablierten politischen Strategien unvereinbar sind oder diesen gar entgegenlaufen. Zum andern vergessen diese Gruppierungen die *Lust*, die sogenannte Negativbilder von uns selbst – also den »Bösen« – uns bereiten. Hier gilt es zweierlei zu untersuchen; als erstes müssen wir fragen, wer sind eigentlich die »Bösen«? Die Antwort lautet natürlich, das hängt davon ab, wer die Filme anschaut. Als zweites frage ich mich, welche erzählerischen Genüsse lassen wir uns entgehen, wenn wir diese »Bösen« versuchen auszuschließen? Ziehen wir nicht einiges an Lustgewinn daraus, daß wir es *lieben*, sie zu *hassen*? Nehmen wir das Beispiel der Schulleiterin in *Mädchen in Uniform.* Sie ist ein Drachen (sie wurde auch oft als Tropus für den Aufstieg des Faschismus in Deutschland in den dreißiger Jahren gesehen), und viel von der Spannung des Films würde ohne sie verloren gehen. Da sie als stilistisches Gegenstück zu den beiden femininen (bei von Bernburg eher herb-femininen) Heldinnen erscheint, ist die maskuline Rektorin durchaus integrierbar in ihre eigene lesbische Erotik. Oder nehmen wir den neueren Film *Swoon*, der sich bei der Charakterisierung von schwulen Killern zwischen Identifikation und Widerstand[28] bewegt und der eine Interpretation mit einer simplen Unterscheidung zwischen Gut und Böse zunehmend unhaltbarer werden läßt.

Ich glaube, wenn wir bedingungslos auf Fosters Verantwortlichkeit gegenüber der homosexuellen Gemeinschaft bestehen, tun wir ihr unrecht. Ihre Verantwortlichkeit als Schauspielerin besteht ohne Frage darin, unterhaltsame und überzeugende Charaktere zu spielen. Wenn dies für ein lesbisches Publikum heißt, daß sie nur die »Guten« spielen darf, finde ich das uninteressant. Genau wie Outing Sexualität auf »absolutes« Lesbischsein, Schwulsein oder absolute Heterosexualität festlegt, statt eine Aufspaltung der sexuellen Identität in binäre Gegensätze zu hinterfragen, legt der Begriff der »positiven Rollenbilder« letztendlich auch deren Repräsentation auf bestimmte Bilder von uns selbst fest und läßt andere außer acht. Eine solche Strategie muß einfach scheitern.

Die Praxis des Outing ist ein schlagender Beweis dafür, daß die derzeitige Lesben- und Schwulenszene immer sichtbarer und hörbarer wird. Da Outing und sein Korrelat, »positive Rollenbilder«, zu vereinfachenden Gleichsetzungen und sexualpolitischer Gängelung führen (ganz zu schweigen von der kostenlosen Werbung für mittelmäßige Hollywood-Schinken), haben sie sich als kontraproduktiv erwiesen. Als politischer Diskurs zeigt Outing wenig

Bewußtsein für die Komplexität oder die Launen der Rezeption. Ganz egal, wie oft Tom Selleck als »absolut andersherum« bezeichnet wird, Hausfrauen werden immer angetan sein von ihm, genau wie weibliche Teenies weiterhin nach Jimmy Somerville schreien, der ganz »out« und doch ganz unüberhörbar ist. So gesehen hat Begehren mehr mit der/dem Begehrenden zu tun als mit dem Objekt der Begierde. Auch kommt es eigentlich nicht darauf an, ob Jodie Foster eine Lesbe ist oder nicht, da wir als Begehrende sie und ihre Filme ja auf jeden Fall bewundern und unserer lesbischen Agenda hinzufügen können. Daß sie eine Lesbe sein *könnte*, verleiht unserem Verlangen und unserer Interpretation ihrer Filme lediglich einen extra Schauder.

Kein Filmtext gehört nur einem Publikum. Die Behauptung, jeder Text sei an sich lesbisch, ist genauso absurd wie die, jeder Text sei ausschließlich heterosexuell. Damit würden die vielfältigen Möglichkeiten der Interpretation und Umarbeitung geleugnet, auf die wir als Lesben bei der Rezeption von Mainstream-Filmen angewiesen sind. Natürlich werden wir uns nie darauf einigen, welche Darstellungen unsere Selbstbilder gut treffen. Wie sagte doch B. Ruby Rich so aufmunternd: »Her mit den Heldinnen, her mit den Schurkinnen, aber verwechseln wir sie bloß nicht mit der Wirklichkeit«[29] – ein Frontalangriff auf die Ideologie des positiven Rollenbilds. Die Hauptgefahr, die ich in der Debatte um Outing und positive Rollenbilder sehe, ist die Beschränkung lesbischer Repräsentationen auf eine einzige Identifikationsweise. Das Festhalten an der Positive-Rollenbilder-Strategie führt in die totale Isolation, und das in einer Kinowelt, in der wir immerhin die Möglichkeit haben, uns alles anzueignen.

Mit Dank an Rachel Driver und Fiona McNeill.

Übersetzt von Bruni Röhm

Lesbisch sehen, lesbisch aussehen:

Amazonen und Aliens im Science-fiction-Film

Paula Graham

Feminismus und lesbische Zuschauerinnen

Obwohl die feministische Filmtheorie heute eine etablierte Disziplin ist, wurde das Thema Lesben und Unterhaltungsfilm bislang kaum behandelt. Feministinnen haben dazu hauptsächlich psychoanalytische Betrachtungen über heterosexuelle Weiblichkeit und männliche Zuschauer verfaßt. Lesbische Kritikerinnen mühen sich unterdessen damit ab, das Thema Lesbischsein in einen psychoanalytischen Rahmen einzufügen, in dem die voll ausgereifte *weibliche* Subjektivität keinen Platz hat. Dieser Aufsatz ist ein Versuch, anhand der *Alien*-Trilogie die Position der lesbischen Zuschauerinnen innerhalb des Mainstream-Kinos theoretisch zu fassen.

Feministische Theoretikerinnen behaupten, daß die Geschlechtsbestimmung weniger eindeutig ist als bislang angenommen. Für von Deleuzes Masochismusanalyse beeinflußte Kritikerinnen wie Silverman, Studlar[1] und Clover[2] ist die maskuline Subjektivität nicht unbedingt auf Phallusidentifikation fixiert. Durch diese Auffassung wurde ein subjektiver lesbischer Raum erst vorstellbar. Teresa de Lauretis hat mit Hilfe psychoanalytischer Methoden eine lesbische Filmkritik entwickelt.[3] Im Vergleich der Filme *Desert Hearts* und *Die Last der Gefühle*, einem etwas unkonventionellen Experimentalfilm, sieht sie in letzterem auf und jenseits der Leinwand lesbische Subjektivität durch multiple Themenstellungen verbreitet und dadurch die Subjekt-Objekt-Struktur der Heterosexualität in Frage gestellt. Ihre Analyse zeigt jedoch Skepsis gegenüber dem »realistischen« Unterhaltungskino und seinen Möglichkeiten, Alternativen zu heterosexuellen Identifikationsstrukturen anzubieten.

So begrüßenswert de Lauretis' Beitrag zur feministischen Filmkritik ist, er bezieht sich fast ausschließlich auf lesbische Filmemacherinnen. Immer noch fehlt eine Analyse lesbischer Identifikationen im Unterhaltungsfilm, die ebenfalls durchdacht werden müssen; denn sonst müßten wichtige Formen des lesbischen Widerstandes und auch lesbischer Lust »abgeschrieben« werden. Ich habe die *Alien*-Trilogie als Beispiel gewählt, weil so viele Lesben an den amazonenhaften Protagonistinnen ihre Freude haben und sich mit ihnen identifizieren. Besonders interessant ist, daß die Kriegerin in diesen Filmen ein »Monsterweib« zur Gegnerin hat – was den Zuschauerinnen (vor allem den lesbischen?) paradox erscheinen dürfte!

Feminismus, Militanz, Mutterschaft und Monstrosität im Science-fiction-Film

»Amazonen« und männlich gekleidete »Kriegerinnen« sind den meisten Lesben ans Herz gewachsen; denn sie geben uns das Gefühl, sowohl Geschichte gemacht als auch Zukunftsaussichten zu haben. Geschlechtskategorien entfalteten sich jedoch immer in historischen Augenblicken unter dem Druck gesellschaftlichen Wandels und politischer Unstimmigkeiten, die in der Mainstream-Literatur der westlichen Kulturen Amazonen auf den Plan riefen. Die Amazone hat und ist ein zweischneidiges Schwert – sie kann ein Zeichen des Widerstandes, aber auch ein Geistesprodukt des Vaters sein.

Während Lesben sich stark mit den »Amazonen« der *Alien*-Trilogie identifizieren, befaßt sich die theoretische feministische Kritik mehr mit der subversiven Kraft der »monströsen Mutter«. Linda Williams vermutet, daß Frauen dazu neigen, sich mit dem »Monsterweib« zu identifizieren.[4] Lesben identifizieren sich oft auch mit Fantasy-Hexen oder Vampiren – aber ebensooft ärgert sie das Bild einer »monströsen Weiblichkeit«. Es wirft vielleicht ein Licht auf die lesbische Subjektivität, wenn wir uns genau ansehen, was passiert, wenn *beide* Pole der lesbischen subkulturellen Identifikation (Amazone und Monsterweib) in ein und derselben Handlung präsent sind.

In diesen Filmen gerät eine Amazone in eine Auseinandersetzung mit einer monströsen »Mutter«, die eine »Gattung« beschützt.

Williams sieht in dem Monsterweib eine subversive, nichtphallische Sexualität verkörpert.[5] Jardine und Creed führen aus, daß die Besorgnis über die Instabilität des postmodernen Subjekts durch einen Prozeß namens »Gynesis« auf »das Weibliche«, sprich das Unheimliche, übertragen wurde.[6] Die subversive Kraft des Horrors liegt in der Umgestaltung der normalen Geschlechtsstrukturen durch Andeutungen von »weiblicher« Macht. Aus diesem Grund wird das »weibliche Geschlecht« dem Unheimlichen gleichgesetzt und somit als subversiv interpretiert.

Die nicht-biologische Fortpflanzung im Science-fiction-Film ist die logische Folge seines zentralen Themas, der permanenten Neudefinition dessen, was Menschsein bedeutet. Monstermütter, Jungfernzeugung und künstliche Geburt gehen mit der Angst vor der Störung der »natürlichen« Ordnung und mit der Abgrenzung von Natur und Kultur einher. Der zeitgenössische »Mann« der westlichen Hemisphäre sieht sich nicht allein durch Umwandlungen der Weltordnung, durch Feminismus, Homosexualität und den Übergang zwischen Mensch und Technik (verkörpert durch künstliche Intelligenz, Kybernetik und eine virtuelle Realität) in Frage gestellt.[7]

Das Thema Monstergeburt wirft folgerichtig die Frage nach der »Gesetzmäßigkeit« der »natürlichen« Ordnung auf. Dieses Thema wird in Darstellungen entwickelt, die von der befürchteten Aufhebung der Grenzen von Biologie und Technik (wie in »Frankenstein«) und somit der Geschlechtskategorien als Substanz des »Menschlichen« handeln. Die Technik, allgemein als männliche Bastion angesehen, wird ausdrücklich als phallisches Werkzeug des Fortschritts präsentiert. Die Science-fiction hat sich jedoch konsequent mit der Frage nach der Rechtmäßigkeit der Naturwissenschaft an sich (Kontrolle der »männlichen« Technik über die »weibliche« Natur) – und somit der Frage nach der Gültigkeit des Prinzips »Mann, von der Frau geboren« – befaßt.

Phantastische Darstellungen der gesellschaftlichen Rolle der Frauen in einer zukünftigen Welt nehmen meist mehr oder weniger direkt Bezug auf die zeitgenössische Behandlung der »Frauenfrage«. Auf dieser Ebene wird sich wohl jeglicher Profeminismus manifestieren. Wenn diese Filme auf der »Realebene« einen profeministischen Inhalt haben, wie sollen wir dann die versteckte Präsenz des als unheimlich dämonisierten »Weiblichen« interpretieren?

Die Furcht vor dem schwindenden »Unterschied« in einer vereinheitlichten Gesellschaft könnte verlagert und in der anglo-amerikanischen Kultur als »Mangel« an phallischem Individualismus ausgedrückt werden. Alles Technische könnte dann »weiblich« kodiert werden. Es besteht ein Gefälle zwischen der Darwinschen Vorstellung von einer unmenschlichen Logik der »natürlichen Auslese«, den Vernunftprinzipien der »Gesellschaftsvertrags-Theorie« und der Mutterfigur, die grausam ist, um das genetische Überleben zu sichern (ihr »Junges« zu schützen).

Diese Art bildlicher Darstellung mündet in den »Bodysnatchers«-Storys der fünfziger Jahre in eine paranoide Furcht vor einem »wissenschaftlichen« (stalinistischen) Sozialismus. Die einfallenden oder technologisierten »*Aliens*« (Außerirdischen) manifestieren typische mütterliche und überlebensmaschinenhafte Eigenschaften wie Kollektivität, Grausamkeit und emotionslose Logik, während die »menschlichen« (männlichen) Charakterzüge Individualität und kreative Inspiration fehlen. Doch in den siebziger Jahren versinnbildlicht »sie« nicht länger eine Kalter-Krieg-Paranoia, sondern den Geist des multinationalen Zusammenschlusses zur »demokratischen« Kontrolle mit der Absicht, das (männliche) Individuum den gemeinsamen (weiblichen) Zielen unterzuordnen.

Typischerweise stellte sich die Männerwelt in den achtziger Jahren unter Feminismus Kollektivismus, Anti-Individualismus und die Unterwerfung der Männer unter die »Gemeinschaftsinteressen« vor – kurzum, ein monströses Phantasieregiment (Regime) »des Weiblichen«. So wird der entmenschlichten Gemeinschaft der Code »Mutter als Überlebensmaschine« zugeordnet. Auf diese Weise können Fantasy-Filme weibliche Charaktere als »phallisch-individualistisch« anlegen, während sie »das Weibliche« als unmenschliche Gemeinschaftlichkeit dämonisieren.

Alien: Die Lesbe und die »Andere«

Die *Alien*-Trilogie schildert in einem Genre-Mix aus Horror- und Science-fiction-Film den Überlebenskampf zwischen einem parasitären außerirdischen Wesen (Alien) und der Menschheit. Im ersten *Alien*-Film wird der Raumfrachter Nostromo, dessen kleine Besatzung aus Captain Dallas, Lt. Ripley (gespielt von Sigourney Weaver), dem wissenschaftlichen Offizier Ash und der Mannschaft Kane, Lambert, Parker und Brett besteht, umgeleitet, um ein außerirdisches Raumschiff zu untersuchen. Kane wird dabei von einem außerirdischen Parasiten infiziert. Ripley will Kane unter Quarantäne stellen, aber das wird von Ash verhindert, einem Androiden, der, im Sinne der Gesellschaft handelnd, das Alien zur Erforschung von möglichen Abwehrmechanismen auf die Erde bringen will, auch wenn dabei die menschliche Mannschaft notfalls geopfert werden muß. Das Alien »befruchtet« Kanes Brusthöhle, indem es durch Mund und Hals eindringt. Ein Alien-»Baby« bricht aus Kanes Brust hervor, entkommt, wächst rapide und macht sich erbarmungslos an die Vernichtung der Besatzung. In *Alien* werden Genre- und Handlungskonventionen vermischt und destabilisiert, indem nichterzählerische Einfälle, verbunden mit Experimentalfilmhaftem, eine Atmosphäre der Ungewißheit und paranoiden Spannung erzeugen. Mittels visueller Effekte wird das Blickfeld gebrochen, so daß den Protagonisten wie dem Kinopublikum ein klares Bild versagt bleibt. In den Anfangssequenzen gibt es keine eindeutige Identifikationsfigur (Ripley schält sich erst allmählich als Protagonistin heraus). Ripleys weiblicher Körper untergräbt zudem die Kraft protagonistischer phallischer Subjektivität.

Im – realen – »Alltagsleben« in dem Raumschiff entwickeln sich die üblichen Streitigkeiten. Klassen-, Geschlechts- und »Rassen«-themen klingen an. Unmittelbar nachdem Ash das spinnenartige Alien von sich weg auf Ripley geschubst hat (was jedes Mädchen vom Spielplatz kennt), beraten sich Ash, Dallas und Ripley über den Transport des toten Aliens zur Erde. Die Köpfe von Dallas und Ash sind im Vordergrund zu sehen, Ripley ist kleiner im Hintergrund. Während Ash Ripleys Bedenken (als »irrationale« weibliche Ängste) lächerlich macht, sieht er Dallas (und die männlichen Zuschauer) mit diesem überlegen-männlichen Blick an (den jede Frau aus dem Büro kennt).

Die Schlußszene von *Alien*, in der Ripley, bevor sie das Alien überwältigt, in Unterwäsche als sexuelles Schaustück präsentiert wird, ist von Feministinnen kritisiert worden, weil hier der weibliche Körper als Gegenstand sexueller Gewalt objektiviert wird. Die Sexualisierung von Ripleys Körper hat eindeutig die Funktion, das Lesbische in Ripleys »phallischer Identität« zu verleugnen. Lesben haben jedoch möglicherweise ganz anders auf diese Szene reagiert, in der Ripley gleichzeitig weibliches Objekt der Begierde und aktive Protagonistin ist.

Ohne ihre maskuline Kleidung erscheint Ripley als verletzliches feminisiertes Sexualobjekt. Lesbische Zuschauerinnen lehnen die Identifikation mit dem weiblichen Objekt generell ab und dürften in der klassischen Sichtweise in eine phallische Position schlüpfen. Bis dahin hat bereits eine starke lesbische Identifikation mit Ripley stattgefunden, und wenn die (lesbischen) Zuschauerinnen (als phallische Voyeure) Ripleys bisexualisierten Körper mit Wohlgefallen betrachten, dann übernimmt die Subjektivität die von de Lauretis als »Sein und anders sein« beschriebene Struktur des Lesbischseins.

Dies beschwört die bekannte lesbische Strategie des Widerstands gegen Objektivierung und das Hinnehmen der »Unmöglichkeit« wechselseitiger weiblicher Subjektivität herauf: Das »phallisierte« weibliche Subjekt begehrt umgekehrt das »Ich-als-die-andere«. Diese Dynamik von Widerstand und Begierde ist charakteristisch für die intersubjektive lesbische Sexualität. Eine Lesbe widersetzt sich dem zugeschriebenen Objektstatus, einer passiven Haltung, durch Übernahme der »phallischen«, aktiven Haltung, begehrt jedoch selbst eine Frau als Sexualobjekt. Dieser Widerspruch läßt Konflikte in bezug auf die lesbische sexuelle Identität entstehen.

Das Passive an Ripleys Objektsein wird erzählerisch rasch unterminiert und die Polarität von sexuellem Subjekt-Objekt noch weiter destabilisiert. Das Alien ist hier von vornherein als Vergewaltiger und Aufschlitzer konstruiert. »Er« versteckt sich in der Raumfähre und beobachtet Ripley, die sich zunächst sicher gewähnt und sich ausgezogen hatte. Das Publikum ist von Anfang an in einer voyeuristischen Position.

Die Hand des Alien schnellt vor, und Ripley weicht dorthin zurück, wo die Raumanzüge aufbewahrt sind; ihr schwerer Atem signalisiert Angst und Erregung. Die Kamera filmt aus der Froschperspektive, was hier den Effekt hat, daß Ripley mit erotischer Präsenz ausgestattet und den lesbischen Zuschauerinnen aktive weibliche Sexualität vermittelt wird. Ripleys kaum verhüllte Brüste und ihr knappes Höschen beherrschen das Bild und kommen einem lesbischen Begehren entgegen. Die Hand des Alien gleitet sinnlich über Metall und Rohre des Raumschiffes; das Gebiß (das in vorausgegangenen Szenen herausschnellt und tötet) schiebt sich Gleitmittel sabbernd langsam vor. Ripley bewegt sich synchron hierzu, indem sie wiederholt schweißtriefend und keuchend den Raumanzug glattstreicht, in den sie geschlüpft ist.

Es kommt zu einem Erkennen des eigenen wie des anderen Ich, und Vorsicht im Umgang miteinander wird spürbar. Eine Schuß-Gegenschuß-Sequenz zeigt einen Blickwechsel zwischen Ripley und dem Alien, der zwischen Protagonistin und Monster eher auf Erkennen und Überlebens*rivalität* als auf voyeuristischen Sadismus hindeutet. Das »Anderssein« feminisiert das Alien und ermöglicht eine Gemeinsamkeit von Frau und Monster, es löst die phallische Bildbeherrschung auf, indem es *beide* Positionen androgynisiert und beiderseitige Vorsicht (und Furchterweckung) signalisiert. Ripley zwingt das Alien mit Gasstrahlen aus seiner Ritze. Da sie besser an die Umgebung angepaßt ist (in einem Raumanzug auf heimischem Terrain), stößt sie das Alien durch die Luftschleuse. Als es versucht, gleich einer Spinne, die beharrlich ein Abflußrohr hinaufkriecht, wieder hereinzukommen, stößt sie es mit Hilfe eines Greifhakens und des Antriebsstrahls des Raumschiffes zurück.

Zugleich ist die Szene »feminisiert«. Spinne/Insekt ist hier eine starke Metapher für Fremdheit, da Ripley sich mit weiblicher Phobie konfrontiert sieht (was entfernt an panisches Beäugen einer Spinne im Bad erinnert!). Ripleys Ringen darum, die Panik zu überwinden und zu kontrolliertem Handeln zu finden, drückt sich darin aus, daß sie singt wie ein Kind. Angst, Aggression und Erregung erzeugen einen hohen Adrenalinpegel. Die Laute, die sie ausstößt, werden mit wachsender Angst immer hastiger. Nach der Vertreibung des Alien zeigt ihr Gesicht einen seligen Ausdruck wie nach einem Orgasmus, dann steigt sie, nun wieder asexuell, in ihr jungfräuliches Bett.

Greenberg schreibt, daß das Alien *»auf mysteriöse Weise unfaßbar, boshaft, unerbittlich, unwahrscheinlich schön und lüstern«* ist.[8] Das außerirdische »Andere« hat phallische Charakteristika, ist aber insgesamt weiblich angelegt, sowohl in seinen reproduktiven Funktionen, seiner tödlichen, unerbittlichen Schönheit als auch in seinen amoralischen Überlebensinstinkten. Nach Science-fiction-Tradition ist es mit dem wahnsinnigen Wissenschaftler Ash und dem Syndikat verbündet, das durch »Mutter« (den unerbittlichen, amoralischen Zentralcomputer) vertreten ist.

Auf der Realebene ist Ripley »positiv« – stark, tüchtig, intelligent und feministisch. Auf der Symbolebene jedoch wird frauenfeindliche Verachtung für feminine Aufmachung vermittelt, und die Handlung verbannt auf unerbittliche Weise das unheimliche »Andere«.

Aliens: »Bist du schon mal für 'n Mann gehalten worden?«

Der zweite *Alien*-Film spielt in einer menschlichen Kolonie auf dem fremden Planeten aus dem ersten *Alien*-Film. Ripley wird mit einer Mannschaft ausgeschickt, die Außerirdischen anzugreifen, aber wieder hat das Syndikat noch andere Absichten. Der Film ist ein Standardwerk in Genre-Mixtur, dessen Erzählform sich völlig von der des ersten Films unterscheidet. Das Vergnügen des jungen männlichen Publikums ergibt sich aus der Anwendung eines bewährten Rezepts. Viele visuelle Effekte sind aus dem ersten Film übernommen, haben aber hier eine ganz andere Wirkung. Die Technik visueller Unschärfe bietet Gelegenheiten zu eindeutig phallischen Handlungen. Die phallische Überlegenheit wird nur angetastet, um nach einem angemessenen Zeitraum berechenbarer Spannung wieder bestätigt zu werden.

Auf der Realebene findet eine oberflächliche kritische Auseinandersetzung mit Feminismus, »Machismo«, Militarismus und der Falschheit und Ausbeutungsstrategie des Syndikats statt. Diese wird jedoch mittels der Standardform und der (männlichen) Verhaltensweisen des aggressiven Action-Kinos geführt. Im zweiten *Alien*-Film spielt sich eine Art »ödipales Drama« ab, mit Zerstückelungen und Wiederherstellung von und durch Ripley als »letzte Frau«. Ripley muß die Alpträume der Verstümmelung erleben und überwinden, mit denen der Film beginnt, und das kann sie nur durch die Garantie, daß die außerirdische Bedrohung (die sich durch »Durchdringung«, sprich Schwängerung, und Verstümmelung »feminisiert«) komplett zerstört wird.

Carol J. Clover führt aus, daß die »letzte Frau« als Protagonistin das Ausspielen solcher ödipalen Ängste zuläßt, weil das männliche Publikum sich entschieden von der Identifikation mit dem (weiblichen) Körper, dem eine entsetzliche Verstümmelung droht, distanzieren kann.[9] Normalerweise werden in Abenteuerfilmen zahllose *Männer*körper auf dem Weg des Protagonisten zur »Mannhaftigkeit« verstümmelt oder zumindest gründlich verdroschen. Dies zeigt sich in so verschiedenen Actionfilmen wie *Bloodsport* und *Robocop*, in denen die ödipalen Obsessionen des Western weitergepflegt wurden.

Die *Alien*-Trilogie zeigt Penetration-Schwängerung, Bersten, Brennen, Verstümmelung, Zerstückelung und phallische Pfählung des männlichen Körpers. Wenn das männliche Publikum in bezug auf den männlichen Körper so zimperlich wäre, müßte es dem durchschnittlichen Aggressionskino fernbleiben. Tatsächlich scheint es die offene *Erotisierung der Gewalt* zu sein, die eine Frau als Opfer und Überlebende verlangt. Greenbergs Bemerkungen zur letzten Konfrontation zwischen Ripley und dem Außerirdischen in *Alien* sind hier aufschlußreich:

> Das Publikum (insbesondere das männliche), das gleichzeitig mit ihr leidet und mit voyeuristischem Blick ihrer Opferung zusieht, erlebt einen heftigen Anfall von roher sexueller Erregung und Todesangst, ein in Spannungsfilmen oft erstrebter, aber selten dermaßen perfekt gelungener Effekt.[10]

Stephen Neale erklärt, daß der männliche Blick im Western und im Actionfilm auch zur voyeuristischen Betrachtung des männlichen Körpers eingesetzt wird. Der männliche Körper, entkleidet, um in Aktion zu treten, wird sowohl Gegenstand des (begehrlichen) männlichen Blicks als auch zum Signal für das männliche Publikum, sich in die Handlung einbeziehen zu lassen. Die durch diese Feminisierung des männlichen Körpers bewirkte homosexuelle Erotik wird durch einen Gewaltakt seitens des Protagonisten entschärft, was beim männlichen Publikum ein sadistisches Überlegenheitsgefühl erzeugt.

Neale bemerkt zur unterdrückten Homoerotik in solchen Genrefilmen:

> Die Unterdrückung jeglichen eindeutigen Bekenntnisses zur Erotik beim Betrachten des Mannes scheint strukturell mit dem erzählerischen Inhalt verknüpft, der durch sadomasochistische Phantasien und Szenen gekennzeichnet ist.
>
> Daher sind beide Formen voyeuristischer Betrachtung, die intra- und die extradiagetische, in Augenblicken des Wettstreits und Kampfes besonders

> evident ... das Ende der Handlung wird durch einen Zweikampf oder Schußwechsel bestimmt, und der Männerkampf wird zum reinen Spektakel ... bis hin zur fetischistischen Parodie ... der Blick beginnt zwischen Voyeurismus und Fetischismus zu schwanken, während die Handlung erstarrt und durch das Spektakel abgelöst wird.[11]

Wenn in solchen Filmhandlungen der Frauenkörper den männlichen Körper ablöst, verlagert sich das homoerotische Element des männlichen Blicks auf den Protagonisten zum weiblichen Körper hin und wird somit für das männliche Publikum akzeptabel.[12] In der daraus resultierenden Maskulinisierung des Frauenkörpers tritt jedoch für das weibliche Publikum ein lesbisch-erotisches Element zutage. Dies erklärt zweifellos weitgehend die Anziehungskraft, die solche Filme auf lesbische Zuschauerinnen ausüben.

Im Gegensatz zu der relativ komplizierten Erforschung des »Andersseins« in *Alien*, dem ersten Film der Trilogie (dt. *Alien – das unheimliche Wesen aus einer fremden Welt*), wird der Unterschied in *Aliens*, dem zweiten Film (dt. *Aliens – die Rückkehr*) marginalisiert, erzählerisch aufgelöst oder fetischistisch kaschiert. Randfiguren werden als eine Bande »Soldaten« stereotypisiert und gekennzeichnet, Spannungen durch Späße entschärft; Vasquez ist stereotyp butch und behauptet sich unter den Männern: »He, Vasquez, bist du schon mal für 'n Mann gehalten worden?« »Nein, und du?«

»Political Correctness« wird hier bewußt eingesetzt. Der Androide lehnt den Begriff »künstliche Person« für sich ab, er zieht den Ausdruck »Synthetischer« vor, und das Alien wird als »Xenomorph« (Fremdgestalt) bezeichnet. Bindungen von Mann zu Mann, Ausschluß und Lächerlichmachung von Ripley durch die männliche Militärhierarchie sind ausführlich dargestellt – doch die Unterschiede werden durch den Tod aufgehoben oder in männlichen Bindungen durch gegenseitiges Vertrauen in militärische Aktionen aufgelöst. Selbst Ripley und der Androide *authentisieren* ihre Maskulinität im Sinne der Handlung. Für Ripleys »fehlenden« Phallus gibt es überreichlich Ersatz – sie siegt eher durch Feuerkraft und phallische Schießeisen als durch umsichtiges, »feminines« Überlegen wie in *Alien*, dem ersten Film. Es liegt pure phallische Lust darin, mit diesen Megavolt-Ballermännern die häßlichen Kreaturen in Stücke zu knallen.

Im aggressiven Abenteuer-Genrefilm vermeidet die maskulinisierte Protagonistin das Problem der Homoerotik für das männliche Publikum und stellt in ihrer erotischen Zurschaustellung zugleich Kastrationsängste beim weiblichen Publikum in Abrede. Für das männliche Publikum jedoch hat sich das Gespenst weiblicher sexueller Aggression erhoben und muß überwunden oder verleugnet werden.

Durch ihre Beziehungen zu dem Kind Newt und zu Hicks wird Ripley in die heterosexuelle Familienstruktur eingebunden (die in *Alien* fehlt). Mutterschaft ist in *Aliens*, dem zweiten Film, ein zentrales Thema und fungiert als »mildernder Umstand« für transgressives weibliches Verhalten, als Ableugnung des Lesbischseins und als Rechtfertigung für jegliche weibliche Aggression. Die amazonenhafte Ripley legt zögernd den männliche Aggression verkörpernden Gürtel an, um die Familie zu schützen und Ungerechtigkeit, Korruption und exzessive Gewalt in der patriarchalischen Ordnung zu korrigieren – der traditionelle »zivilisierende« Einfluß heterosexueller Weiblichkeit. Als wäre diese »Mission« nicht Rechtfertigung genug, geht die Gewaltorgie auf dem Höhepunkt des Films in erster Linie auf Ripleys »Instinkt« zurück, »ihr Junges« zu beschützen.

In *Aliens* ist die feminine Kodierung des Alien intensiviert, und der unterschwellige Frauenhaß von *Alien* kommt stärker zum Ausdruck. Die »Amazone« und das »Monsterweib« begegnen sich in einem Gladiatorenspektakel. Ripleys »unbefleckte« Mutterschaft wird wiederholt der schleimigen, sabbernden, biologischen, weiblich angelegten Alien-Mutterschaft (dem weiblichen, reproduktiven Körper) gegenübergestellt. Alieneier werden von einer Art außerirdischer Bienenkönigin in das Tiefgeschoß des Gebäudekomplexes Raumstation gelegt. Bei der Rettung von Newt – ihr »Junges« – begegnet Ripley der Bienenkönigin und vernichtet deren »Junge«. Die monströse Alienmutter verfolgt Newt. Ripley schlüpft in einen phallisierenden hydraulischen Lade-Roboter, so daß sie fast aussieht wie der Alienkörper, mit eckigen Metallflächen und hydraulischen Muskeln, was an einen Reptilienpanzer denken läßt. Zugleich gibt sie ein extrem phallisches Bild ab. Ripleys feminine Verwundbarkeit ist zu einer ungeheuer befriedigenden gepanzerten Macht geworden.

Ripley faucht das Alien mit den Worten an: »Laß sie gefälligst in Ruhe, du Mistvieh!*«, und damit geht der Zweikampf los.

Lesbische »Kenntlichkeit« in der Alien-Frau könnte an dieser Stelle Widerstand auslösen.

So erfreulich Ripleys transgressive, orgiastische Gewalt sein mag, die frauenfeindliche Konstruktion des weiblichen Reproduktionsprozesses – des weiblichen Körpers – als *Monstrosität* ist beunruhigend. Hätte ein männlicher Protagonist den Ausdruck »Mistvieh« benutzt, bevor er sadistische Gewalt an dem als Monstrosität dargestellten weiblichen Jungfernzeugungskörper verübte, wären wir als Feministinnen wohl etwas aufgebracht gewesen. Könnte es sein, daß das männliche Publikum seine frauenfeindlichen Aggressionen gegen »anmaßende« weibliche Militanz (und die drohende Unterwerfung unter das »Monsterregiment« des Feminismus) ableugnet? Indem die (fetischisierte) Amazone den sadistisch-beherrschenden männlichen Protagonisten ablöst, kann er von seinen Rachephantasien und sexuellen Ängsten abrücken. Wie Claudia Springer (mit Hinweis auf Theweleits Bemerkungen zu faschistisch-frauenfeindlichen Identifikationen[13]) bemerkt, wird der »Maschinenkörper zum idealen Werkzeug für die Pflege des Egos.«[14]

Während *Alien* ein größeres Maß an Mehrdeutigkeiten zuläßt, wird in *Aliens* mit seiner Comic-Erzählweise die phallische Dominanz durch sadistische Gewalt wiederhergestellt und die Protagonistin heterosexualisiert. Aber was geschieht, wenn der »Maschinenkörper« weiblich, die Bedrohung feminin und die Zuschauerin lesbisch ist? Wagt es die lesbische Zuschauerin, antifeministische Frauenfeindlichkeit im Rausch transgressiver Gewalt erst zu verinnerlichen und dann zu verwerfen? Verstößt diese Gewalt gegen die herrschende Ordnung, weil sie von Frauen verübt wird?

* Im Original wird das Wort »bitch« verwendet, eine eindeutig herabwürdigende Bezeichnung für Frauen.

Alien 3: Die Bestimmung unmöglicher Zeichen[15]

In *Alien 3* werden einige Darstellungsformen und Themen von *Alien* aufgegriffen; die Erzählstränge der beiden vorausgegangenen *Alien*-Filme werden zusammengezogen und abgeschlossen, so daß eine Trilogie (statt einer Serie) entsteht. Dieser letzte Film kehrt zur reflexiven Untersuchung des »Fremdseins« und der Horror-Charakteristika von *Alien* zurück.

In *Alien 3* werden die in *Alien* angewendeten visuellen Effekte klaustrophobischer Verfremdung und erzählerischer Brüche wieder aufgenommen. Wie *Alien* beginnt der Film mit der eingeblendeten Computerinformation, daß es sich hier um eine »YY-Chromosom high security correctional facility« handelt [etwa: Hochsicherheitskorrekturanstalt für YY-Chromosome. Der Titel ist in der Synchronfassung nicht dt. eingeblendet]. Dies ist eine Anspielung auf den momentan modernen medizinischen Mythos der genetischen Kriminalität, wonach bestimmte Chromosomenanordnungen psychotische, kriminelle oder »sexuell abweichende« Syndrome erzeugen. Das »YY-Chromosom« wird mit Gewalttätigkeit und krimineller Abweichung assoziiert. Homosexualität gilt demnach ebenfalls als eine genetisch bedingte »Veranlagung«. Diese einführende Aussage macht uns klar, daß wir es nicht mit Gefangenen zu tun haben, die aus gesellschaftlichen Gründen Verbrechen begangen haben, sondern mit dem *abweichenden Körper*. Diese Männer sind »das Andere« – jene, die die Gesellschaft ausschließt, um sich selbst als stabile Ordnung zu konstituieren. Trotz ihrer marginalen Position haben sie eine alternative »Ordnung« geschaffen, der Dylan vorsteht, ein Schwarzer, der mit seiner Brille und seinem »Prediger«-Stil stark an Malcolm X erinnert. So vereinen die Gefangenen marginale sexuelle und »rassische« Identitäten mit einer marginalen politischen »Stimme«.

Gefängnisfilme waren immer ein Ventil für liberale Gesellschaftskritik, wobei das Gefängnis eine entmenschlichte institutionalisierte Gesellschaft versinnbildlicht. Hier werden formale und inhaltliche Konventionen des Gefängnisfilms (und offene Anspielungen, einschließlich visueller Bezüge auf *Tattooed Tears*) verwendet. Die Versächlichung der männlichen Gefangenen wird durch tätowierte Strichcodes verstärkt. Wieder wird der Profeminismus auf der Realebene durch Verweise auf Unterdrückung und Demütigung von

Frauen artikuliert, wenn Ripley es mit der Gefängnishierarchie zu tun hat. In dem Moment, als der Gefängnisdirektor Ripley als »Verrückte« tituliert, packt das Alien ihn von hinten (was in der Mittwochsmatinee im Camden-Parkway-Kino tatsächlich lauten Jubel auslöste!). Durch Bildausschnitt, Schnitt und Kameraposition wird die Hierarchie optisch problematisiert.

Es gibt auch herzerfrischende Momente. Ripley lehnt es ab, vor den sexuell gewalttätigen Männern »in Sicherheit gebracht« zu werden. Dylan (ein ehemaliger Vergewaltiger) unterbindet den Versuch einer brutalen Nonstop-Vergewaltigung. Identifikation und Bindung entstehen zwischen den zwei »Anderen«, als Dylan sich mit einem Baseballschläger an die »geistige Umerziehung der Brüder« macht und Ripley einen ihrer Angreifer mit einem mächtigen Fausthieb zu Boden streckt – bis ins Mark befriedigend für das weibliche Publikum. Die Beziehung zwischen Ripley und Dylan hat mehr mit der achtungsvollen Homoerotik männlicher Kumpelhaftigkeit zu tun als mit heterosexueller Anziehungskraft.

Ripley – die das Alien diesmal mit sich bringt statt es »in situ« anzutreffen – hat selbst eine Art marginale Identität angenommen. Ihre »angebliche Familie« aus Aliens wird niedergemetzelt, während der Vorspann abrollt. Als sie sich an Clements heranmacht und er sich über ihre »Direktheit« äußert, entgegnet sie: »Ich war sehr lange da draußen.« Ihr kahlrasierter Kopf wird in einigen Besprechungen als »Sinead-O'Connor«-Schick interpretiert, aber das dürfte ein Mißverständnis sein. Ripley wird in einem beschlagenen Spiegel gezeigt, während die Kamera lüstern ihren Oberkörper hinauf zu ihrem verschwommenen Gesicht fährt. Als sie den Spiegel klar wischt, wird deutlich, daß ihr kahl rasierter Kopf als schockierende Diskrepanz zu ihrem weiblichen Körper gedacht ist. Spiegelaufnahmen gehören zum Repertoire des Horror-Genres, und das Publikum rechnet mehr oder weniger damit, das Alien hinter (neben) Ripley gespiegelt zu sehen.

Die Gefängnisordnung ist ausgesprochen homosozial – nicht nur, weil keine Frauen da sind, sondern auch, weil die Männer zu »soziopathisch« sind, um in Frauen etwas anderes als Gewaltobjekte sehen zu können. Es wird ständig wiederholt, daß Sexualität die Männerbindung stört, von der die gesellschaftliche Ordnung des Gefängnisses abhängt. Die Homoerotik der männlichen Ordnung muß nicht nur kontrolliert, sie darf auch nicht durch Begehren des

»Anderen« unterbrochen werden. Daß Ripley mit Clements geschlafen hat, ist klar, wird aber nicht gezeigt. Clements ist zum Objekt gemacht worden (sein Strichcode weist ihn als »feminin« aus), und Ripley ergreift die Initiative. Die Ripley zugeordnete Heterosexualität ist hier, gelinde gesagt, zweifelhaft. Ihre phallisch-feminine Sexualität ist ein »unmögliches Zeichen« (nicht geschlechtsbestimmt) und kann nicht gezeigt werden. Die Auswirkungen auf die Handlung werden durch Clements Ermordung kontrolliert.

In der Szene mit Clements Tod wird Ripley von dem Alien bedroht, was an die Schlußszene von *Alien* erinnert. Erstaunlicherweise bringt das Alien Ripley nicht um, sondern verzieht sich. Die Beziehung zwischen Ripley und dem Alien ist zusammen mit den diffusen Angaben über diese Beziehung in den zwei vorausgehenden Filmen eine folgerichtige Entwicklung. Das gegenseitige Erkennen, das im ersten Film anklingt, wird im zweiten zu einer Konfrontation zwischen den zwei »Müttern«, die um das Überleben ihrer »Gattung« kämpfen. In *Alien 3* trägt Ripley das Alien in sich.

Als Ripley entdeckt, daß sie den Fötus der Alienmutter in sich »trägt«, beschließt sie, sich zu opfern, um die Geburt der unerbittlichen »Mutter« zu verhindern, die die Menschheit auslöschen (resorbieren) wird. Sie macht sich auf die Suche nach dem Alien und hofft, daß es sie töten wird. Sie witzelt mit »85«, sie wisse, wo es zu finden sei – »es ist im Tiefgeschoß«. 85 weist sie darauf hin, daß das ganze Gefängnis im Tiefgeschoß ist, und Ripley erwidert, das sei eine »Metapher« gewesen. Mit einer einfachen Taschenlampe macht sie sich auf die Suche und hält (und das Publikum mit ihr) eine schleimige Röhre für einen Teil vom Körper des Aliens. Als sie die Röhre streift, platzt diese auf, und zappelnde Küchenschaben ergießen sich als ekelerregende Masse über den Fußboden. Hier entfaltet sich die metaphorische Horrorkonstruktion durch einen irdischen Bezug (parasitäre Läuse, Küchenschaben). Ripley ruft dem Alien zu: »Hab keine Angst, ich gehöre zur Familie« – tatsächlich ist sie jetzt Teil des parasitären außerirdischen Lebenszyklus (von der Mutter resorbiert). Als sie in Dylans Zelle zurückkehrt, um ihn zu bitten, sie zu töten, wird sie generisch als das Alien kodiert.

In *Alien 3* gibt es keine spektakuläre Konfrontation zwischen Protagonistin und Alien, da die Unterscheidung aufgehoben ist. Die Strategie ist eine gemeinsame, und Ripley ringt unbewaffnet mit einem Alien aus »dem Tiefgeschoß«, das seine unheimliche Bedrohung für sie verloren hat und das sie nun nicht mehr ausschließen kann.

In *Alien 3* sind nicht nur Ripleys Körper und Kleidung maskulinisiert, sondern ihre Erscheinung hat Merkmale angenommen, die Lesben mit Lesbischsein assoziieren werden. Sie ergreift die Initiative und hat alles unter Kontrolle, sexuell wie gesellschaftlich. Obgleich durch den Kampf vorübergehend geschwächt (feminisiert), ist ihr Körper durch häßliche Schwellungen und ein blutunterlaufenes Auge enterotisiert. Zugleich hat sie eine »monströse Weiblichkeit« in sich. Das ist ein ungeheuer mächtiges Bild.

Ripley ist effektiv »jungfernzeugend«-hermaphroditisch geworden statt keusch-androgyn – das nicht darstellbare Schweben im »Da-draußen«. Die Macht ihres Images wird in jedem Geschlecht unkontrollierbar und unaufspürbar. Sie kann weder als phallische Protagonistin noch als »feminine Andere« lokalisiert werden – ihre Bestimmung kann einzig und allein der Tod sein. Sie ist der absolute Horror geworden – nicht nur eine Frau, die handelt, »zurückblickt«, sondern eine, die Männer nicht *braucht* (anerkennt). Ripley ist für das männliche Publikum das Image der unbeherrschbaren Frau geworden. Das monströse Frauenregime ist nicht mehr »da draußen«, sondern im lesbianisierten *Körper*.

Die Konstruktion der lesbischen Figur und die Position der lesbischen Zuschauerin

Lesbische Identifikation neigt anscheinend dazu, sich auf die Präsentation des maskulinisierten, aktiven Frauen*körpers* zu konzentrieren. Lesben äußern Begehren nach und Identifikation mit dem Körper von Sigourney Weaver (und dem von Linda Hamilton in *Terminator 2*). Wie Neale ausführt, gibt es zwei »Momente« des männlichen Blicks auf die filmische Darstellung des männlichen Körpers: das voyeuristische und das identifizierende Moment. Der lesbische Blick auf die »phallische« Protagonistin könnte somit lesbischerseits eine Identifikation mit und Begehren nach dem maskulinisierten Frauenkörper ermöglichen. Da sowohl die Protagonistin als auch das weibliche Publikum »phallische« Positionen einnehmen, wird dieses Begehren in Filmen wie *Aliens* und

Terminator 2 »homosexualisiert«. Wo weibliche Identifikation über die Positionen »phallische Protagonistin« und »feminines Objekt« erfolgt, ist eine spezifischere lesbische Identifikation auf der von de Lauretis angedeuteten Linie möglich.

Das männliche Publikum schaltet sich durch einen »Sutureprozeß« in die konventionelle Filmhandlung ein. Die Präsentation des (männlichen) Protagonisten*körpers* wird zur »Schaltstelle zum Körper des Zuschauers innerhalb des etablierten klassischen Erzählkinos und seinem ›Suturesystem‹.«[16] Der repräsentative *Körper* des männlichen Protagonisten im konventionellen Kino muß daher einen befriedigenden »Sutureprozeß« beim weiblichen Publikum unterbinden.

Theorien von lesbischer Identifikation im Film haben entweder die »transvestitische« Identifikation mit der männlichen Position (wobei die »Schaltung« unterbrochen werden muß, wenn die Zuschauerin die Zusammenhanglosigkeit zwischen ihrem Körper und dem des Protagonisten spürt), den komplizierten Prozeß weiblicher Maskerade hinter der Präsentation übertriebener Weiblichkeit oder präödipale Identifikationen angeboten. Nichts davon bietet Lesben einen befriedigenden »Sutureeffekt«. Die »transvestitische« Identifikation bringt dem lesbischen Publikum einen »Verfremdungseffekt«, dem männlichen Publikum aber erotische Lust. »Übertriebene Weiblichkeit« bietet dem lesbischen Publikum alle Arten von »camp«-Lust, kann aber nichts von der Wirkungsmacht vermitteln, die den *Wonnen körperlicher Aktivität innewohnt*, ein wichtiges Element, das den Frauen versagt ist.

»Suture«, das Hineingezogenwerden in die Handlung durch den maskulinisierten Frauenkörper in Filmen wie der *Alien*-Trilogie und *Terminator 2* verschafft dem weiblichen Publikum einen befriedigenderen Zugang zu den traumhaften Vergnügungen teurer Hollywood-Filme – einschließlich der Illusion phallischer Omnipotenz. Eine starke Illusion physischer *Präsenz* in der Handlung eröffnet Lesben unendliche erotische Freuden, ungebrochene Wonnen, wie sie normalerweise dem männlichen Publikum vorbehalten sind.

Lesbische Identifikationen scheinen, in *Alien* und *Aliens 3* in geringerem Maße als in *Aliens*, auf einem filmischen »Sutureprozeß« zu basieren. Der maskulinisierte Frauenkörper fungiert als Schaltstelle, die auf lesbische Zuschauerinnen eine starke fiktionale Wirkung ausübt. Die »mangelhafte« Frau ist effektiv ausgestattet mit ihrer Rüstung und sadistischen Gewalt. Für die lesbischen Zuschauerinnen wird so ein befriedigender und beruhigender »Traum« von Standhaftigkeit und Stärke *zu* erlebbar, wie er normalerweise nur dem männlichen Publikum geboten wird.

Dies bedeutet jedoch nicht unbedingt, daß das lesbische Ich sich heterosexuell männlich identifiziert. Lesbische Zuschauerinnen sind auch empfänglich für das »homoerotische« Element (im extradiegetischen, versächlichenden Sinne des Blicks), wenn sie den phallisierten Frauenkörper der Protaginistin auf der Leinwand sehen.

Der Standort des »Weiblichen« wird hier vom Körper des »Monströsen« (oder als Regime der bösen Muttermaschinen bzw. des bösen Syndikats entkörperlicht) besetzt, und so wird die Identifikation der Frau mit dem »Weiblichen« unterbrochen. Die Präsentation des Frauenkörpers, durch die sich die Zuschauerinnen mit der weiblichen Position identifizieren, fehlt hier. Der *Standort* des »Weiblichen« (Monster oder Maschine) wird für die Frau leicht zum durch die Protagonistin übermittelten *Gegenstand* sadistisch-strafender Betrachtung. Durch diesen Prozeß des Leugnens von *Weiblichkeit* (nicht unbedingt identisch mit weiblichen *Personen*) kann die Frau veranlaßt werden, die frauenfeindliche Perspektive der Handlung zu bejahen. Dieses Schema erfährt in den diversen besprochenen Filmen erhebliche Abwandlungen, aber ich glaube, daß es seine Grundstruktur überall beibehält.

Ist lesbische Identifikation demnach eine »Verkennung« lesbischerseits, durch die wir an der Wiederunterordnung »weiblicher« Aggression unter »phallische« Kontrolle teilhaben? Versinnbildlichen Ripley in den *Alien*-Filmen und Connor in *Terminator 2* nichts weiter als die lesbische Übernahme der phallischen Ungewißheiten zeitgenössischer weißer Mittelklasse-Männer? Wenn das nichtheterosexuelle weibliche Ich in der Verbreitung von Subjektivität in destabilisierten Geschlechtspositionen besteht, ist die lesbische Identifikation mit diesen Protagonistinnen dann nichts weiter als die Übernahme einer heterosexuell-männlichen Position, die die heterosexuelle Dualität wiederherstellt?

Diese Darstellungen versuchen eindeutig eine Trennung zu bewirken zwischen den Bestrebungen der »guten« Feministinnen, in einer minimal revidierten männlichen »Realität« eine Scheinpräsenz zu erhalten, und den Bestrebungen der »schlechten« Feministinnen, ein »fanatisches« feministisches Regime zu »etablieren«. Aber wird lesbische Lust somit völlig als selbstvernichtend oder selbsthassend disqualifiziert? Sind *Alien* und *Alien 3* bessere Filme als *Aliens*, weil die phallische Protagonistin Ripley dort »feminisierter« ist? Sollten sich Lesben lieber mit dem »subversiven Potential« des Monsterweibs identifizieren?

Es sieht nicht so aus, als ob *die* lesbische Zuschauerin immer die männliche Position einnähme, auch ist sie nicht unbedingt zwischen geschlechtsspezifischen Positionen hin- und hergerissen oder im femininen Raum eingesperrt. In Filmen wie *Alien* und *Alien 3* kann sich die subjektive lesbische Identifikation verschieben von der Einnahme einer männlich-subjektiven Position hin zur Zerrissenheit zwischen einer solchen Position und dem durch das Monströse (oder das Monströs-Technische) verkörperten weiblichen Raum. Man könnte annehmen, dies hätte das subversivste Potential für das lesbische Publikum. In Filmen wie *Aliens* dürfte die lesbische Betrachtung mehr auf die Spannung *durch* die Protagonistin *auf* einen femininen Raum fixiert sein. Aber das kann nicht nur als negativer Effekt gesehen werden, ermöglicht es doch Lesben eine vergnügliche Illusion von machtvollem Tun und gleichgeschlechtlicher Erotik.

Wird eine Lesbe gefragt, warum ihr ein Film mit angenehmem lesbisch-erotischem Beigeschmack, aber antifeministischem Inhalt gefallen hat, wird sie fast immer mit dem klassischen fetischistischen Ableugnen antworten: »Ich weiß, aber...« Das ist vielleicht ein Anhaltspunkt. Die fetischistische Lust der Männer an der Verleugnung von Kastrationsängsten setzt das gleichzeitige Erleben von Kastrationsangst voraus. Würde diese Angst vollkommen überwunden (oder vergessen), so würde der fetischistischen Lust die Grundlage genommen. Fetischistische Lust hängt ab von der objektiven Verkörperung der zu beschwichtigenden Angst. Für das männliche Publikum versinnbildlicht der *Körper* der Protagonistin Kastrationsangst, und ihre Phallisierung beschwichtigt sie. Zugleich wird die mit dem männlichen Betrachten des erotisierten männlichen Körpers verbundene Homosexuellenangst mittels Ersatz durch den Frauenkörper beschwichtigt. Damit das Bild auf männliche Zuschauer »wirkt«, müssen sie mehrere widersprüchliche Dinge auf einmal »glauben«.

Linda Williams erklärt: »Unser Vergnügen am Film beruht zum Teil auf dem Widerspruch zwischen unserem Glauben an die wahrnehmbare Wahrheit des Bildes und unserem gleichzeitigen Wissen, daß es nur Imagination ist – also auf der Diskrepanz zwischen der über das Bild wahrgenommenen Illusion der Präsenz und dem tatsächlichen Nichtvorhandensein des durch das Bild ersetzten Objekts.«[17] Die Lücken, Unterbrechungen und Widersprüche in der konstruierten Kino-»Realität« werden durch den »Sutureprozeß« nie ganz aufgehoben.

Oppositionelle Lesarten müssen, um als solche gelten zu können, in Spannung zu dominanten Folgerungspraktiken gehalten werden. So akkurat ein lesbisches Ich auch in die dominante Denkstruktur eingebunden sein mag, lesbische Subjektivität kann nie vollständig in die heterosexuellen Machtverhältnisse übernommen werden, die auf ihren Ausschluß angewiesen sind. Die Unterdrückung lesbischer Möglichkeiten, die sich in der dominanten Textgestaltung enthüllt (indem sie versucht, weiblichen Widerstand in akzeptablen Grenzen zu halten), erzeugt neuen subjektiven Raum für lesbischen Widerstand.

Aber lesbische »Sub-Texte« werden nicht unbedingt verinnerlicht. Mögliche Lesarten einer »phallischen« Identifikation sind in den Handlungsabläufen unterdrückt worden – teils durch die asexuelle Darstellung der Kriegerin. Diese Asexualität ist charakteristisch für die Heldinnen aller hier diskutierten Filme (heterosexuelle Orientierungen werden hauptsächlich angedeutet, nicht ausgespielt). Die aktive Sexualisierung der Amazone würde lesbische Anklänge entstehen lassen, während ihre passive Sexualisierung ihre Glaubwürdigkeit als Protagonistin erschüttern würde. Es erfordert gewisse subkulturelle Kenntnisse, unterdrückte lesbische Erotik und lesbische Identifikationen »herauszulesen.«

Lesbische Identität und lesbische Lesart sind aktive Prozesse und nicht in statischen Handlungen oder psychischen Strukturen zu »finden«. Es kann sein, daß es keine lesbische Zuschauerposition oder definitive Struktur lesbischer Subjektivität gibt, die im Text angeboten und isoliert von anderen »Textgestaltungen« gelesen werden kann. Die lesbische Leserin fungiert als »intertextuelle« Übermittlerin. Indem sie eine subkulturelle Matrix entwickelt, kann sie sich der Heterosexualisierung feministischer »phallischer« Macht durch die herrschende Ordnung widersetzen und Zugang zu den Vergnügungen unterdrückter lesbischer Erotik finden. Die »Sprachspiele« der lesbischen Subkultur entstehen aus einem solchen oppositionellen Textverständnis und werden neu formuliert, wenn gegensätzliche Konzeptionen sich erschöpfen.

Es mag viele Gründe geben, weshalb Lesben sich mit den Protagonistinnen in Filmen identifizieren, die den Feminismus bestenfalls an eine revidierte männliche Ordnung angleichen oder schlimmstenfalls auffallend geschlechtskonservativ sind. Ein Grund mögen subkulturelle Kodierungen sein. Bestimmte Stars oder Typen können subkulturell als lesbisch »kodiert« sein. Die lesbischen »Traditionen« »cross-dressing« und »Als-Mann-(vor allem Soldat)-Durchgehen« sowie die Tatsache, daß Amazone mit Lesbischsein assoziiert wird, mögen ebenfalls eine Rolle spielen.

Da lesbische Konsumentinnen von Filmen wie der *Alien*-Trilogie sich beim Betrachten des fetischisierten Körpers der Protagonistin den lesbisch-erotischen Elementen nicht entziehen können, kann die textuelle Unterdrückung des Lesbischseins nicht gelingen. Bezüglich unverhüllter Dämonisierung wie in *Red Sonja* haben wir ebenfalls eine lange, gemeinsame subkulturelle Erfahrung in Widerstand und Neubestimmung. Womit nicht gesagt ist, daß hier eine zeitlose lesbische psychische Struktur oder »lesbische Sensibilität« am Werk ist. Lesben mobilisieren ihr kritisches Verständnis durch Bezug auf die Weiträumigkeit des Lesbischseins und bauen dadurch eine Identität auf.

Einige Feminismusrichtungen lehnen bestimmte Formen sexueller oder erotischer Lust, die sie als »männlich« und daher unterdrückend bezeichnen, ab. Der lesbische Feminismus sieht Begierde von jeher als verwerflich an. Auf der anderen Seite scheinen »pro-Sex« eingestellte Lesben oft zu zögern, feministischen Widerstand zu analysieren, da die lesbische Lust für sie Priorität hat. Heterosexuelle Feministinnen konzentrieren sich bei Analysen von Horrorfilmen entweder auf das subversive Potential »monströser« weiblicher Exzesse oder auf das männliche Publikum (oder auf die Sexualisierung der Protagonistin, wodurch ihr Eindruck als »positive Figur« zerstört werden soll). So wird *entweder* lesbische Lust *oder* feministischer Widerstand diskutiert, als ob beide nichts miteinander zu tun hätten.

Mir scheint jedoch Widerstand eine Bedingung für die lesbische Freude am Bild der Kriegerin zu sein. Lesben wehren sich dagegen, sexuell zum Objekt gemacht zu werden (in der westlichen Welt die vorherrschende Form der Ausschließung und Entmachtung von

Frauen), um selbst machtvoll zu agieren. Eine Widerstandsstrategie (unter vielen) ist die, die Position eines »phallischen« Ich einzunehmen. Hat eine Frau dies getan, wird sie von der heterosexuellen Begierde ausgeschlossen. Sie kann keine Frau begehren, weil das auf Lesbischsein hindeuten würde; sie kann (von ihrer phallisch-subjektiven Position aus) keinen Mann zum Objekt ihrer Begierde machen, weil auch das auf Homosexualität hindeuten würde, und sie kann nicht begehrt werden, ohne ihre »phallische« Position aufzugeben. Um eine Frau zu begehren, muß sie eine Frau zum Objekt machen – die sich als Lesbe genau diesem Zum-Objekt-gemacht-Werden widersetzen wird. Zur Stabilisierung dieser paradoxen Spannung könnte Subjektivität auf die verschiedenen Subjekt- und Objektpositionen verteilt werden.

Indem lesbische Zuschauerinnen den Körper der Kriegerin betrachten, wird diese sexuell zum Objekt gemacht, aber auch als »phallisches« *(begehrendes)* Ich identifiziert – wodurch sich ein lesbisch-subjektiver Raum eröffnet. Das männliche Publikum erfreut sich an der zur Schau gestellten homosexuellen Lust. Paradoxerweise ist es daher die heterosexuell-feministische Identifikation, die der Unterdrückung der (homosexuellen) Begierde beim Betrachten der Amazone unter die Arme greift. Dies mag der Grund sein, weshalb heterosexuelle Feministinnen sich in ihren Analysen auf das männliche Publikum und das »Monsterweib« konzentrieren.

Hiermit soll nicht für eine definitive Struktur lesbischer Identifikation eingetreten, sondern ein Konzept geboten werden, das verständlich macht, wie ein lesbisches Publikum bei bestimmten Handlungsabläufen funktioniert. Auch soll nicht gesagt werden, daß alle populären Darstellungen »starker« Frauen unbedingt lesbische Identifikation und Lust auslösen. Das hängt jeweils vom (historischen) Kontext ab. Welche Darstellungen von Frauen (oder von Frauenbindungen) als subkulturell verwertbar oder als unverbesserlich heterosexistisch angesehen werden – und von wem –, bleibt Gegenstand der fortdauernden Auseinandersetzungen.

Übersetzt von Margarete Längsfeld

Basic Instinct

Lesbenverdammung

Angela Galvin

Es gibt einen ganzen Katalog von offen oder unterschwellig schwulen und lesbischen Charakteren in Hollywood-Filmen, die deutlich machen, in welche pathologisierenden sozialen und medizinischen Modelle die Mainstream-Kultur die Homosexualität preßt. Nehmen wir Catherine Tramell in *Basic Instinct.* Ihre Darstellung durch Sharon Stone wurde beschrieben als:

> Eine der größten Leistungen einer Schauspielerin in der Filmgeschichte. (Camille Paglia, in Sessums 1993)

> Ein komplexes, unwiderstehliches Überfräulein im Sinne Nietzsches, das seine eigene Macht bewußt einzusetzen weiß. (Naomi Wolf, in Sessums 1993)

> Hat mit keiner Frau zu tun, die ich kenne, Lesbe oder Hetera. (Amanda Donohoe, in Yates 1993)

Psychodrama

Während der späten siebziger Jahre und von Beginn bis Mitte der achtziger machte sich der Wandel in den sozialen Einstellungen auch bei der Filmindustrie bemerkbar: Es wurden einige Filme produziert, in denen man sich bemühte, homosexuelle Charaktere so darzustellen, daß ein lesbisches und schwules Publikum mehr mit ihnen anfangen konnte. Von dieser Welle von Filmen mit positiven oder zumindest identifizierbaren Charakterzeichnungen war *Desert Hearts* vermutlich der kommerziell erfolgreichste (wohl deshalb, weil die Darstellung einer sexuellen Beziehung zwischen zwei »attraktiven« Frauen die männliche, vielleicht auch ganz allgemein die heterosexuelle Zuschauerphantasie befriedigte). Dennoch gab es 1986, zum Zeitpunkt, als der Film in die Kinos kam, gerade überall in den USA verstärkt Ausschreitungen gegen Homosexuelle (Russo 1987).

Als dann die Dreharbeiten zu *Basic Instinct* begannen, war die lesbische und schwule Subkultur gerade besonders gefährdet, hatte es doch einen Rückschlag bei den kleinen, doch keineswegs unbedeutenden Fortschritten in Richtung Gleichberechtigung gegeben, die in den vorangegangenen zwei Jahrzehnten erreicht worden waren. Doch gleichzeitig war die Lesben- und Schwulenbewegung in dieser Zeit gewachsen, was weitgehend auf den Mangel an Regierungsinitiativen im Kampf gegen AIDS zurückzuführen war. Um so überraschender war Regisseur Paul Verhoevens Bestürzung angesichts der heftigen Reaktionen auf seinen Plan, eine Hommage an Hitchcock zu drehen, deren zentrale Figur eine psychopathische Lesbe sein sollte (*Guardian*, 18. März 1992).

»Glaad to be Gay«

In den USA protestierte eine lesbische und schwule Koalition gegen *Basic Instinct*, und zwar während der Dreharbeiten und als der Film in die Kinos kam. Die *Gay and Lesbian Alliance Against Defamation (GLAAD)* [Schwule und Lesbische Allianz gegen Verleumdung] hatte bereits Erfahrung mit solchen Kampagnen. Ihrem Protest gegen *Basic Instinct* schloß sich auch die radikalere Gruppierung *Queer Nation* an. Zu beiden Gruppierungen gehören sowohl Lesben als auch Schwule, doch ihre gegensätzlichen Taktiken verdeutlichen, daß es trotz einer gewissen Einigkeit über Geschlechtergrenzen hinweg, innerhalb der homosexuellen »Gemeinschaft« politische Meinungsverschiedenheiten geben kann. Während *GLAAD* den Nachdruck auf Überzeugungsarbeit legt, geht es *Queer Nation* um Störung. Aktivistinnen und Aktivisten von *Queer Nation* störten nicht nur die Dreharbeiten in San Francisco mit Trillerpfeifen, sondern sie nutzten auch den Golfkrieg für ihren Protest, indem sie an der vorbeiführenden Schnellstraße Spruchbänder mit der Aufschrift: »Bitte hupen, wer für unsere Jungs ist« anbrachten.

Die Allianz agitierte auch gegen den Film vor den Kinos in San Francisco, Los Angeles, Seattle, Chicago und New York, in denen der Film lief. *GLAAD* verteilte lila Zettel mit der Botschaft:

> Wir sind der Meinung, daß uns der Film schaden kann, weil er die Ignoranz gegenüber Homosexualität noch verstärkt und zudem einen Vorwand liefert für Angriffe gegen die wachsende Zahl von Lesben und Schwulen.

Angehörige von *Queer Nation* trugen T-Shirts, auf der Vorderseite mit dem Konterfei der Killerin, auf der Rückseite mit dem Spruch »Eispickel-Lesbe im Einsatz« (*Guardian*, 18. und 23. März 1992). Doch trotz aller Unterschiede richteten sich beide Aktionen gegen dasselbe Problem - einen Film, in dem die drei lesbischen Charaktere Killerinnen waren.

Basic Instinct ist mehr oder weniger homophob, frauenfeindlich und basiert auf einem schlechten Drehbuch. Es ist die Frage, ob der Film zum Kassenschlager wurde trotz oder wegen all dieser Eigenschaften. Für das normale Kinopublikum war möglicherweise die intertextuelle Bedeutung von *Basic Instinct* ausschlaggebend. Der Film ist ja nicht nur einfach ein Thriller, sondern zollt auch Hitchcock *(Vertigo)* Tribut, sein Regisseur ist immerhin Paul Verhoeven *(Total Recall/Die totale Erinnerung)*, das Drehbuch stammt von Joe Eszterhas *(Jagged Edge/Das Messer)*, die Hauptdarsteller sind Michael Douglas *(Fatal Attraction/Eine verhängnisvolle Affäre)* und Sharon Stone *(Total Recall)*.

Ein lesbisches Publikum kann *Basic Instinct* intertextuell sehen, und zwar nicht nur vor dem Hintergrund der oben genannten Filme, sondern auch als Teil eines Kontinuums von Filmtexten, in denen die Existenz von Homosexuellen negativ dargestellt wird. Zweifellos hat *Basic Instinct* Symbole und Sinngehalte von Vorläuferfilmen aufgegriffen, die die Feindseligkeit der Gesellschaft gegenüber Homosexualität widerspiegeln. Roxy und Beth Garner vervollständigen nur die lange Liste von lesbischen Charakteren, die seit der Entstehung des Mainstream-Kinos ermordet wurden - angefangen bei Alice Roberts in Pabsts *Die Büchse der Pandora* (1929). Genausowenig ist Catherine Tramell die erste mordlustige Lesbe (vgl. zum Beispiel Glora Holden in Hillyers *Draculas Daughter* von 1936). Die Liste ließe sich fortsetzen. Die Repräsentation von Lesben in einem Hollywood-Film ist an sich nicht neu. Das Neue an Catherine Tramell ist, daß es sich bei ihr um eine Lesbe handelt, die reich und faszinierend ist und die Männer und Frauen gleichermaßen anzieht.

Der Mangel an positiven Darstellungen von Frauen ganz allgemein und Lesben im besonderen hat dazu geführt, daß lesbische Zuschauerinnen Sehweisen entwickelt haben, die ihnen gestatten, auch an bewußt negativ konzipierten Rollenbildern ihren Spaß zu haben. Lesben haben sich eine Art Tunnelblick angewöhnt, der sich nur auf die positiven Anteile einer Figur richtet (Catherine Tramell ist äußerlich sehr attraktiv) und die negativen übersieht (Catherine Tramell bringt andere Menschen um). Wie andere Filme auch, enthält *Basic Instinct* für unterschiedliche Zuschauer und Zuschauerinnen verschiedene Werte und Bedeutungen – die Möglichkeit sowohl positiver wie negativer Lustempfindungen ergibt sich aus dem selektiven lesbischen Blick, der wiederum dem Wunsch entspringt, trotz negativer Handlung und Charaktere, Zugriff auf Empathie und Identifikation zu haben. Das extremste Beispiel, das ich in diesem Zusammenhang erlebt habe, war eine Vorführung von *The Loudest Whisper/Infam* – Wyler 1962 – ausschließlich für Frauen, die abrupt endete, noch bevor die Heldin, die von Shirley McLaine gespielt wurde, sich umbringen konnte.

Aber von der Intervention einer diktatorischen Filmvorführerin einmal abgesehen, gibt es potentiell eine unendliche Zahl von Identifikationsmöglichkeiten, je nach Beschaffenheit der subjektiven Lebenswelt der einzelnen Zuschauerinnen. Es gibt zum Beispiel Lesben, die der Meinung sind, daß das Bild einer psychotischen, mordlustigen Bisexuellen für die lesbische Subkultur durchaus akzeptabel ist. Vielleicht sind sie wie Paul Verhoeven der Ansicht, daß die Lesben in *Basic Instinct* die positivsten Charaktere sind (angesichts der Tatsache, daß Nick, der männliche Protagonist, therapiert wird, weil er auf Touristen geschossen hat, ist das gar nicht so weit hergeholt). Jedenfalls ist es interessant, daß Männer (ob hetero oder homo) den Film viel stärker ablehnten als Frauen. Eine mögliche Erklärung gibt uns Paul Canning (»Psycho dykes and killer gays«/»Psycho-Lesben und Killer-Schwule«) in der Zeitschrift *Australian Women's Forum* (September/Oktober 1992). Mit Bezug auf die schlüpferfreie Szene im Vernehmungsraum zitiert er Cherry Smyth in der Zeitschrift *City Limits*:

Ich fand die Szene echt heiß. Sie sagt dort: »Ich krieg dich mit meiner Möse.« Das ist großartig. Ich mußte richtig lachen... Der Mann neben mir lachte dagegen überhaupt nicht – vielleicht war er hetero. (Oder er war ein politisch korrekter Mann, der nicht wußte, wie er reagieren sollte.)

Demnach spiegelt *Basic Instinct,* trotz einfacher Handlung, die Komplexität eines Publikums wider, das Filme als geschlechtlich markierte Zuschauer und Zuschauerinnen anschaut. Daß Frauen und Männer den Film möglicherweise auf unterschiedliche Weise aufnehmen, läßt sich daraus schließen, daß *Basic Instinct* sowohl heterosexuellen als auch lesbischen Frauen durchaus gefallen hat, während Männer mit ihrem Lob zurückhaltender waren. Insofern ist die eindeutige Absicht, durch Catherine Tramells diverse Nacktszenen das männliche Publikum anzusprechen, durch das komplexe Identifikations- und Empfindungssystem sowie die selektive Wahrnehmung des weiblichen Publikums untergraben worden. Frauen können nicht nur an Catherines konventioneller Schönheit Gefallen finden, sondern auch an ihrem unkonventionellen Verhalten – sie raucht, trägt keine Schlüpfer, fährt aggressiv Auto, schläft mit Frauen, tötet Männer –, je nachdem, was ihnen imponiert.

Eine kurze Geschichte des Verbrechens

Die Hauptfigur in *Basic Instinct* ist nicht Catherine Tramell, sondern Detective Nick Curran, dem die Aufklärung des kaltblütigen Mordes an einem ehemaligen Rockstar übertragen wurde. Doch die Filmhandlung dreht sich weniger um die Aufklärung des Verbrechens als um die Analyse der Emaskulation, also der Verweichlichung des Mannes der neunziger Jahre, wie sie anhand der Psyche Nicks, der seiner Psychotherapeutin (Beth Garner) und Catherines offenbar wird. Diese Dreiecksgeschichte ist sowohl eine Fallstudie im Bereich Populärpsychologie als auch ein psychologischer Thriller. Unter diesem Aspekt ist die Idee, die Beziehung zwischen Therapeutin und Patient zum Angelpunkt der Handlung zu machen, äußerst interessant. Sie dient dazu, eine Reihe von Neurosen und Psychosen ans Licht zu bringen, die die geschlechtsbezogenen Unterschiede zwischen Nick und den beiden Frauen sowie die zwischen den beiden Frauen aushöhlten.

Während einer Therapiesitzung gibt Nick dem Publikum einen kurzen Überblick über psychoanalytische Konzepte, die sich im übrigen recht selbstverständlich durch den ganzen Film ziehen:

Punkt eins: ich kann mich nicht erinnern, wie oft ich mir einen runtergeholt habe, aber es war ziemlich oft.
Punkt zwei: ich war nicht sauer auf meinen Vater, auch als ich alt genug war, zu verstehen, was er und Mom da im Schlafzimmer machten.
Punkt drei: ich schaue nicht ins Klo, bevor ich spüle.
Punkt vier: ich habe schon lange nicht mehr ins Bett gemacht.
Punkt fünf: warum fickt ihr beiden euch nicht selbst ins Knie.

Von diesem Fünf-Punkte-Resümee der Geschichte der Psychotherapie – Masturbation, Primärszene, anale Phase, psychosexuelle Entwicklung und Phallozentriertheit – springt vielleicht Nicks Erwähnung der Primärszene (seltsamerweise Punkt zwei) am meisten ins Auge. Lacan meint, die Primärszene enthalte entweder zuviel Lust (was Charaktere wie Nick und Catherine hervorbringt) oder zuwenig (wofür der asexuelle Gus steht – der möglicherweise in Nick verknallt ist – und Beth, die es »nicht schafft«). Im Verlauf der Handlung wird eine These aufgestellt, die besagt, daß Menschen, die in der Primärszene zuviel Lust erfahren, gefährlich leben und daß die, die das nicht tun, den gefährlich lebenden verfallen und daran zugrunde gehen.

An sich unterliegt die Beziehung zwischen Therapeut und Klient einer Reihe von Regeln, was zu einer charakteristischen Beziehung und Interaktion in der Psychotherapie führt. Die Therapiesitzungen, die Beth und Nick abhalten, sollen zeigen, daß hier alle derartigen Regeln mißachtet wurden. Sie hatten einmal ein sexuelles Verhältnis, und der Blick, den sie ihm zuwirft, als er nach ihrer ersten im Film gezeigten Begegnung ihr Büro verläßt, sagt uns, daß sie dieses gerne fortsetzen würde. Diese erste Sitzung soll uns nicht nur über die frühere sexuelle Natur ihrer Beziehung in Kenntnis setzen, sondern es soll auch Nick als süchtige, ja obsessive Persönlichkeit ausweisen; interessant ist daran weniger, daß Nick auf Sex, Zigaretten, Alkohol und Kokain verzichtet hat, sondern die Tatsache, daß er allen vieren verfallen war. Wir sind also nicht weiter erstaunt, als er kurz hintereinander dreien seiner Süchte erneut verfällt, auch nicht, als er bei seinem sexuellen Rückfall (mit Catherine) eine Obsession an den Tag legt, die gefährlicher ist und suchtartiger als alle andern.

Beths und Nicks Verhältnis zu Catherine wird als der interessanteste Aspekt in der Beziehung zwischen den beiden Frauen herausgestellt. An ihrer Beziehung zeigt sich besonders die selbstverständliche Art und Weise, mit der das Drehbuch mit der Vorstellung von emotionaler Übertragung zwischen Therapeut und Patient umspringt. Nicks anfänglich unterdrücktes sexuelles Verlangen nach Catherine läßt ihn die Analyse mit Beth fortsetzen – zwar ist sie nicht Catherine, aber sie könnte ihn zu ihr führen.

Die Filmhandlung legt nahe, daß Nick die Therapie zur Bedingung für seine Rehabilitierung innerhalb der Polizeitruppe gemacht wurde. Als er sich von Beth therapieren läßt, geht es ihm nicht um seine eigene Person, vielmehr erhofft er von Beth Antworten auf Fragen, die er sich in seiner Funktion als Detective stellt – es geht ihm nicht um Selbstfindung, sondern er will Catherine »finden«.

Der Eindruck von der Austauschbarkeit der beiden Frauen wird durch die Handlung selbst verstärkt. Als der Stanford-Professor den Detectives sein Psychogramm des Mörders des ehemaligen Rockstars darlegt, ist es Beth, die ihren männlichen Kollegen (»Nur ein Irrer erkennt einen Irren«) den psychologischen Jargon erklärt. Als Nick Beth später unterstellt, Catherine nachzuahmen, weil sie sich die Haare blond färbte, erwidert Beth, daß sie auch schon rothaarig war – und bestätigt damit ihre Eigenschaft, in die Rolle jeder »beliebigen Frau« schlüpfen zu können.

Beth bietet Nick an, ihm zuzuhören, und sie hilft ihm bei seinen Konflikten mit der Amtsgewalt, den vergangenen (als er zwei Touristen erschossen hat) und den gegenwärtigen (wo es um die Frage geht, ob er seinen Boss erschossen hat oder nicht). Beths Verfügbarkeit führt zu Spannungen, die sie nicht auflösen kann, weil Nicks Begehren auf Catherine gerichtet ist und nicht auf sie. Beths Zugänglichkeit unterstreicht noch Catherines anfängliche Nichtverfügbarkeit. Nicks Beziehung zu Beth wird von seiner sexuellen Obsession und seinem Verlangen nach Catherine dominiert. Seine Rolle als Detective, in der er Catherines Verwicklung in einen Mord untersucht, und die sich daraus ergebende kriminelle Verwicklung von Beth, beinhaltet eine Suche nach »Wahrheit«, die die Wahrheitssuche im psychotherapeutischen Prozeß widerspiegelt.

Catherine figuriert in diesem therapeutischen Szenarium als unterdrückter Wunsch. Nick kann seinem Verlangen nach ihr nicht bewußt Ausdruck verleihen, weil er sich damit lächerlich machen oder eine disziplinarische Rüge einhandeln würde – sie wird immerhin verdächtigt, ihren letzten Liebhaber umgebracht zu haben, und er soll entsprechendes Belastungsmaterial gegen sie beschaffen. Auch Beth kann ihre ehedem intime Beziehung zu Catherine und ihr gegenwärtiges Verlangen nach ihr nicht artikulieren, denn einmal wird Catherine ja des Mordes verdächtigt und zum andern würde ihre »Homosexualität« sie dem Gespött aussetzen. (In ironischem Ton schlägt sie Nick einmal vor, den anderen Detectives zu eröffnen: »He, Jungs, ich bin lesbisch und habe mit eurer Verdächtigen geschlafen.«) Als weitere Komplikation kommt noch hinzu, daß Nicks Begehren sich von ihr weg ganz auf Catherine verlagert hat.

Nicks Verlangen nach Catherine wird geschürt durch die Geschicklichkeit, mit der sie die anderen Detectives hinters Licht führt und (was er auch kann) den Lügendetektor austrickst. Auch wird Catherine für Nick dadurch noch attraktiver, daß sie weiß, daß er ein Mörder ist und daß es ihm gelang, den Lügendetektor zu täuschen, um wenigstens teilweise seine Haut zu retten. Der Schauder des Verlangens nach einem Menschen, der einen jederzeit töten kann, ist notwendigerweise auf die Antizipation des Ereignisses beschränkt und wird weniger in seinem Nachglühen erfahren. Während Beth Nicks gängigeren (wenn auch gewaltsameren) sexuellen Erwartungen befriedigen kann, repräsentiert Catherine das Verlangen, sich durch den Tod völlig zu verlieren.

Du schaust wohl gerne zu?

Die Beziehung zwischen Nick und Beth als Patient und Analytikerin und deren Beziehung zu Catherine als ihrem gemeinsamen Objekt der Begierde weist drei Arten von »Regelverstößen« auf: Beths Verlangen nach Nick, Beths Verlangen nach Catherine und Catherines Verlangen nach Beth. Daß Nicks Verlangen nach beiden (besonders Catherine, die am deutlichsten als Lesbe herausgestellt wird) einen »Verstoß« darstellen könnte, wird durch die Erzählhandlung negiert, da Catherine ja durchgängig als Objekt für männliche Blicke dienen soll. Sie wird in Schach gehalten, ihr Anderssein ist unter Kontrolle, einmal durch die Blicke der männlichen Charaktere (Gus und Nick, die fünf Männer im Vernehmungsraum usw.), die sich wiederholt auf sie richten, und zum andern durch die voyeuristischen Kameraperspektiven, die sie immer wieder einem verbotenen Blick aussetzen – besonders in den Szenen, wo Nick und natürlich auch das Publikum sie beim Ausziehen beobachten, aber auch auf dem Videoschirm, während sie den Lügendetektortest absolviert, oder im Spiegel beim Geschlechtsakt. Der voyeuristische Kunstgriff wird auch eingesetzt, als Nick Beth vergewaltigt, was direkt vor einem Fenster ohne Vorhänge passiert und von einer Tanzklasse verfolgt wird.

Die Position der Zuschauer als Voyeure dieser Szenen wird vom Filmskript mit der Bemerkung unterstrichen: »Du schaust wohl gerne zu« – als Catherine den Eispickel benutzt (Catherine zu Nick) und als Catherine und Nick Sex haben (Nick zu Roxy). Obwohl die Bemerkungen zwischen den Protagonisten fallen, wird im Verein mit der filmischen Perspektive die Komplizenschaft des Zuschauers/der Zuschauerin impliziert. Dieser komplizenhafte Voyeurismus erniedrigt sowohl das Publikum als auch Catherine. Sharon Stone sagte sogar, daß sie zur moralischen Unterstützung (durch »weibliche Energie«, Sessums 1993) alle Frauen, die bei den Dreharbeiten dabei waren, mit im Raum brauchte, um die erste Szene, in der sie sich vor Nicks Augen auszieht, filmen zu können. Während Camille Paglia der Meinung ist, die berühmte Szene im Vernehmungsraum charakterisiere Männer als »Sklaven ihrer eigenen Sexualität« (Sessums 1993), sahen die Frauen, mit denen ich mir den Film zum ersten Mal anschaute, in der Szene eine Illustration weiblicher Verletzbarkeit. Obwohl die Szene in ihrer Überzogenheit fast ironisch wirkt, vermitteln die durch Beleuchtung, Farbe und Perspektive erzielten Anklänge an Gefängnis- und Folterszenen eher den Eindruck von Verletzbarkeit und Machtlosigkeit und sind kaum dazu angetan, die sexuellen Machtverhältnisse zu untergraben. Die Szene spielt zwar auf Szenarien sowohl von Verletzbarkeit als auch von Macht an, doch die Annahme, die Macht liege eindeutig bei der weiblichen Protagonistin, ist geradezu naiv. Denn: Läßt sich das Problem von sexueller Wahlmöglichkeit, Freiheit und Macht wirklich nur durch den Verzicht auf die Unterwäsche lösen? Catherine mag zwar eine »hochgradig sinnliche

Frau« repräsentieren, doch ihre ganze Sinnlichkeit dient der (voyeuristischen) Lust anderer.

»Nur ein Irrer erkennt einen Irren«

Catherines eindeutiges sexuelles Interesse an anderen Frauen erlaubt es der Zuschauerin, ohne Aneignung von Maskulinität Subjekt ihres Schauens zu sein. Doch kann sich lesbisches Lustempfinden von den Beschränkungen geschlechtsabhängiger Perspektiven freimachen? Jackie Stacey (1987) bezweifelt, daß Frauen notwendigerweise eine weibliche und Männer eine männliche Zuschauerposition einnehmen. Doch bezogen auf den Film *Basic Instinct* haben solche »geschlechtsabhängigen« Erklärungsansätze, nach denen Frauen am Masochismus und Narzißmus Lust empfinden, einen klaren territorialen Vorteil. Solche Ansätze beziehen Verhoevens (und Hitchcocks) Beschäftigung mit Populärpsychologie ein.

Was *Basic Instinct* betrifft, überzeugt Bellours Argument, daß »weibliches Begehren auf der Leinwand nur vorkommt, um bestraft und durch Anpassung an die Wünsche des männlichen Protagonisten reglementiert zu werden.« Die Elemente von Bestrafung und Reglementierung, die im Falle von Beth und Roxy eindeutig vorhanden sind, stützen sicherlich die Theorie über masochistisches Lustempfinden:

Beth erduldet Nicks Roheiten, Vergewaltigung und Mißhandlungen und erleidet schließlich durch ihn den Tod. Er vergewaltigt sie, weil Catherine ihn sexuell erregt hat. Trotz Beths eigener Obsession kommt es im Verlauf der Handlung zu keinerlei Austausch von Blicken zwischen ihr und Catherine. Nick tötet sie, denn würde er glauben, was sie von Catherine behauptet, würde dies mit seiner falschen Realitätssicht kollidieren, die sich in seiner Obsession ausdrückt. Kurz bevor er sie erschießt, wird das Publikum auf das Verbrechen, für das sie bestraft wird, hingewiesen; er fragt nicht, ob sie seinen Partner (Gus) umgebracht hat, sondern seine Frage lautet: »Beth, du magst immer noch Frauen, was?«

Roxy wird seelisch mißhandelt (von Nick und Catherine) und wird von Nick bei einer Autojagd in den Tod getrieben, während derer Nick sie für Catherine hält. Er ruft ihr zu: »Du willst spielen? Dann komm«, bevor er, wie eine Art Vorspiel, die Verfolgung aufnimmt. Doch anders als Catherine, die trotz ihrer aggressiven (männlichen) Fahrweise nie Unfälle baut, hat Roxy nicht die Stärke bzw. Beherrschung, Nick bei diesem Spiel zu schlagen. Als er zu dem zertrümmertem Wagen kommt und statt Catherines (makellosem) Leichnam Roxy findet, ist er vor Lust und Enttäuschung völlig verwirrt.

Obwohl *Basic Instinct* voller unfemininer »auktorialer Markierungen« ist und wenig Bezug zum Alltagsleben des Großteils des Publikums hat, gibt es Aspekte in der Erzählhandlung, die einem weiblichen Lustempfinden entgegenkommen, wie es anhand von Seifenopern und anderen, als »weiblich« ausgewiesenen Kulturformen erlernt wird (siehe Curti 1988). Hierzu gehören besonders die mangelnde Distanz und die physische Faszination, die von Catherine ausgeht, die ja alle wichtigen Merkmale der nordamerikanischen Seifenopern-Königinnen in sich vereinigt: sagenhaften Reichtum, Unabhängigkeit, tolles Auto, teure Kleider, wunderschönes Haus. Befremdlich ist allerdings, daß der Film, dessen zentrale Figur eine Lesbe ist, das lustvolle Kriterium weiblicher Intimität und Freundschaft fast völlig vermissen läßt. Die einzige Intimität zwischen Frauen, die im Film gezeigt wird, ist die zwischen Catherine und Roxy, die wiederum eine Erweiterung von Catherines Beziehung zu Nick bildet – als die beiden Freundinnen sich im Strandhaus gegenseitig die Brüste streicheln, als sie im Nachtclub zusammen tanzen und, implizit, als Roxy Catherine und Nick beim Geschlechtsakt zusieht. Catherine wird zwar als lesbisch ausgewiesen, aber fast ausschließlich bei heterosexuellen »Aktivitäten« gezeigt. Ihr Lesbischsein wird von anderen Charakteren des Films artikuliert (hauptsächlich von Roxy) oder kommt in komisch-theatralischen Einlagen zum Ausdruck. Ihre Beziehungen zu anderen Frauen sind gewissermaßen Teil ihres schriftstellerischen Interesses an Psychologie – eine Distanzierung, die ihre Freundinnen zu »Fällen« macht. Catherines Intimität/Freundschaft mit anderen Frauen hat etwas Unheilvolles, Bedrohliches, suggeriert doch die ganze Stoßrichtung des Film, daß jede der weiblichen Figuren nicht nur lesbisch, sondern auch eine Killerin sein könnte. Die im Film nicht gezeigte intime Beziehung zwischen Catherine und Beth unterstreicht diese Botschaft, wobei erst allmählich klar wird, daß die beiden eine Liebesbeziehung hatten und daß auch

Beth die gesuchte Mörderin sein könnte. Es ist sein Wissen um die sexuelle Natur von Catherines und Beths Beziehung, die Nick veranlaßt, an Beths Zerstörung mitzuwirken.

Nick braucht Beth nur um seiner Vorteile willen – für Sex und für seine Karriere. Während sie ihr Handeln (sie gibt seine vertrauliche Akte an Nilson weiter, sie geht heimlich in seine Wohnung, sie befragt ihn) ständig mit ihrer Liebe zu ihm erklärt, wird dem Publikum suggeriert, daß »er nur mit ihr ins Bett ging, um aus seinen beruflichen Schwierigkeiten herauszukommen«; es kann ansonsten seine eigenen Schlüsse ziehen. Doch das Geheimnis um ihre Sexualität wird zum Angelpunkt von Nicks bedrohter Karriere und Männlichkeit. Das von dem Stanford-Professor stammende Psychogramm des Killers bzw. der Killerin informiert das Publikum über alles Wesentliche, was Catherine und Nick angeht. Passagen wie: »Nur ein Irrer erkennt einen Irren« bekräftigen lediglich das Argument, daß Nick den Killer finden kann, weil er weiß, was Töten heißt, und weil er auf Grund seiner Suchtpersönlichkeit leicht psychotisch werden kann.

»Ihrer ist größer«

Nick symbolisiert den bedrohten und gepeinigten Mann der neunziger Jahre. Der ökonomische, soziale und kulturelle Wandel hat die Identität des Mannes ins Wanken gebracht; die Angst vor AIDS hat für den derart gebeutelten und verunsicherten Mann die sexuellen Rollenmuster, Verhaltensweisen und Machtverhältnisse noch weiter unterminiert. Dennoch ist für Nick nach einer sexuellen Begegnung mit Catherine der Gebrauch eines Kondoms lediglich Gegenstand einer witzigen Bemerkung gegenüber Gus. Sex mit Catherine kann gar nicht anders als »unsafe« sein. Für Nick ist die Bedrohung durch den Eispickel konkreter als die durch AIDS, doch für den Zuschauer steht der Eispickel symbolisch für die Gefahr der Frau im allgemeinen und für AIDS im besonderen. Andere Filme des Thriller-Genres haben, wenn sie weibliche Sexualität als monströse Bedrohung für den Mann darstellen wollten, Bilder von der »Vagina mit Zähnen« benutzt – die Vagina, die kastriert oder redet (siehe Creed 1989). Auch Catherines Sexualität wird mit einem Eigenleben ausgestattet. Als Nick Gus über den Mord und

Catherines Rolle dabei befragt, erwidert Gus: »Was da redet, ist ihre Möse, nicht dein Verstand.«

Während das weibliche Publikum Catherines Reichtum, Besitz und Unabhängigkeit quasi aus zweiter Hand genießen kann, werden ebendiese Symbole des Reichtums – ergo Catherines Unabhängigkeit – von Männern als bedrohlich, wenn nicht kastrierend empfunden. Gus und Nick reden an einer Stelle über zwei Picassos, wovon der eine Catherine und der andere ihrem ermordeten Liebhaber gehört. Mit einer Mischung aus Bewunderung und Abfälligkeit stellen sie fest: »Ihrer ist größer.« Auch Catherines im herkömmlichen Sinne »männliche« Einstellung zu Sex ohne Liebe (befriedigend ist es trotzdem) schockiert ebenjene männlichen Detectives, die Nicks sexuelle Beziehung zu Beth ohne weiteres akzeptieren. Diese Kastrationsangst zieht sich durch den gesamten Film, taucht aber am stärksten im Zusammenhang mit Catherines lesbischer Orientierung auf. In der Szene im Badezimmer redet Nick, nachdem er zum ersten Mal mit Catherine Sex hatte, mit Catherines Freundin sozusagen »von Mann zu Mann«, dabei vermännlicht er sogar ihren Namen zu »Rocky«, quasi als Demonstration, daß *er* den Phallus besitzt und sie nicht. Sein Ton ist zugleich selbstgefällig und spöttisch – er hat einen, sie nicht, und daran wird er sie immer erinnern.

Was Catherine selbst betrifft, liegen die Dinge anders. Ihr materieller Besitz und ihre starke Sexualität wiegen den fehlenden Phallus auf und sind somit imstande, sowohl in symbolischer wie praktischer Hinsicht die männlichen Charaktere zu unterlaufen. Nick wird getrieben von seiner Angst vor Catherine und seinem Verlangen nach ihr. Als hemmungsloser Mensch, der Menschen auf dem Gewissen hat, kann er sein eigenes Verhalten rechtfertigen, indem er jemand zum Objekt macht, die noch hemmungsloser und mörderischer ist als er selbst. Der Film zeigt Nicks neurotischen Abstieg, während seine Besessenheit nach Catherine immer stärker wird, obwohl oder vielleicht weil er weiß, daß der Preis für diese Obsession für ihn den Tod durch den Eispickel bedeuten kann.

Schlußfolgerung

Basic Instinct will Nervenkitzel erzeugen. Der Film richtet sich an das übliche Publikum des Thriller-Genres und schlägt Kapital aus einem sexuell eindeutigen Subtext. Das Handlungsschema ist vertraut (besonders für diejenigen, die *Das Messer* gesehen haben, dessen Drehbuch ebenfalls von Eszterhas stammt). Im Mittelpunkt des Geschehens stehen Catherine Tramell und die massive Bedrohung, die sie für das männliche Selbstgefühl darstellt. Die Handlung als solche operiert mit einer Reihe psychologischer Theorien, die lose miteinander verbunden werden, ohne viel Wert auf Richtigkeit zu legen. In dieser Hinsicht zeigt der Film deutliche Parallelen zu Hitchcocks *Vertigo*, ein Film, der »im Grunde nichts weiter als eine psychologische Mordgeschichte« (*Variety,* 14. Mai 1958) ist, bei der es um die Höhenangst des Helden geht, und zu Hillyers *Draculas Daughter* (1936), ein Film, in dem die mordlustige lesbische Vampirin von einem Psychologen entlarvt wird.

In der Vergangenheit wurden Lesben im Mainstream-Film immer als schnurrbarttragende Mörderinnen und Selbstmörderinnen dargestellt (siehe Russo 1987). In einem solchen filmischen Kontext waren lesbische Identifizierung und lesbisches Lustempfinden notwendigerweise begrenzt. Das eigentlich Neue an *Basic Instinct* ist vielleicht tatsächlich, daß unsere Heldin keine Haare im Gesicht hat.

Zu Michael Douglas' Äußerung über *Basic Instinct:* »Du meine Güte, man kann doch Schwarze, Schwule, Italiener und Frauen nicht als Schurken zeigen, nur mit normalen weißen Männern darf man so etwas machen« (*Face,* Dezember 1991), sei mir folgende Anmerkung gestattet: Den Filmemachern wie dem Publikum sei zugestanden, daß nicht jeder Film ein Loblied auf die Homosexuellen sein kann, doch genauso sollte ein lesbisches Publikum eine gewisse Berücksichtigung der eigenen Realität erwarten dürfen. In Verhoevens Realität gibt es jedoch keine schlimmere Gefahr für einen heterosexuellen Mann, als von einer Lesbe ermordet zu werden.

Nicht, daß wir an *Basic Instinct* nicht unser Vergnügen hatten. Es gibt nicht wenige Frauen, für die Catherine Tramell sogar zum Lustobjekt wurde. Und dennoch, auch wenn wir die hinreißende Ms. Stone körperlich anziehend finden, sollten wir nicht übersehen, daß ihre Filmfigur vor allem den Stellenwert eines männlichen Phantasieobjekts hat, vor allen lesbischen oder heterosexuellen weiblichen Identifikationsmöglichkeiten. Die Diskussion um *Basic Instinct*, sowohl vor als auch nach Anlaufen des Films, zeigt, daß der Filmemacher in Erwartung eines Kassenerfolgs auf die Zugkraft der gegenwärtigen Angst vor und Voreingenommenheit gegenüber weiblicher und homosexueller Sexualität setzte. Eszterhas und Verhoeven nahmen einfach den niedrigsten gemeinsamen Nenner der Angst und gaben ihn als Wahrheit aus.

Catherine Tramells »verkappter Lesbianismus« (Hoberman) führt zu der Frage: »Wann ist eine Lesbe keine Lesbe?« Eine mögliche Antwort lautet: »Wenn sie mit einem Mann Sex hat.« Catherines Lesbischsein ist ein Aspekt ihrer Sexualität, der in *Basic Instinct* als einfacher, ziemlich fauler Trick benutzt wird, ihr Anderssein, ihre Gefährlichkeit und Psychose zu veranschaulichen. So wie ihr Lesbischsein als Geisteskrankheit gedeutet wird, wird ihre Geisteskrankheit (ebenso wie die Nicks) als eine verständliche Reaktion auf eine kranke Gesellschaft interpretiert, deren Symptom und Opfer sie zugleich ist. In diesem Sinne kann sie dem Katalog von Charakteren in Hollywood-Filmen hinzugefügt werden, deren Lesbianismus mit Krankheit und Kriminalität gleichgesetzt wird. Lacan stellte die Behauptung auf, daß das Fiktionale ein Diagramm all dessen ist, was wir nicht haben können. Das Fiktionale an *Basic Instinct* scheint, wie die Geschichte des Hollywood-Films überhaupt, die Ansicht zu bestätigen, daß das, was ein lesbisches Publikum nicht haben kann, eine positive Sichtweise der lesbischen Existenz ist.

Übersetzt von Bruni Röhm

Die Profanisierung der besonderen Art

Wenn Madonna und Mutti nach dem schönen Tabu greifen

Nachwort von Viola Roggenkamp

Vor mir liegt eine Zeitungsanzeige vom Oktober 1995, aufgegeben in der Wochenzeitung *Die Zeit*. Sie nimmt die ganze Seite dreizehn im allerheiligsten, nämlich im politischen Teil, ein und wirbt für den landesweit bestens bekannten Textilkonzern C&A. Zu drei Viertel wird die neununddreißig mal siebenundfünfzig Zentimeter große Annonce von einer Photographie eingenommen. Sie zeigt eine lesbische Frau. Oder? Ihre Kleidung macht sie lesbisch. Irgendwie. Und dennoch eindeutig. Das Mannequin ist wahrscheinlich nicht lesbisch. Was diese Frau allerdings trägt und wie sie da so steht, gilt momentan zweifellos als »lesbian chic« in der Modebranche. Die neue Kollektion führt obendrein den Namen »signé incognito«. Das entspricht genau dem, was die heterosexuelle Gesellschaft mehrheitlich bereit ist zu dulden: »Zeichen im Verborgenen«.

Was trägt sie denn? Sie trägt so etwas wie einen Anzug mit Weste, ein weißes Oberhemd (in der Anzeige trotzdem Bluse genannt) mit großem, spitz zulaufendem Kragen, und darüber einen empfindlich-trotzigen Gesichtsausdruck. Ihr schwarzes Haar ist glatt und links gescheitelt. Es sieht wie der glänzend anliegende Haarschnitt eines Tangojünglings aus. Aber ich möchte wetten, sie hat ihr eigentlich langes Haar bloß straff zurückgebunden, für den »lesbian chic«, den sie hier gerade verkörpern soll. Leicht gegen eine Hauswand aus mächtigen Steinquadern gelehnt, steht sie in schwarzen Schnürstiefeletten auf einem kleinen Treppenabsatz wie in einem Zwischenstock. Die linke Hand ist zu einer recht laschen Faust geschlossen. Ihre Körperhaltung ist ebenso empfindlich wie ihr Gesichtsausdruck, dabei gibt sie sich erkennbar Mühe, lässig auszusehen. Genau diese Mischung soll es wohl sein.

Ihr Blick geht an der Betrachterin vorbei zu einer imaginären Feindin oder einem Feind. Ob Frau oder Mann, dennoch ein von ihr deutlich begehrtes Objekt, indessen für sie anscheinend unerreichbar und darum sehnsuchtsvoll gehaßt. So sieht sie aus: die C&A-Lesbe à la mode als einsame Knäbin mit dem Rücken zur Wand. Die Anzeige nennt am unteren Rand die zweiundvierzig Städte in Deutschland, in denen die C&A-Kundin sich dieses lesbische Outfit holen und darin auf der Straße herumspazieren kann. Ob in Aachen oder Freiburg, Kiel, Leipzig, Pforzheim, Ulm oder Wuppertal-Elberfeld – kein Problem mehr heutzutage.

Sollten es manche nicht wissen: Mit der Paarung *Die Zeit* – C&A, haben sich zwei gefunden, die auf jeweils ihre Art das Wort »lesbisch« ungern buchstabieren. *Die Zeit* weigert sich hartnäckig, in ihren sogenannten seriösen »Heiratsmarkt« Anzeigen aufzunehmen, aus denen hervorgeht, daß – sagen wir mal – eine Lehrerin ihre Lehrerin (gern mit Katze) im Raum NRW sucht. Und C&A steht für eine Bekleidung, die adrett, nett, preiswert und von gediegenem Schick sein soll und absolut unstreitig normal ist – was immer das nun wieder sein mag.

Die lesbische Welt, sei sie in sich noch so unterschiedlich, ist angesichts dieser Entwicklung auf einmal dringlich beschäftigt mit der Frage der Abgrenzung. Generationen lesbischer Frauen riefen nach Integration und Anerkennung, nach Lebensraum und Seindürfen innerhalb der heterosexuellen Gesellschaft. Was aber nun, da es nicht bloß der launische Mainstream einer begrenzten Disco-Videoclip-Populärkultur ist, der nach Lesbischem giert wie vormals nur die Pornobranche, sondern auf einmal die bürgerliche Familie daherkommt und das schöne Tabu einfach vereinnahmt?

Jede Frau kann lesbisch sein! Ob schwarz oder weiß. Wurde diese rasante Behauptung Mitte der siebziger Jahre nicht eine der Kampfparolen der Lesbenbewegung der westlichen Welt? Daß jetzt aber von Madonna bis C&A vorgemacht wird, wie das geht, wie das angenommen und auch wieder abgelegt werden kann, daß also vom Vamp bis hin zu Mutti einfach so mit lesbischen Klischees gespielt wird, ist gelinde gesagt zumindest neu. Und auch wieder nicht: Das gab's schon einmal. In den sogenannten goldenen zwanziger Jahren. Damals sang in Berlin – und auf Schellackplatte zu kaufen von Aachen über Leipzig bis Wuppertal-Elberfeld – die berühmte Diseuse Fritzi Massary: »Warum soll eine Frau kein Verhältnis haben? Können Sie mir sagen, warum?« In dem Chanson hieß es: »... sie ist auch außerdem ein biß'erl andersrum«, wozu die Künstlerin genußvoll wissend leise lachte. Text und Musik hatte Friedrich Hollaender geschrieben.

Mode, Bühne, Film, Literatur, überall war Lesbischsein en vogue. Vor rund siebzig Jahren hieß das allerdings androgyn. Lesbische Künstlerinnen nutzten die Gelegenheit und hatten sehr wahrscheinlich auch ihrerseits für die heterosexuelle Welt zur Öffnung des lesbischen Ghettos beigetragen. Am bekanntesten aus dieser Zeit ist der Film *Mädchen in Uniform* von 1931. Die Autorin Christa Winsloe lebte offen lesbisch. Über ihre Regisseurin Leontine Sagan wurde entsprechend geredet. Die aber sagte dazu weder ja noch nein. Zwei Jahre vor der Machtübernahme der Nationalsozialisten konnte der Film in Deutschland unbeanstandet und mit großem Erfolg gezeigt werden. In den USA dagegen wurden dem lesbischen Spielfilm im Mai 1932 die Aufführungsrechte verweigert.[1]

Selbstredend führte die Popularität im damaligen Mainstream nicht zur gesellschaftlichen Anerkennung homosexueller Frauen. Darum ging es gar nicht. Ebensowenig wie heute. Es ging Teilen der heterosexuellen Gesellschaft ganz einfach darum, ihren homoerotischen Ambitionen nachzugehen. Am genußvollsten eben sichtbar vor anderen, in der Öffentlichkeit. Für eine lesbische Kultur scheint das gleichwohl eine Chance zu bieten, die allerdings wie selbstverständlich jeden Augenblick willkürlich wieder zurückgenommen werden kann. Nicht allein die künstlerischen, auch die bürgerlichen Kreise der zwanziger Jahre nahmen es sich heraus, mit dem zu kokettieren, was der homosexuellen Minderheit, die von eben jener Gesellschaft strafrechtlich verfolgt wurde, voller Ernst war.

Es wurde mit dem Reiz des Tabubruchs gespielt – ohne ihn öffentlich wirklich zu vollziehen. Asta Nielsen spielte den Hamlet im gleichnamigen Stummfilm. Eine Frau in dieser Traumrolle aller Männer, das war 1920 eine Sensation, die sich vor ihr schon die berühmte Bühnenschauspielerin Sarah Bernard geleistet hatte. Für das breite Publikum des damaligen Massenmediums Kino war die Geschichte des Dänenprinzen entscheidend umgedichtet worden. Hamlet wurde zur Frau, eine Tochter, die von ihrer Mutter als Sohn ausgegeben wird, um den Thron zu retten. Der vermeintliche Prinz wehrt die ihn zärtlich liebende Ophelia ab, weil er/sie in Freund Laertes verliebt ist. Für Zuschauerinnen war das übliche Drama vorgeschrieben: wiedermal kein lesbisches Happy-End. Und doch war in den deutschen Filmpalästen und Lichtspieltheatern etwas zu sehen, was dieser »Hamlet« auf einer Meta-Ebene möglich machte: Das Begehren einer heterosexuellen Frau nach einer Frau. Ophelia nämlich sehnte sich nach diesem vermeintlich männlichen Prinz, dieser androgynen Lichtgestalt, die immerhin eine als Mann gekleidete Frau war. Im abgedunkelten Saal wurden heimlich und unheimlich für die einen sexuelle Phantasien wahr. Für die anderen wurde ihr verborgenes Lieben und Leben öffentliches Kulturgut.

In Zeiten sich verschärfender Konfrontationen auf gesellschaftspolitischen Ebenen (Sexismus, Antisemitismus, Rassismus, Krieg), wächst die Sehnsucht nach einer Art Einheit, nach narzißtischer Vollkommenheit, nach unantastbarer Ganzheit. Alle können alles sein. Eines sein und alles. All-ein. Die menschliche Getrenntheit, repräsentiert in den beiden biologischen Geschlechtern, aufheben, überspielen – als sei das die Lösung aller Konflikte. Erfahrungsgemäß findet die Sehnsucht nach narzißtischer Vollkommenheit auf der politischen Ebene ihre Entsprechung im faschistischen Heil. Zwar liegt im spielerischen Grenzübertritt zwischen den vorgegebenen Geschlechterrollen und auch im vertauschenden Spiel der weiblich-männlichen Körperunterschiede die Chance zur Auflösung von Ängsten und der Abwehr gegenüber dem, was anders ist als das eigene Selbst. Die totale Verleugnung von Weiblichkeit und Männlichkeit, wie überhaupt die Verleugnung von trennenden Unterschieden zwischen zwei Menschen, auch dann, wenn sie beide lesbisch sind, wird aber zum Verlust des Gegenübers und führt in Bodenlosigkeit. Denn mit dem Verlust des sich unterscheidenden Gegenübers geht auch die Gewißheit über das Eigene verloren, das Ich. Gleichheit und in dem Sinne Austauschbarkeit bringt nicht Seelenruhe, sondern beraubt der eigenen Individualität.

Die Vereinheitlichung der Geschlechter war meines Wissens in der menschlichen Geschichte noch immer mit der Auslöschung der Frau verbunden. Ihre Maskulinisierung, Maskierung und Eliminierung kennen wir zur Genüge aus unserer Sprache. Geschlechterwirrwarr, »gender trouble« oder auch »cross-dressing« ist in Wort und Schrift alltägliche Praxis. Niemand regt sich darüber auf. Bloß

Feministinnen. »Name des Patienten« steht auf der Abrechnung für die gynäkologische Untersuchung am Eierstock. Selbst in ihren ureigensten Regionen wird die Frau zum Mann oder zu man.

Im Dezember 1995 fragte die renommierte Schweizer *Weltwoche*: »Beenden schrille Zwitterwesen den Geschlechterkampf?« Anlaß des Artikels über Drag Kings, Transsexuelle und Transvestitinnen war eine Photoausstellung im Pariser Centre Pompidou gewesen: Sie galt dem sogenannten Transgender. Das »immer ungeniertere Übertreten der Geschlechtergrenzen«, schrieb die Zeitung, werde »zum Modeknüller«. Drag Kings, »die bizarren Frauenmänner«, seien auf dem Vormarsch. »Für Interessentinnen werden Workshops angeboten«.

Die Erotik der Täuschung durch Verkleidung nutzte William Shakespeare (1564 bis 1616) in einigen seiner Theaterstücke. Am erfolgreichsten in *Was ihr wollt*: Die reiche Gräfin Olivia verliebt sich in die als Page verkleidete Viola und schlägt die Werbungen des Herzogs Orsino in den Wind. Das Publikum durfte damals schon und darf auch heute noch vier Akte lang das unterschwellig lesbische Sehnen der Gräfin genießen, bis dann im fünften Akt der Dichter seiner Olivia in ihrer heterosexuellen Notlage hilft und den zum Verwechseln ähnlichen Zwillingsgbruder der Viola vorbeischickt. Keinen anderen hätte die Dame, und das Publikum für sie, einigermaßen akzeptieren mögen. Olivia sieht, unter Sebastian liegend, in sein Gesicht und darf an ihre eigentliche Liebe, seine Schwester, denken.

Weil in unserer westlichen Welt dem Mann außerhalb der katholischen Kirche das Kleid und außerhalb Schottlands der Rock verboten ist, der Frau aber seit langem Hose, Jackett und entsprechendes Schuhwerk erlaubt wurden, gilt etwa die lesbische Künstlerin k.d. lang nicht als Transvestitin, wie beispielsweise noch die Dichterin George Sand (1804 bis 1876). Das Sichzurechtmachen als Mann durch Schminke und falschen Bart ist in der Female-to-male-Bewegung der Drag Kings ein Umgehen mit Chemie geworden: Testosteronspritzen werden gesetzt. Kein operativer Eingriff. Eher eine Art Drogenkonsum für die Grenzüberschreitung von Frau zu Mann, von der lieben Schönen zum zotigen, zottigen Biest, möglicherweise auch von der politisch korrekten Lesbe zum penetranten Macker. Und dabei immer noch weiblichen Geschlechts. Modeschöpferin

Donna Karan präsentiert auf internationalen Laufstegs Drag Kings in ihrer neuesten Herrenmode. Frauen in Hosenrollen.

Die Opernbühne war ohne Hosenrollen für tiefere Frauenstimmen noch nie zu denken. Zunächst für Kastraten komponierte Mezzosopran- und Alt-Partien übernahmen im ausgehenden 16. und beginnenden 17. Jahrhundert sehr bald Frauen. Sie verkörperten im Zentrum der Handlung stehende lyrisch-heldische Königssöhne, die auf der Bühne von Sopranen und im Publikum von Zuschauerinnen angehimmelt wurden. Die berühmteste und womöglich lesbischste Hosenrolle der Opernliteratur ist fraglos der Rosenkavalier der gleichnamigen Oper von Richard Strauss (Musik) und Hugo von Hofmannsthal (Text). Am 26. Januar 1911 öffnete sich im Königlichen Opernhaus Dresden der Vorhang zur Uraufführung dieser »Komödie für Musik« und gab sogleich den Blick frei auf das Bett: die Feldmarschallin Marie Theres, Fürstin zu Werdenberg, gespielt von Margarethe Siems, in leidenschaftlicher Umarmung mit ihrem jungen Liebhaber Graf Octavian Rofrano, dem nämlichen Rosenkavalier, von schönen Damen Quin-Quin genannt, in Dresden bei der Uraufführung dargestellt von Eva von der Osten.

Damals wie heute gibt der sich zum ersten Akt öffnende Vorhang den Einsatz für sämtliche Operngläser im Parkett und auf den Rängen. Vor der Uraufführung war unter Sängerinnen ein heftiger Wettbewerb um die Rosenkavalier-Rolle entbrannt. Viele wollten in die atlasseidenen Kniebundhosen schlüpfen. Am 31. Oktober 1910 schreibt Hofmannsthal an Strauss: »Lieber Herr Doktor, (...) um die Hauptrolle (Quin-Quin) bewirbt sich die Gutheil sehr und hat, wie ich höre, schon durch Mahler, Roller, Walter auf Sie einzuwirken gesucht. Ich muß nun allerdings sagen, daß, soweit das Darstellerische in Frage kommt, sie die *einzige* in Betracht kommende Person ist, auch der Gestalt nach. Kiurina, die Weingartner vorschlägt, ist eine Null und plump.«

In dem vorliegenden Buch *Von Madonna bis Martina* entrüsten sich einige Autorinnen darüber, wie Künstlerinnen in Filmen oder Videoclips das Lesbische darstellen. Die Engländerin Jenny Harding sei hier stellvertretend für ähnlich kritisierende andere Autorinnen genannt. In ihrem Text über die BBC-Produktion *Porträt einer Ehe* wirft sie dem britischen Fernsehsender vor, lesbische Liebe als eine Imitation heterosexuellen Lebens dargestellt zu haben. Als Beweis führt sie die männliche Kostümierung der einen Protagonistin an und die typisch weibliche der anderen.

Es geht in dem Film um die Schriftstellerin Vita Sackville-West (1892 bis 1962), innerhalb der englischsprachigen Literatur eine Institution. Von ihr behauptete die noch berühmtere englische Schriftstellerin Virgina Woolf (1882 bis 1941), sie habe es mit »jeder wildgewordenen Heringsköchin« getrieben. Da sprach die gekränkte Geliebte. Vita Sackville-West verkleidete sich gern. Vorzüglich dann, wenn sie gerade wieder mal mit einer Frau eine Affäre hatte, denn außerdem war sie auch noch verheiratet und Mutter von zwei Söhnen. War sie bei der Frau, schlüpfte sie in Männerkleidung. Manchmal von Kopf bis Fuß. Manchmal genügten die Reithose und ein Zigarillo. Daß sie es so am liebsten mochte und am ehesten konnte, geht aus ihren eigenen Aufzeichnungen hervor.

Womöglich hat sie durch ihre maskuline Kleidung sicherstellen wollen, daß in der durch sie selbst gewährleisteten männlichen Präsenz nach außen sie in der Anderen spürbar der Frau begegnen konnte. Im Zusammenleben mit ihrem homosexuellen Ehemann und in ihrem inneren Eigenbild vor ihm hat sie möglicherweise die Frau in sich selbst nicht finden können. Historisch gesehen war ihr Griff nach männlicher Kleidung äußerst mutig, denn gesellschaftlich ein Skandal. Das eher unauffällige zärtliche Miteinander zweier weiblich gekleideter Frauen wäre der damaligen englischen Society sehr wahrscheinlich lieber gewesen. Im heutigen Selbstverständnis lesbischer Frauen mag das zwanghafte Heterosexualisierung sein. Der Genuß, den beide Frauen an der Verkleidung hatten, darf ihnen deshalb nicht einfach als lesbisch unreif abgesprochen werden. Femme und Butch sind auch heute aus der lesbischen Kultur nicht wegzudenken.

Ob, wie in der BBC-Produktion Vita mit ihrer Liebsten Violet, ein Frauenpaar den Rollenklischees entsprechend weiblich-männlich gezeigt werde, um die lesbische Ebene als Spielfläche für die heterosexuelle Problematik zu benutzen, ist eine interessante Frage, die aber nicht pauschal mit Ja beantwortet werden kann. Manches ist anders zwischen zwei Frauen. Anders als zwischen Frau und Mann. Doch manches auch nicht.

Was aber geschieht jetzt? Nicht von Abspaltung ist ja die Rede, sondern von dem Versuch der Einbeziehung einer lesbischen Spielart auf heterosexuellem Boden. Ob Madonna ein wenig lesbisch tut oder die lesbische Tennisspielerin Martina Navratilova von unserer Steffi und dem internationalen Tennispublikum nun doch gemocht wird, manches scheint auf einmal möglich. Der Hetero-Feind, der pauschal wahrgenommen sogar zu einem MannFrauWesen werden kann, gibt nach und demonstriert sein Interesse an Lesbischem über pornographisches Denken hinaus.

Sehr deutlich wird in den hier veröffentlichten Beiträgen die Sorge der lesbischen Autorinnen vor Vereinnahmung. Die Profanisierung der besonderen Art weckt gemischte Gefühle. Die Lesbe als Popstar, die Lesbe auf dem Bildschirm. Dazu noch zur Hauptsendezeit und nicht einmal chronisch böse und schlecht. Das ist neu: Die Lesbe des Mordes zu Unrecht verdächtigt von der nichtlesbischen Kommissarin (*Der zehnte Fall*, 22.12.94, ZDF). Die Lesbe als gestandene und mutige Journalistin (*Blutige Spur*, 31.5.95, RTL). Die liebenswert lesbische Tochter und ihr Coming-out gegenüber ihrer Mutter (*Kommt Mausi raus?*, 7.6.95, ARD). Die Lesbe, zwar gänzlich ohne Privatleben, aber als zuverlässig tüchtige Mitarbeiterin eines kriminalistischen Ermittlungsteams in *Der Schattenmann* (Januar 1996, ZDF), einer mit hoher Einschaltquote gesendeten TV-Produktion von Erfolgsautor Dieter Wedel.

Nur zu einem dieser genannten Fernsehfilme wurde das Drehbuch von einer lesbischen Frau geschrieben. *Kommt Mausi raus?* ist der Film der neunundzwanzigjährigen Angelina Maccarone, die für ihr Buch einen Förderpreis der Kulturbehörde Hamburg bekam. Regie führte Alexander Scherer. Der Film fand großen Zuspruch, bekam gute Kritiken und wurde nach wenigen Monaten wiederholt. Wie bei *Mausi* lag auch der filmischen Realisierung von Jeanette Wintersons Roman *Orangen sind nicht die einzige Frucht* – ebenfalls im deutschen Fernsehen mehrfach gezeigt – die hervorragende Arbeit einer lesbischen Autorin zugrunde. Das ist nicht ohne weiteres ein Gütesiegel, ebensowenig wie das ausschließlich weibliche Team der Winterson-Fernsehproduktion eine Garantie an sich war. Aber wahr ist immer noch, daß viel zu wenig Frauen sich einmischen, um die künstlerische Adaption ihrer Thematik auf öffentlichem Territorium wesentlich mitzuprägen. Und da besteht zwischen lesbischen und heterosexuellen Frauen gar kein Unterschied. Manche Schöpferinnen lassen sowohl ihre heterosexuelle als auch ihre lesbische Umwelt über sich gern im unklaren, obwohl sie sich längst einmischen. Wer ist Jil Sander? Wie ist Jil Sander? Was ist Jil Sander? Wozu noch eine Antwort? Es werden nicht nur mutige Idole wie die Fernsehkünstlerin, Schauspielerin und Kabarettistin Hella von Sinnen oder auch Maren Kroymann gebraucht, sondern auch zurückhaltende Geldgeberinnen.

Nicht ganz dreihundert Kinofilme, deutsche wie internationale, hat Stefanie Hetze für ihre Dokumentation *Happy-End für wen?* zusammengetragen, angefangen mit *Oh! You Suffragette* von 1911. In jedem taucht irgendwann, irgendwo eine lesbische Frau auf. Meistens nur für Minuten. Und in den allermeisten Fällen im Kostüm des negativen Klischees, ob im Kleid, in Hosen oder als Vampir. Entweder ist sie böse oder bedauernswert. Auch der New Yorker Filmemacherin und Kulturhistorikerin Andrea Weiss geht es in ihrem Buch *Vampires & Violets*[2] um die lesbische Frau, »die es auf der Kinoleinwand eigentlich gar nicht gab und gibt«.

Das soll hier nun nicht der lesbischen Künstlerin angelastet werden. Zweifelsohne hat die kreative Entwicklung lesbischer Frauen unter der allgemeinen Diskriminierung von Frauen gelitten. Das vorliegende Buch indessen belegt auf seine Weise, daß eine Auseinandersetzung mit »Erzeugnissen der Populärkultur aus lesbischer Sicht«, wie es im Vorwort heißt, nur Sinn macht, wenn sie in die Kreativität führt. Die Kritik am von anderen transportierten Lesbenklischee ist allmählich zu wenig. Um es mit einem der genannten Lesben-Filme zu sagen: Mausi muß jetzt mal rauskommen.

Die lesbische Antwort auf die Lesbenklischees, in welchem Medium und künstlerischen Bereich auch immer, kann nur dann wirklich reizvoll und Gewinn bringend sein, wenn sie nicht genauso klischeehaft ist, wie das meiste, was bisher von heterosexueller Seite zum Thema lesbische Frau kam. Die Umkehrversion: gute Lesbe, böse Hetera, böser Hetero, bleibt allein in der lesbischen Fotoromanze erlaubt. Ausschließlich dieses Genre und der Popsong dürfen die begreifliche Sehnsucht nach heiler Lesbenwelt ungebrochen stillen. Darüber hinaus aber bitte nicht. Ob ein Buch, Film, eine Oper oder ein Theaterstück eine Lesbe ausschließlich selbstbewußt und positiv, frauenfreundlich und sexuell anständig aussehen läßt, darf nicht zum Kriterium, kein Anlaß zur Zensur werden.

Womöglich ist die sich ausbreitende SM-Kultur unter Lesben zum Teil auch Ausdruck von Unbehagen gegenüber der zeitweilig dogmatisch vertretenen Idealisierung von allem Lesbischen als prinzipiell gut und aufrichtig. Die lesbische Performance-Künstlerin Krista Beinstein zeigt in ihren arrangierten Bilder-Szenen neben archaisch weiblicher Potenz auch immer wieder die schmerzvollen Geschichten von Frauen mit Frauen, zeitweilig verschoben in scheinbar männliche Gewaltbereiche und überlebt in sadomasochistischer Lust.

Die immer wieder vorgebrachte Sorge, nichtlesbische Menschen könnten über das Gezeigte verfügen und Mißbrauch damit betreiben, ist nicht durch Vermeidung aufzuhalten oder abzuwehren, sondern nur durch Qualität. Alles andere wäre eine Art Verzicht auf den eigenen Raum.

Selbstverständlich gibt es die frauenfeindliche lesbische Oberstudienrätin, über deren Hintergründe und Wohnungsmitbewohnerin wir gern mehr wüßten. Oder das glückliche Lesbenpaar von nebenan, das in zwanzig Jahren keine Beziehungskrise ausgelassen hat. Was ist mit der lesbischen Karrierefrau? Wie ist sie nach oben gekommen? Und wen duldet sie wie in ihrer Nähe? Wer weiß etwas über die nette, junge Hausfrau und Mutter, die gemeinsam mit ihrem Mann für die Nachbarschaft das glücklichste Paar im Stadtviertel darstellt und als heimliche Wanderin zwischen den Welten den endgültigen Sprung nicht wagt ins lesbische Leben? Was reizt ihre lesbische Freundin an dieser Beziehung? Der Mann im Hintergrund? Oder die heterosexuelle Frau? Oder beides? Natürlich gibt es auch lesbische Frauen, die unvermutet und trotzdem mit einem Mann schlafen wollen – und es auch tun! Vielleicht, weil es so einfach zu sein scheint, so eindeutig unterschieden voneinander. Begehren geht nicht nach Vorschrift. Wer weiß, was die Liebsten der anderen alles verschweigen? Und vor sich selbst? Themen über Themen.

Im Bild der menschlichen Gesellschaft tauchen diese und viele andere frauenspezifische Zusammenhänge aus weiblicher, aus lesbischer Sicht noch viel zu wenig auf. Sie haben in der individuellen Geschichte mit Liebe und Haß zu tun, mit Angst und Mut, mit Abhängigkeit und Ausbeutung, mit Treue und Verrat, auch Enttäuschungen und Freude in der Lust und im Schmerz.

Und dann müssen sich Lesben endlich einmal fragen, warum es ihnen, die Frauen lieben, so schwer zu fallen scheint, sich mit der Kategorie »Frau« und Weiblichkeit zu identifizieren.

Anmerkungen

Crossover-Träume: Lesben und Popmusik seit den 70er Jahren

1 Herbert Gans: *Popular Culture and High Culture*. New York, 1974. Vgl. auch Angela McRobbies Kommentare zur Bedeutung von »Identität in der Kultur« in: »Post-Marxism and Cultural Studies. A post-script«, in: Lawrence Grossberg/Cary Nelson/Paula Treichler (Hg.): Cultural Studies. London, 1992.

2 Ders., a.a.O., S.95. In dieser Diskussion ist außerdem von Bedeutung: Stuart Hall: »Cultural Identity and Cinematic Representation«, in: Framework, Nr. 36.

3 Jon Savage, »Tainted Love: The Influence of Male Homosexuality and Sexual Divergence on Pop Music and Culture Since the War«, in: Alan Tomlinson (Hg.): *Consumption, Identity and Style*. London, 1990.

4 Michel Foucault: *The History of Sexuality*. Bd. 1. New York, 1978.

5 Vgl. die Untersuchung lesbisch-feministischer Literatur von Bonnie Zimmerman: *The Safe Sea of Women. Lesbian Fiction 1969-1989*. Massachusetts, 1990.

6 Zum Thema »Vermassung« authentischer Kulturen vgl. Walter Benjamin: *Illuminationen*. Frankfurt am Main, 1977.

7 Zur Geschichte der Frauenmusik und ihrer Beziehung zum radikalen Feminismus in Amerika vgl. Alice Echols: *Daring to Be Bad. Radical Feminism in America, 1967-1975*. Minneapolis, 1989. Zur Geschichte der Frauenmusik in einem größeren Zusammenhang vgl. Gillian Gaar: *Rebellinnen. Die Geschichte der Frauen in der Rockmusik*. Hamburg, 1994.

8 Interview mit Holly Near in Gillian Gaar, a.a.O., S.154.

9 In: Simon Frith: *Music for Pleasure*. London, 1988.

10 Arlene Stein: »Androgyny Goes Pop«, in dies. (Hg.): *Sisters, Sexperts, Queers. Beyond the Lesbian Nation,* S.101. New York, 1993.

11 Dies.: »Sisters and Queers. The Decentering of Lesbian Feminism«, in: Socialist Review, Januar-März 1992.

12 Olivia Records hatte z. B. Angebote von Melissa Etheridge abgelehnt, bevor sie bei einer großen Plattenfirma unterschrieb. Die von Holly Near gegründete Firma Redwood Records versuchte Tracy Chapman unter

Vertrag zu nehmen, als sie noch Schülerin in Boston war, konnte aber nicht mit Electra konkurrieren.

13 Dies war die Umkehrung einer vorangegangenen Hinwendung zur Androgynie durch David Bowie, der sich von der Kostümierungs- und Künstlichkeitstradition der Transvestiten beeinflussen ließ.

14 Susan Wilson: »Talkin' about a revolution for women in pop?«, in: Boston Sunday Globe, 20. November 1988.

15 Lisa Lewis: *Gender Politics and MTV. Voicing the Difference.* Temple, 1990.

16 Zur Beziehung des Phänomens Madonna zu lesbischen und schwulen Subkulturen vgl. Michael Musto/Cathy Schwichtenberg (Hg.): *The Madonna Connection. Representational Politics, Subcultural Identities & Cultural Theory.* Oxford, 1993.

17 Arlene Stein, a.a.O., S.103.

18 In einem seltenen Bekenntnis zu den lesbischen Wurzeln des Folkmusikbooms Ende der achtziger Jahre äußerte sich Michelle Shocked bei der Entgegennahme des Preises für das Folkalbum des Jahres anläßlich der Verleihung des New Music Award in New York 1989 (neben ihr waren Phranc, Tracy Chapman und die Indigo Girls nominiert) spöttisch: »Diese Kategorie hätte ›Beste lesbische Sängerin‹ heißen sollen.« Später jedoch beklagte sie sich in einem Interview, daß sie mit all den anderen aufsteigenden Sängerinnen in einen Topf geworfen worden sei, die doch das Thema ganz vermieden und sich weigerten, lesbisch/schwulen oder feministischen Blättern Interviews zu geben.

19 Phranc, »Folksinger«. Aus: *I Enjoy Being a Girl*, Island Records 1989.

20 Ginny Z. Berson: »Who owes what to whom? Building and maintaining lesbian culture«, in: Windy City Times, 22. Juni 1989.

21 Interview mit der Autorin, 1991.

22 Audre Lorde, »Du kannst nicht das Haus des Herrn mit dem Handwerkszeug des Herrn abreißen«, in: Dagmar Schultz (Hg.): *Macht und Sinnlichkeit. Ausgewählte Texte.* Berlin, 1993.

23 Lawrence Grossberg: »MTV: Swinging on the (Postmodern) Star«, in: Ian Angus/Sut Jhally (Hg.): *Cultural Politics in Contemporary America.* London, 1989.

24 Arlene Stein, a.a.O., S.108.

25 Barbara Bradby: »Lesbians and Popular Music: Does it Matter Who is Singing?« in: Gabriele Griffin (Hg.): *Outwrite. Lesbianism and Popular Culture. London, 1993.*

26 Holly Kruse: »Subcultural Identity in Alternative Music Culture«, in: Popular Music, Bd. 12, Nr. 1, Januar 1993.

27 Biddy Martin: »Sexual Practice and Changing Lesbian Identities«, in: *Destabilizing Theory. Contemporary Feminist Debates.* Stanford, 1992.

Eine homoerotische Liebesaffäre? Madonna und die Lesben- und Schwulenkultur

1 Westview Press hat vor kurzem eine wissenschaftliche Studie über Madonna veröffentlicht: Michael Musto/Cathy Schwichtenberg (Hg.): *The Madonna Connection. Representational Politics, Subcultural Identities & Cultural Theory.* Oxford, 1993. Cleis Press brachte 1993 *Madonnarama* heraus.

2 Susanne Moore machte ihre Bemerkungen während ihres Redebeitrags zu »Madonna's [Buch] *Sex*«, einer Diskussion, die am 30. März 1993 im Institute of Contemporary Arts in London stattfand.

3 Eine ausführliche Erörterung von Madonnas Beziehung zum Feminismus findet sich bei Michael Musto/Cathy Schwichtenberg, a.a.O.; vgl. insbesondere den Aufsatz »Madonna's postmodern feminism. Bringing the margins to the centre«, S.129ff.

4 Hieraus ergab sich das Bild einer Heldin, die sowohl buchstäblich als auch metaphorisch unter der Last widersprüchlicher Eigenschaften taumelte; dieses Bild ist auf dem Standfoto, das dem Filmplakat als Vorlage diente, großartig wiedergegeben: Sigourney Weaver hält mit der einen Hand ein riesiges Gewehr und mit der anderen das Kind umklammert. Der Versuch, die Botschaft zu vermitteln: Sie ist zäh, aber auch zärtlich, geriet zur Parodie.

5 Toni Neale: »Gay abandon«, in: Guardian, April 1992.

6 Bei der Verständnislosigkeit des heterosexuellen Publikums ist es allerdings fraglich, inwieweit ihre Homosexualität erkennbar war.

7 Einige Arbeiten von Grace sind in dem Buch von Tessa Boffin und Jean Fraser (Hg.) zu sehen: *Stolen Glances. Lesbians Take Photographs.* London, 1991.

»She thinks I still care«. Lesben und Country-Music

1 The Boston Women's Health Book Collective (Hg.): *Unser Körper – Unser Leben.* Reinbek bei Hamburg, 1988.

2 Lillian Faderman: *Odd Girls and Twilight Lovers. A History of Lesbian Life in Twentieth Century America.* New York, 1992.

Presse im Netz: Ein Spiel mit Martina

1 Martina Navratilova (mit George Vecsey): *Martina.* New York, 1985.

2 Die junge Engländerin Jennifer Saunders wurde 1991 wegen unzüchtiger Handlungen (indecent assault) verurteilt und mit sechs Jahren Gefängnis bestraft. Ihre unzüchtige Handlung bestand darin, im Alter von sechzehn bis siebzehn sexuelle Beziehungen zu einer Fünfzehn- und einer

Sechzehnjährigen gehabt zu haben. Interessant dabei ist, daß das Gericht ihr vorwarf, beiden Partnerinnen vorgetäuscht zu haben, sie sei ein Mann. Saunders bestritt dies energisch: auch wenn sie Sex mit einem Dildo praktiziert und sich in Gegenwart von Bekannten und Familienangehörgen der Partnerinnen der Einfachheit halber als Junge präsentiert habe, seien doch beide Partnerinnen über ihr wahres Geschlecht im Bilde gewesen [Anm. Birgit Scheuch].

Die sanfte Tour: Lesbische Krimis

1 Vgl. Katherine Forrest: *Amateure*. Hamburg 1991; *Die Tote hinter der Nightwood Bar*. Hamburg, 1990; *Beverly Malibu*. Hamburg 1992; *Tradition*. Hamburg, 1993; Ellen Hart: *Hallowed Murder*. Seattle 1989; Claire McNab: *Unterricht in Mord*. Göttingen, 1989; *Tödliches Wiedersehen*. Göttingen, 1990; *Tod in Australien*. München, 1991; Finola Moorhead: *Still Murder*. Ringwood, 1991; Mary Morell: *Letzte Sitzunq*. Berlin, 1991; Barbara Wilson: *Mord im Kollektiv*. Frankfurt, 1988; *Schwestern der Straße*. Hamburg, 1993; *Ein Nachmittag mit Gaudí*. Hamburg, 1992; Mary Wings: *Sie kam zu spät*. Hamburg, 1992; *Sie war schnell wie der Blitz*. Hamburg, 1993; Eve Zaremba: *Work for a Million*. Toronto 1986/London, 1990.

2 Lillian Faderman: *Odd Girls and Twilight Lovers. A History of Lesbian Life in Twentieth Century America*. New York, 1992.

3 Stephen Knight: *Form and Ideology in Crime Fiction*. London, 1980. Vgl. auch Anne Cranny Francis: *Feminist Fiction. Feminist Uses of Generic Fiction*. Cambridge, 1990

4 Marilyn Stasio, zitiert v. Anne Cranny Francis, a.a.O., S.143.

5 Paulina Palmer: »The Lesbian Feminist Thriller and Detective Novel«, in: Hobby, E./C. White (Hg.): *What Lesbians Do in Books*. London, 1991, S.19. Vgl. auch Sally Munt: »The Investigators: Lesbian Crime Fiction«, in: Susannah Radstone (Hg.): *Sweet Dreams. Sexuality, Gender and Popular Fiction*. London, 1988, S.91ff.

6 Judith Butler: Das Unbehagen der Geschlechter. Frankfurt, 1990.

7 »One or Two Women?«, in: Meanjin 48 II/1989, S.269ff.

8 Ich denke hier an Sheila Jeffreys *The Spinster and Her Enemies. Feminism and Sexuality 1880-1930* (London, 1985) und Lillian Fadermans *Köstlicher als die Liebe der Männer. Romantische Freundschaft und Liebe zwischen Frauen von der Renaissance bis heute* (Zürich, 1990) sowie ihr jüngeres Buch (siehe Anm. 2).

9 Alison Hennegan: »On Becoming a Lesbian Reader«, in: Susannah Radstone, a.a.O., S.165ff.

10 Jonathan Dollimore: *Sexual Dissidence. Augustine to Wilde, Freud to Foucault*. Oxford, 1991, S.87.

11 Lillian Faderman 1992, a.a.O., S.87.

12 Janice A. Radway: *Reading the Romance*, S.6. London, 1987.

Der Unterschied als Drama: *Porträt einer Ehe*

1 Wie Mandy Merck bemerkt, fiel die Ausstrahlung von *Porträt einer Ehe* 1990 in Großbritannien zeitlich mit Kampagnen auf dem Parteikongreß der Konservativen gegen die steigende Scheidungsrate und die zunehmende Anzahl alleinerziehender Mütter zusammen. 1993, wiederum auf dem Parteikongreß der Konservativen, wurde dem Phänomen alleinerziehender Mütter die teilweise Schuld an sozialem Zerfall und Kriminalität gegeben (S. 114).

Von der Knotenschnur zur Apfelsinenkiste: Lesben zur Hauptsendezeit

1 Jeanette Winterson: *Orangen sind nicht die einzige Frucht.* Frankfurt am Main, 1985 (1993), S. 246.
2 Ebenda, S. 135.
3 Jeanette Winterson: *Oranges are Not the Only Fruit; The Script.* London, 1990, S. VII u. VIII.
4 The Local Government Act, 1989, beinhaltete den berühmt-berüchtigten Artikel 28, der den Gemeinden in Großbritannien untersagte, Organisationen und/oder Projekte finanziell zu unterstützen, die eine »Förderung der Homosexualität« zum Ziel hatten. Vorausgegangen war ein breiter Protest der schwullesbischen Gemeinschaft; nach Erlaß breitete sich große Besorgnis darüber aus, welche Aktivitäten unter dieses Gesetz fielen. Rundfunk und Fernsehen waren allerdings nicht davon betroffen.
5 *Moving Pictures*, BBC, März 1993.
6 »Quality Drama« ist die einzige Kategorie des Fernsehspiels seit den sechziger Jahren, die von der Kritik ernstgenommen wird. Meist handelt es sich dabei um ein einzelnes Stück eines/einer bekannten AutorIn in Reihen wie *Armchair Theatre* oder *Play for Today*. Die Darstellungsweise ist »realistisch« und der Inhalt ernst und kontrovers. In vergangenen Jahren wurden häufig hochkarätige, »literarisch wertvolle« Texte in mehreren Folgen von meist »hohem Produktionsstandard« adaptiert. Siehe z.B. Brunsdon, »Problems with Quality«, in: Screen, Bd. 31, Nr. 1, Frühjahr 1990.
7 C. McCabe: »Days of Hope: A response to Colin McArthur«, in: T. Bennet/S. Boyd-Bowman/C. Mercer/J. Woollacott (Hrsg.): *Popular Television & Film.* London, BFI, 1981, S. 319.
8 Siehe R. Tallis: *In Defence of Realism.* London, 1989, bes. Kapitel 2 und 4.
9 Vom Standpunkt des britischen Fernsehens ist Alan Bleasdales Serie *Boys from the Blackstuff* vielleicht *Orangen* in seiner Mischung aus nicht-realistischen und realistischen Elementen am ähnlichsten. Fay Weldons *The Life and Loves of a She-Devil* (zu dem sie allerdings nicht selbst das Drehbuch verfaßte) weicht noch weiter von seiner realistischen Basis ab; Dennis Potters *The Singing Detective* war eindeutiger als postmoderner Text zu identifizieren.

10 R. Tallis (a.a.O., S. 172) hält Realismus nur für einen solchen, wenn dieser gut ausgeführt wird.
11 Ebenso bei H. Hinds in: »*Oranges are Not the Only Fruit*: Reaching Audiences Other Lesbian Texts Cannot Reach«, in: Sally Munt (Hg.): *New Lesbian Criticism. Literary and Cultural Readings*. London, 1992, S.164.
12 L. Mulvey: »Visual Pleasure and Narrative Cinema«, in: Screen, vol. 16, No. 3, Herbst 1975.
13 Zitiert in H. Hinds, a.a.O., S.165.
14 Ebenda, S.165-67.
15 Jeanette Winterson, 1985 (1993), S.162.
16 James Joyce: *Ulysses*. Frankfurt am Main, 1979.
17 Jeanette Winterson, a.a.O., S.184.
18 Ebenda.
19 Ebenda.
20 Adrienne Rich: »Zwangsheterosexualität und lesbische Existenz«, in: Dagmar Schultz (Hg.): *Macht und Sinnlichkeit. Ausgewählte Texte*. Berlin, 1993.
21 Jeanette Winterson 1990, S.VIII.
22 Dieser Artikel erschien in leicht abgewandelter Form in Jump Cut, Nr. 39, Frühjahr 1994.

Hinweise zum Fernsehspiel:

Oranges are Not the Only Fruit, BBC2, Januar 1990

Produzentin: Philippa Giles. *Regisseurin*: Beeban Kidron. *Drehbuch*: Jeanette Winterson. Ausstattung: Cecilia Brereton. *Musik*: Rachel Portman. *Kostüme:* Les Lansdown.

Besetzung: Geraldine McEwan (*Mutter*), Charlotte Coleman (*Jess*), Emily Aston, (*Mädchen Jess*), Margery Withers (*Elsie*), Kenneth Cranham (*Pastor*), Celia Imrie (*Miss Jewsbury*), Cathryn Bradshaw (*Melanie*), Barbara Hicks (*Cissy*), Tania Rodrigues (*Katy*), Elizabeth Spriggs (*May*), Freda Dow (*Mrs Green*), Pam Ferris (*Mrs Arkwright*), Peter Gordon (*William*).

Pussy Galore: lesbische Rollenbilder und lesbische Lust im populären Kino

1 Das Wort »pervers« dürfte hier am adäquatesten sein, da sich der Film nicht an klar festgelegte Kategorien wie »schwul« oder »hetero« hält.
2 J. Hoberman: »Fantastic Projections«, in: Sight and Sound, Mai 1992, S. 4.
3 Ebenda.
4 Suzanne Moore, Guardian vom 7. Mai 1992, S. 34.

5 Ich denke dabei besonders an Judith Butlers *Das Unbehagen der Geschlechter* (Frankfurt am Main, 1990), obwohl es auch in anderen neueren Anthologien spannende Abhandlungen zu diesen Themen gibt (siehe Bibliographie).

6 Diese gängige Erzählhandlung ist eine weitere Variante des »buddy movie« (Kumpelfilms), ein Genre, von dem Hollywood anscheinend nicht genug bekommen kann.

7 Ich beziehe mich hier hauptsächlich auf die beiden Aufsätze von Teresa de Lauretis, auf die ich weiter unten genauer eingehen werde. Des weiteren berufe ich mich auf Publikumsreaktionen, die es anläßlich meiner Referate über die genannten Filme gab; das Publikum war unschlüssig, denn es genoß einerseits das Rollenbild und andererseits empörte es sich darüber, daß in Mainstream-Filmen Themen wie lesbische Liebe und Freundschaft unter Frauen auf zynische Weise ausgeschlachtet werden. Eine komplexere Analyse, in der die Richtung der Handlung (gesehen als Ausmerzung von Lesbianismus) den eindrucksvollen Bildern gegenübergestellt wird, die *Schwarze Witwe* evoziert, findet sich in Valerie Traubs Aufsatz über diesen Film, und zwar in: J. Epstein/K. Straub (Hg.): *Body Guards: The Cultural Politics of Gender Ambiguity.* London, 1991. Auch Traub attestiert dem Film Kultstatus, wobei sie sich nicht nur auf den Text selbst bezieht, sondern auch auf das, was er für das Publikum bedeutet.

8 Ich denke hier an die Vorstellung von »geschlechtsspezifischen Genres«, womit ich mich näher auseinandersetze in meinem Aufsatz »Having It All«, in: S. Franklin/C. Lury/J. Stacey (Hg.): *Off-Centre: Feminisms and Cultural Studies.* London, 1991.

9 Teresa de Lauretis: »Guerillas in the Midst. Women's Cinema in the '80s«, in: Screen, Bd. 31, Nr.1, Frühjahr 1990, S.6-25. Vgl. auch von ihr »Film and the Visible«, in: Bad Object Choices (Hg.): *How Do I Look? Queer Film and Video.* Seattle, 1991, S.225-264.

10 Teresa de Lauretis 1990, a.a.O., S.24-25.

11 J. Root: »Interview with Donna Deitch«, in: Monthly Film Bulletin, September 1986, S.228-229.

12 Suzanne Moore, »Finding Themselves«, in: New Socialist, September 1986, S.42.

13 Vgl. Deitchs Äußerungen zur Mittelbeschaffung für *Desert Hearts,* in: J. Root, a.a.O. und in einem Interview in Women's Review, September 1986, S.20-21.

14 Unter der Fülle von Abhandlungen über die Rolle von »Camp« in der männlichen Schwulenkultur ist Andy Medhursts »Pitching Camp«, in: City Limits, 10.-17. Mai 1990, eine der kürzesten und erfrischendsten. Für Medhurst ist »Camp der intellektuellen Analyse einfach nicht zugänglich, weil er sich auf Ephemerisches und auf nur Erfahrbares stützt«.

15 Teresa de Lauretis 1991, a.a.O., S.256.

16 Judith, Butler: *Das Unbehagen der Geschlechter.* Frankfurt am Main, 1990, S.137.

Schön wär's: Coming-out mit Jodie Foster

1 Die Definition des Begriffs »Lesbe« ist immer noch eine vorläufige, doch in diesem Aufsatz soll der Begriff ein Subjekt bezeichnen, das das Kino mit einer nach eigener Einschätzung (anhand von Geschlechtszugehörigkeit, politischer Einstellung, gesellschaftlichem Umgang oder einer Kombination dieser Merkmale) lesbischen Identität betritt. Eine solche lesbische Selbsteinschätzung soll, da sie strategisch, situationsbezogen und mehrdeutig bleibt, jegliche, in dem Begriff enthaltene Festlegung ausschließen.

2 Nach Deborah Bright entstand eine Verherrlichung teilweise dadurch, daß »in den Filmen der vierziger bis Mitte der sechziger Jahre weibliche Filmstars alle filmrelevanten Merkmale aufwiesen wie schlanke, sportliche Körper in Schneiderkostümen, markante Gesichtszüge, eine eher dominante als unterwürfige Körpersprache, überragende Intelligenz und Witz, und daß sie (erklärtermaßen) Rollen spielten, die herkömmliche weibliche Stereotype in Frage stellten.« (Deborah Bright: »Dream Girls«, in: Tessa Boffin/Jean Fraser (Hg.): *Stolen Glances. Lesbians Take Photographs.* London, 1991.

3 Tessa Boffin/Jean Fraser, a.a.O., S.154. Diese Strategie ähnelt Levi-Strauss' Konzept von *bricolage*, das Richard Dyer in *Gays and Film*, S.1, (London, 1977) auf das Kino anwendet.

4 L. Mulvey: »Visual Pleasure and Narrative Cinema«, in: Screen, 16/3, 1975; E. Ann Kaplan: »Is the Gaze Male?«, in: Ann Snitow/C. Stansell/S. Thompson (Hg.): *Powers of Desire. The Politics of Sexuality* (New York, 1983) und Mary Ann Doane (Hg.): *The Desire to Desire.* London, 1987.

5 »Wir kennen ihn alle, diesen Typ: keine Titten, kein Schwanz, eine Aura von verletzlicher »Maskulinität«, eingezwängt in eine schwarze, lederne Motorradjacke im Stil der fünfziger Jahre. Oder um es etwas anders auszudrücken, es ist James Dean mit einer Klitoris.« Sue Golding, »James Dean: The Almost Perfect Lesbian Hermaphrodite«, in: Tessa Boffin/Jean Fraser, a.a.O., S.197-198.

6 Vgl. Pink Paper, April 1992.

7 Vgl. Daily Mirror, 5. Juli 1992.

8 Bei Interviews und auf Fotos in der Boulevardpresse war sie in Begleitung von Mann und Kind zu sehen. Ihre Ängstlichkeit ist natürlich eine Reaktion auf Hollywoods Homophobie und auf die Gefahr, auf eine bestimmte Rolle festgelegt zu werden. Dennoch stellt sich die Frage, in welchem politischen Kontext ihre Distanzierung ihrerseits zur Lesbophobie wird.

9 Vgl. Richard Meyer: »Rock Hudson's Body«, in: Diana Fuss (Hg.): *Inside/Out. Lesbian Theories, Gay Theories.* London, 1991, S.272.

10 Als der Film anlief, wurde er für die Darstellung einer Vergewaltigungsszene kritisiert, die, so wurde argumentiert, dem sadistisch motivierten Voyeur nur in die Hände spiele. Zwar stimme ich dem zu, doch die Frage,

ob es ethisch berechtigt ist, eine Vergewaltigung zu filmen oder nicht, soll in diesem Aufsatz nicht mein Thema sein.

11 Independent on Sunday, 16. Juni 1991, S.13.

12 Pink Paper, 14. Juni 1992.

13 Vgl. Hello, Februar 1992.

14 Zit.n. Sunday Express, 23. August 1992.

15 Im Falle von Rock Hudson haben wir es mit einer doppelten Irreführung zu tun, denn seine Eheschließung mit Phyllis Gates wurde ja von seinem homosexuellen Agenten, Henry Willson, ausgeheckt. Vgl. Richard Meyer, a.a.O., S.272.

16 Independent on Sunday, 16. Juni 1991, S.12.

17 B. Ruby Rich: »A queer sensation«, in: Village Voice, 24. März 1992, S.44.

18 Obwohl ich mit Tom Kalins Erklärung (in der Sendung *OUT*, 1. Juli 1992) übereinstimme, daß der Film von einer klareren Analyse von Sexualität und Geschlecht profitieren würde, besonders einer, die hervorhebt, daß die beiden nicht zwangsläufig zusammenhängen.

19 Fosters Worte in einem Interview (*The Late Show:* Silence of the Lambs *special*).

20 Diane Hamer, persönliche Korrespondenz.

21 *Das Schweigen der Lämmer* 1991, Orion Pictures Limited.

22 Hamer, persönliche Korrespondenz.

23 Eine andere Lesart sowie eine historische Einordnung von Fosters Arbeit findet sich bei B. Ruby Rich: »Nobody's Handmaid«, in: Sight and Sound, Dezember 1991.

24 Gabriel Rotello, zit.n. Independent on Sunday, 16. Juni 1991, S.13.

25 Ebenda.

26 Sie bekräftigt dies noch einmal in: Capital Gay, Juni 1992.

27 Jehan Agrama, zit.n. der Sendung *OUT,* 1. Juli 1992.

28 »Wir sind entsetzt über die Gefühlskälte ihres Verbrechens und gleichzeitig fasziniert von Leopolds Leidenschaft für Loeb.« Weekend Guardian, 15.-16. August, 1992, S.19.

29 B. Ruby Rich, a.a.O., S.44.

Lesbisch sehen, lesbisch aussehen: Amazonen und Aliens im Science Fiction Film

1 Gaylyn Studlar: »Masochism, Masquerade and the Erotic Metamorphoses of Marlene Dietrich«, in: *Fabrications: Costume and the Female Body.* London, 1991.

2 Carol J. Clover: *Men, Women and Chain Saws: Gender in the Modern Horror Film.* London, 1992

3 Teresa de Lauretis: »Film and the Visible«, in: Bad Object Choices (Hg.): *How do I Look? Queer Film and Video.* Seattle, 1991.

4 Linda Williams: »When the Woman Looks«, in: Mary Doane u.a. (Hg.): *Re-Vision: Essays in Feminist Film Criticism.* AFI, Frederick, MD, 1984.

5 Ebenda.
6 Alice Jardine: *Gynesis: Configurations of Women and Modernity*. Cornell University Press 1985; B. Creed ebenda.
7 Claudia Springer: »The Pleasures of the Interface«, in: Sreen 32/3, 1991.
8 Harvey R. Greenberg: »Reimagining the Gargoyle: Psychoanalytic Notes on *Alien*«, in: Penley u.a (Hg.): *Close Encounters: Film Feminism and Science Fiction*. Minnesota, 1991.
9 Clover, a.a.0.
10 Greenberg, a.a.0.
11 Stephen Neale: »Masculinity as Spectacle: Reflections on Men and Mainstream Cinema«, in: Screen 24/6, 1983.
12 Helen Solterer: »Figures of Female Militancy in Medieval France«, in: Signs, 16/3, 1991.
13 Klaus Theweleit: *Männerphantasien*, Bd. 1 und 2. Frankfurt am Main, 1977.
14 Springer, a.a.0.
15 Vgl. Claire Johnstone: »Femininity and the Masquerade: Anne of the Indies« (dt. Piratenfilm) von Jacques Tourneur, BFI 1975.
16 Linda Williams: »Film Body: An Implantation of Perversions«, in: Cine-Tracts, 3/4, 1981.
17 Ebenda.

Basic Instinct: das schlimmste sind die Lesben
Weiterführende Literatur

Bellour, R.: »Hitchcock the Enunciator«, in: Camera Obscura 2, Herbst 1977.
Creed, B.: »Horror and the Monstrous Feminine: An Imaginary Abjection«, in: J. Donald (Hg.): *Fantasy and the Cinema*. London, BFI, 1989.
Curti, L.: »Genre and Gender«, in: *Cultural Studies*, Bd. 2, Nr. 2, Mai 1988.
Hoberman, J.: »Fantastic Projections«, in: Sight and Sound, Mai 1992.
Medved, M.: *Hollywood vs America*. New York, 1992.
Russo, V.: »The Celluloid Closet«. New York, 1987.
Sessums, K.: »Stone Goddess«, in: Vanity Fair, April 1993.
Stacey, J.: »Desperately Seeking Difference«, in: Screen, 28/1, 1987.
Yates, P.:»The Good Bad Girl«, in: *Sunday Mirror Magazine*, Februar 1993.

Die Profanisierung der besonderen Art –Wenn Madonna und Mutti nach dem schönen Tabu greifen

1 Zitiert nach Stefanie Hetze: *Happy-End für wen? Kino und lesbische Frauen*. Frankfurt am Main, 1986.
2 Andrea Weiss: *Vampires and Violets*. Dortmund, 1995.

Glossar

erstellt von Birgit Scheuch

Butch/Femme
nennt sich die amerikanische Entsprechung der deutschen K.V., des Kessen Vaters und ihrer »Frau« oder »Femme«. Dieser Lebens- und sexuelle Stil hat in den USA seit einigen Jahren wieder an Ansehen gewonnen, nachdem er lange Zeit als ›sträfliche‹ Imitiation heterosexueller Verhaltensmuster verkannt war. Doch folgt das erotische System von Butch/Femme nicht der Geschlechterunterscheidung der vorherrschenden Kultur. Die aktive oder »maskuline« Partnerin wird mit dem Geben von Befriedigung assoziiert. Normalerweise wird genau diese ›Dienstleistung‹ aber mit Femininität verbunden. Obwohl die traditionelle Butch aktiv ist, verhält sich die Femme nicht passiv. Mit ihrer Empfänglichkeit drückt sie aus, daß sie aktiv begehrt werden und der Butch ihre erotische Erfahrung anbieten will.

Camp
Gesamtbegriff für ursprünglich schwule Formen der Selbstdarstellung, die zwischen schrill, schräg, tuntig und geschmacklos angesiedelt sind. Übernahme und Neuinterpretation von populärer Kultur, z.B. von stereotypen Verhaltensweisen und Kleidungsstilen.

Crossdressing und Transvestismus
Crossdressing nennt sich das tatsächliche Umsetzen der transvestitischen Neigung, also der Neigung, die typische Kleidung des anderen Geschlechts zu tragen. Crossdressing ist allerdings weitgehend unabhängig von der dem Transvestismus durch die frühe Sexualwissenschaft zugeordneten fetischistischen Komponente zu verstehen (also der sexuellen Erregung durch das Tragen der entsprechenden Kleidung). Crossdressing umfaßt eine große Bandbreite von Ausprägungen, vom historischen Crossdressing aus ökonomischer Notwendigkeit oder um die Liebe zum eigenen Geschlecht ausleben

zu können (also Frauen, die ihr ganzes Leben als »Männer« verbrachten und zum Teil erst nach ihrem Tod »enttarnt« wurden) bis zum heutigen spielerischen Umgang mit ›Geschlechtsmerkmalen‹.

Crossover

bedeutet zunächst einmal jede Grenzüberschreitung. So werden insbesondere kulturelle Grenzüberschreitungen unterschiedlichster Art bezeichnet, z.B. Musik, die weder einer noch der anderen Sparte zugeordnet werden kann, dasselbe gilt für den Filmbereich. In den USA hat sich der Begriff »Crossover« mittlerweile jedoch zu einem Codewort für lesbische Inhalte entwickelt: So wird sich hinter einem »Crossover-Film« wahrscheinlich eine lesbische Story verbergen. (Für den Lesbenspielfilm *Go Fish* warb die Firma Samuel Goldwyn z.B. genau mit diesem Begriff. Crossover gilt augenblicklich als verkaufsfördernd, ›lesbisch‹ noch immer nicht unbedingt.)

Cruising

die unverhohlene Suche nach einem Sexpartner/einer Sexpartnerin, entweder allgemein: »Ich cruise, d.h., ich suche gerade« oder auf ein Gegenüber bezogen: »Ich cruise jemanden, d.h., ich versuche dieser Person mein Interesse an Sex deutlich zu machen.« (Ursprünglich schwul, wird dieser Begriff inzwischen auch für lesbisches Flirten gebraucht.)

D & S/Dominanz- und Submission (Unterwerfung)

psychologische Komponente innerhalb des sexuellen Stils *S/M (Sadomasochismus),* die je nach Vorliebe eine unterschiedliche Wichtigkeit einnimmt. Dominanz und Submission werden oft in einvernehmlichen Rollen/Machtspielen ausgelebt. S/M allein beschreibt zunächst das einvernehmliche Zufügen/Genießen von Schmerz zur Luststeigerung.

Bondage & Discipline ist ein weiterer Bereich, der im allgemeinen mit sanfteren S/M gleichgesetzt wird. *Bondage* bedeutet Fesselung, *Discipline* steht für eine bestimmte Art von Rollenspielen rund um den Gehorsam.

Drag

In Drag bedeutet *im Fummel*, *Drag Queen* soviel wie *Fummeltunte* bzw. *Fummeltriene*. Ursprünglich das Tragen von Frauenkleidern durch Männer, heute etwas weitgefaßtere Definition (s. Crossdressing), z.B. das Tragen von extrem femininer Kleidung durch eine Butch. Auch wurde der *Drag Queen* ihr Pendant *Drag King* zugeordnet, also Frauen/Lesben, die sich (meist zeitweilig und unter ironisch-kritischen Vorzeichen) als Männer ausgeben.

Genderbending
bedeutet wörtlich »Geschlechtsbeugung« und ist ebenso wie

Genderfuck
ein Überbegriff für Crossdressing und Drag. Beides bezeichnet die respektlose, und zudem auch jede ›widersprüchliche‹ Interpretation geschlechtlicher und sexueller Stile: lesbische schwule Jungs, lesbische Tunten etc.

Girlism
wurde etwa 1993 geprägt, als Bezeichnung für den neuen Stolz, ein Mädchen zu sein. Der Begriff wurde sofort von den Medien als Modetrend vereinnahmt und damit leicht verwässert. Etwa zur selben Zeit entstand die Riot-Grrrl-Bewegung, mit der sich Musikerinnen ebenso wie Anhängerinnen einer harten, (sexuell) aggressiven Frauen-Rockmusik identifizieren (Hole, L 7 etc.). Die Riot-Grrrl-Bewegung in ihrer Ungeschliffenheit ist zum Glück nicht so leicht zu vermarkten und dadurch eher authentisch geblieben.

Lippenstift-Lesbe
Lesben, die sich an Make-up und modischer Kleidung erfreuen, nicht mit Femme-Lesbe gleichzusetzen, es geht hier um einen äußerlichen Stil, bei der Femme in erster Linie um eine erotische Identität.

Mainstream
Populärkultur im weitesten Sinne, alles, was gut ankommt und gute Verkaufszahlen schreibt: zu Mainstream wird ein Film, Theaterstück, Musik durch seine gesellschaftliche Anerkennung. Mitunter wird ›Mainstream‹ allerdings auch als Vorwurf gebraucht, wenn ein Produkt inhaltlich oder stilistisch auf gesellschaftliche Anerkennung angelegt ist.

Queer
heißt wörtlich seltsam, leicht verrückt und wird herabsetzend für homosexuell verwendet. Ähnlich wie »schwul« oder »lesbisch« erfuhr der Begriff »queer« eine Aufwertung, indem die kulturelle Gruppe, die ursprünglich damit herabgewürdigt werden sollte, ihn vereinnahmte. Das aktuelle »Queer-Konzept« verwirft die Vorstellung einer schwulen oder lesbischen Identität, weil diese ungewollt die binäre Logik der Zwangsheterosexualität stützt. Die »Queer-Sicht« verschiebt den Blickwinkel von sexueller Identität auf sexuelle Performität und behauptet, »Queersein« existiere überall, nicht nur in den Randzonen (siehe Rosanne Kennedy in diesem Band).

Transgender/Transsexualität

Transsexuelle entsprechen anatomisch, chromosomal und hormonal ihren phänotypischen Geschlechtsmerkmalen. Sie empfinden sich aber in ihrer Geschlechtsidentität eindeutig dem anderen Geschlecht zugehörig und wünschen deshalb oft, ihrem psychischen Geschlecht durch hormonelle und operative Behandlung angepaßt zu werden. Das heißt, daß die Gesamtpersönlichkeit eine Existenz anstrebt, die nicht ihren sichtbaren anatomischen und physiologischen Gegebenheiten entspricht. Ohne die binäre Unterscheidung zwischen männlich-weiblich würden sich einige Transsexuelle vermutlich eher zwischen den Geschlechtern bewegen, wie es aus anderen Kulturen (z.B. bei Native-Völkern in Nord-Amerika) bekannt ist. Daß Lesben und Schwule zum Beispiel durch Crossdressing die Geschlechtskategorien in Frage stellen, scheint einer Solidarisierung mit solchen Transsexuellen, die eine eindeutige Zugehörigkeit zu einem der geselllschaftlich akzeptierten Geschlechterpole wünschen, im Wege zu stehen. Transsexuelle, die den Reiz der Fluktuation zwischen den Geschlechtern sehr wohl nachvollziehen können, ziehen daher seit einiger Zeit den Begriff Transgender vor. Er umfasst alle »geschlechterdysphorischen« Personen, egal welcher sexuellen Orientierung, die für sich selbst eine endgültige Zuordenbarkeit ablehnen oder die den Wunsch, eine »eindeutige« Position einzunehmen, bzw. die Tatsache, eine solche eingenommen zu haben (z.B. durch eine geschlechtsanpassende Operation), vor allem dem extremen gesellschaftlichen Druck zuschreiben.

Straight

umgangssprachlicher Ausdruck für heterosexuell, dessen Reiz in seiner Doppeldeutigkeit liegt: »straight« heißt auch anständig, geradlinig, zielstrebig oder konventionell und steht damit im Gegensatz zu »queer«. Heute, da »Queersein« schick ist, wird »straight« mitunter sogar als herabwürdigend empfunden. Das erklärt den reißenden Absatz, den in den USA und anderswo T-Shirts mit dem Aufdruck »I'm straight but not narrow« (»Ich bin hetero, aber nicht engstirnig«) fanden.

Bibliographie

Deutschsprachige Übersetzungen

Benjamin, Walter: *Illuminationen.* Frankfurt am Main 1977
Bright, Susie: *Susie Sexperts Sexwelt für Lesben.* Berlin 1994
Butler, Judith: *Das Unbehagen der Geschlechter.* Frankfurt am Main 1990
Faderman, Lillian: *Köstlicher als die Liebe der Männer. Romantische Freundschaft und Liebe zwischen Frauen von der Renaissance bis heute.* Herausgegeben von Bettina Kobold. Zürich 1990
Foucault, Michel: *Dispositive der Macht. Über Sexualität, Wissen und Wahrheit.* Berlin 1978
Gaar, Gillian: *Rebellinnen. Die Geschichte der Frauen in der Rockmusik.* Hamburg 1994
Hall, Radcliffe: *Quell der Einsamkeit.* Göttingen 1991
Joyce, James: *Ulysses.* Frankfurt am Main 1979
Lacan, Jaques: *Schriften.* Weinheim 1991
Ders.: *Die vier Grundbegriffe der Psychoanalyse.* Weinheim 1987
Lorde, Audre: *Lichtflut. Neue Texte.* Berlin 1988
Lorde, Audre: »Du kannst nicht das Haus des Herrn mit dem Handwerkszeug des Herrn abreißen«, in: Schultz, Dagmar (Hg.): *Macht und Sinnlichkeit. Ausgewählte Texte.* Berlin 1993
Navratilova, Martina: *So bin ich.* München 1991
Paglia, Camille: *Der Krieg der Geschlechter. Sex, Kunst und die Medienkultur in den USA.* Berlin 1992
Winterson, Jeanette: *Orangen sind nicht die einzige Frucht.* Frankfurt am Main 1993

Englischsprachige Literatur

Angus, Ian/Sut Jhally (Hg.): *Cultural Politics in Contemporary America.* London 1989
Ash, Juliet/Elisabeth Wilson: *Chic Thrills. A Fashion Reader.* London 1991
Bad Object Choices (Hg.): *How Do I Look? Queer Film and Video.* Seattle 1991

Bannon, Ann: *The Beebo Brinker Series.* Talhassee, Florida 1987

Bellour, R.: »Hitchcock and Enunciator« in: Camera Obscura 2, Herbst 1977

Bennett, T./S. Boyd-Bowman/C. Mercer/J. Woollacott (Hg.): *Popular Television and Film.* London 1981

Blue, Adrianne: *Grace Under Pressure.* London 1987

Boffin, Tessa/Jean Fraser (Hg.): *Stolen Glances. Lesbians Take Photographs.* London 1991

Butler, Judith: »Gender Trouble, Feminist Theory and Psychoanalytic Discourse«, in: Nicholson, L.(Hg.): *Feminism/Postmodernism.* London 1990

Clover, Carol J.: *Men Women and Chain Saws. Gender in the Modern Horror Film.* London 1992

Cook, Pam/Philip Dodd (Hg.): *Women and Film. A Sight and Sound Reader.* London 1993

Cranny Francis, Anne: *Feminist Fiction. Feminist Uses of Generic Fiction.* Cambridge 1990

Creed, B.: »Hottot and the Monstrous Feminine. An Imaginary Abjection«, in: J. Donald (Hg.)*: Fantasy and the Cinema.* London 1989

Curti, L.: »Genre and Gender« in: Cultural Studies, Bd. 2, Nr. 2, Mai 1988

de Lauretis, Teresa: »Film and the Visible«, in: Bad Object Choices (Hg.): *How Do I Look? Queer Film and Video.* Seattle 1991

Dies.: »Guerrillas in the Midst. Women's Cinema in the '80s«, in: Screen, Bd. 31, Nr. 1, Frühjahr 1990

Doane, Mary Ann: *The Desire to Desire.* London 1987

Doane, Mary Ann/S. Mellencamp/L. Williams (Hg.): *Re-Vision. Essays in Feminist Film Criticism.* AFI, Frederick, MD 1984

Dollimore, Jonathan: *Sexual Dissidence. Augustine to Wilde, Freud to Foucault.* Oxford 1991

Donoghue, Emma: *Passions Between Women. British Lesbian Culture 1668-1801.* London 1993

Duncker, Patricia: *Sisters and Strangers. An Introduction to Contemporary Feminist Fiction.* Oxford 1992

Dyer, Richard: *Gays and Film.* London 1977

Ders.: *Now You See It. Lesbian & Gay Film.* London 1990

Echols, Alice: *Daring to Be Bad. Radical Feminism in America 1967-1975.* Minneapolis 1989

Epstein, J./K. Straub (Hg.): *Body Guards. The Cultural Politics of Gender Ambiguity.* London 1991

Faderman, Lillian: *Odd Girls and Twilight Lovers. A History of Lesbian Life in Twentieth Century America.* New York 1992

Foucault, Michel: *The History of Sexuality*, Bd. 1. New York 1978

Franklin, S./C. Lury/ J. Stacey (Hg.): *Off-Centre. Feminism and Cultural Studies.* London 1991

Frith, Simon: *Music for Pleasure.* London 1988

Fuss, Diana: *Essentially Speaking. Feminism, Nature and Difference.* London 1989

Dies. (Hg.): *Inside/Out. Lesbian Theories, Gay Theories.* London 1991

Gamman, Lorraine/ Margaret Marshment (Hg.): *The Female Gaze.* London 1988

Gans, Herbert: *Popular Culture and High Culture.* New York 1974

Garratt, S./S. Steward (Hg.): *Signed, Sealed and Delivered. True Life Stories of Women in Pop.* London 1992

Gledhill, C. (Hg.): *Stardom. Industry of Desire.* London 1991

Greig, C.: *Will You Still Love Me Tomorrow. Girl Groups from the 50s on.* London 1989

Griffin, Gabriele (Hg.): *Outwrite. Lesbianism and Popular Culture.* London 1993

Hamer, Diane: »The Invention of the Dildo: Lesbianism and Legal Discourse« in: Australian Gay and Lesbian Law Journal, Bd. 2, Frühjahr 1992

Hayward, S./G. Vincendeau (Hg.): *French Film. Texts and Contexts.* London 1990

Henderson, Lisa: »Justify our Love: Madonna and the Politics of Queer Sex« in: Musto, Michael/Cathy Schwichtenberg (Hg.): *The Madonna Connection. Representational Politics, Subcultural Identities & Cultural Theory.* Oxford 1993

Hennegan, Alison: »On Becoming a Lesbian Reader«, in: Radstone, S. (Hg.): *Sweet Dreams. Sexuality, Gender and Popular Fiction. London 1988*

Hinds, H.: »*Oranges are Not the Only Fruit*: Reaching Audiences Other Lesbian Texts Cannot Reach«, in: Munt, Sally (Hg.): *New Lesbian Criticism. Literary and Cultural Readings.* London 1992

Hobby, Elaine/Chris White (Hg.): *What Lesbians Do in Books.* London 1991

Hoberman, J.: »Fantastic Projections«, in: Sight and Sound, Mai 1992

Jardine, Alice: *Gynesis. Configurations of Women and Modernity.* New York 1985

Jay, Karla/Joanne Glasgow (Hg.): *Lesbian Texts and Contexts. Radical Revisions.* New York 1990, London 1991

Jeffreys, Sheila: *The Spinster and Her Enemies. Feminism and Sexuality 1880-1930.* London 1985

Knight, Stephen: *Form and Ideology in Crime Fiction.* London 1980

Kitzinger, J./C. Kitzinger: »Doing It: Representations of Lesbian Sex«, in: Griffin, G.: *Outwrite. Lesbianism and Popular Culture.* London 1993

Kuhn, A.: *Women's Pictures.* London 1982

Lewis, Lisa: *Gender Politics and MTV. Voicing the Difference.* Temple 1990

Macintosh, M./L. Segal (Hg.): *Sex Exposed. Sexuality and the Pornography Debate.* London 1992

Madonna: *Sex.* Photographs by Steven Meisel. New York 1992

Medved, M: *Hollywood vs America.* New York 1992

Merck, Mandy: *Perversions. Deviant Readings.* London 1993

Modleski, T.: *Loving With a Vengeance. Mass Produced Fantasies for Women.* London 1990

Mulvey, Laura: »Visual Pleasures and Narrative Cinema«, in: Screen 16/3 1975

Munt, Sally (Hg.): *New Lesbian Criticism. Literary and Cultural Readings*. London 1992

Musto, Michael/Cathy Schwichtenberg (Hg.): *The Madonna Connection. Representational Politics, Subcultural Identities & Cultural Theory*. Oxford 1993

Nestle, Joan: *A Restricted Country*. New York 1987

Nicholson, L.(Hg.): *Feminism/Postmodernism*. London 1990

Palmer, Paulina: »The Lesbian Feminist Thriller and Detective Novel«, in: Hobby, E./C. White (Hg.): *What Lesbians Do in Books*. London 1991

Penley u.a. (Hg.): *Close Encounters. Film, Feminism and Science Fiction*. Minnesota 1991

Radstone, Susannah (Hg.): *Sweet Dreams. Sexuality, Gender and Popular Fiction*. London 1988

Radway, Janice A.: *Reading the Romance*. London 1987

Russo, V.: *The Celluloid Closet*. New York 1987

Sedgewick, Eve Kosofsky: *Epistemology of the Closet*. Hemel Hempstead 1990

Sessums, K.: »Stone Goddess«, in: Vanity Fair, April 1993

Snitow, Ann/C. Stansell/S. Thompson (Hg.): *Powers of Desire. The Politics of Sexuality*. New York 1983

Stacey, J.: »Desperately Seeking Difference«, in: Screen, 28/1 1987

Stein, Arlene (Hg.): *Sisters, Sexperts, Queers. Beyond the Lesbian Nation*. New York 1993

Studlar, Gaylyn: *Fabrications. Costume and the Female Body*. London 1991

Tallis, R.: *In Defence of Realism*. London 1989

Tomlinson, Alan (Hg.): *Consumption, Identity and Style*. London 1990

Wilson, Elisabeth: »Borderlines«, in: New Statesman and Society, 2. November 1990

Winterson, Jeanette: *Oranges are Not the Only Fruit. The Script*. London 1990

Yates, P.: »The Good Bad Girl«, in: Sunday Mirror Magzine, Februar 1993

Zimmerman, Bonnie: *The Safe Sea of Women. Lesbian Fiction 1969-1989*. Massachusetts 1990

Die Autorinnen

Rosa Ainley hört mit Gleichgesinnten Country-Music und toupiert sich nicht die Haare. Zur Zeit schreibt sie an einem Buch über Lesben und Identität von den fünfziger bis zu den neunziger Jahren.

Sonya Andermahr unterrichtet Englisch und Frauenstudien. Sie hat vor kurzem ihre Doktorarbeit über zeitgenössische lesbische Genreliteratur fertiggestellt.

Sarah Cooper lebt mit ihrer Plattensammlung in London und hat durch die Arbeiten von Gram Parsons und Hank Williams alles gelernt, was sie über das Leben wissen muß.

Angela Galvin lebt und arbeitet in Sheffield. Sie hat ihr Studium im Fach Kommunikationswissenschaft mit dem Bachelor of Arts und ihr Filmstudium mit dem Master of Arts abgeschlossen. Sie arbeitete fünf Jahre als Wirtschaftsforscherin und hat Video- und Radiosendungen für Women's Own Pictures, BBC Radio Sheffield und Radio 4 produziert und moderiert. Sie hat für so unterschiedliche Zeitschriften wie *Spare Rib* und *When Saturday Comes* geschrieben. Zur Zeit gibt sie für den *Sheffield Telegraph* eine zweimonatlich erscheinende Beilage zu Kommunalfragen heraus und wirkt beim Zustandekommen städtischer AIDS-Initiativen mit. Außerdem unterstützt sie Sheffield Wednesday.

Paula Graham arbeitet an der Universität von Sussex an ihrer Doktorarbeit über lesbisches Filmpublikum und unterrichtet in der Erwachsenenbildung über Medien und Lesbenkultur. Zur Zeit schreibt sie an einem Buch über Lesben und Unterhaltungskino; sie verfaßte den Beitrag »Girl's Camp: The Politics of Parody« für *Screening Out Women: Lesbians and Film*, herausgegeben von Tamsin Wilton.

Julia Hallam ist Dozentin für Kommunikationswissenschaften an der Universität von Liverpool. Sie hat Aufsätze über Frauen und Film veröffentlicht und schreibt zur Zeit an ihrer Doktorarbeit über »Krankenpflege und Darstellungsweisen«.

Jenny Harding ist vor kurzem nach einem mehrjährigen Aufenthalt in Sydney, wo sie ihre Doktorarbeit über Geschlechtsregulierung durch Hormonersatztherapie fertiggestellt hat, nach London zurückgekehrt. In den vergangenen fünfzehn Jahren hat sie als Sozialforscherin gearbeitet, kulturwissenschaftliche Vorlesungen gehalten und sich verschiedentlich mit Schriften und Kampagnen in Gesundheits-, Reproduktions- und Sexualpolitik eingemischt.

Rosanne Kennedy unterrichtet an der Australian National University Frauenstudien und Englisch. Sie ist Mitherausgeberin von *Feminist Legal Theory: Readings in Law and Gender* (Westview Press, 1991). Zur Zeit arbeitet sie an einer Studie über moderne zeitgenössische Kultur.

Margaret Marshment doziert an der John-Moores-Universität von Liverpool über Medien und Kulturwissenschaften. Sie ist Mitherausgeberin von *The Female Gaze* (The Women's Press, 1988) und hat Aufsätze über Feminismus und Repräsentation veröffentlicht.

Viola Roggenkamp, geboren 1948 in Hamburg, Studium der Musik, Philosophie, Psychologie und Soziologie, freie Journalistin und Autorin, vorwiegend für *Die Zeit*, *taz* und *Allgemeine Jüdische Wochenzeitung* sowie bis 1990 für *Emma*. Mehrjährige Auslandsaufenthalte in Asien und Israel. 1996 ist von ihr erschienen: *Von mir soll sie das haben? Sieben Porträts von Müttern lesbischer Töchter* (Verlag Krug & Schadenberg, Berlin).

Arlene Stein ist zur Zeit Gastdozentin für Soziologie an der Universität von Essex. Sie hat *Sisters, Sexperts, Queers: Beyond the Lesbian Nation* (Plume, 1993) herausgegeben und ist ehemalige Herausgeberin des Magazins *Out/Look*. Sie schreibt und liest über die Soziologie von Sexualität, Lesben- und Schwulenidentität sowie Medien und Kultur.

Sue O'Sullivan ist Gesundheitsberaterin und Schriftstellerin und hat ausführlich über HIV/AIDS und Frauen geschrieben. Sie hat für die englische Fernsehsendung *Out on Tuesday* recherchiert und gehört auch dem Herausgeberinnenkollektiv von *Feminist Review* an.

Yvonne Tasker ist freie Autorin und Lehrbeauftragte für Film- und Medienwissenschaften.

Clare Whatling schreibt an ihrer Doktorarbeit über das Zusammenspiel von biologischem/sozialem Geschlecht und Sexualität. Sie hat Essays über Kristeva, Nestle und Califia veröffentlicht.

Gillian Whitlock unterrichtet klassische Literatur an der Griffith University in Queensland, Australien. Feministische Kriminalromane sind ihr zugleich interessante Forschungsobjekte und Lesevergnügen.

Geliebte
Eine Ratgeberin für
Freundin
Lesben
Partnerin
D. Merilee Clunis
G. Dorsey Green
Orlanda

311.- 36